江苏电力市场交易培训教材

（中级）

江苏电力交易中心有限公司
江苏电力市场管理委员会 组编

中国电力出版社
CHINA ELECTRIC POWER PRESS

内 容 提 要

　　为服务电力市场发展，满足电力市场主体及有关各方对电力市场学习、培训和双向评价的需要，促进合规、公平、良好的电力市场生态培育，特组织编写电力市场交易系列书。

　　本书为《江苏电力市场交易培训教材（中级）》，着重介绍了国外和国内电力市场相关的基本经济学原理、运营管理模式和流程、最新发展情况，并在每章后附思考题，以便读者巩固所学理论知识和提高市场化交易实操技能。

　　本书可为电力市场交易机制设计，交易机构运营管理、流程设计和合规管理提供参考，可作为江苏省、全国电力市场从业人员技能培训教材，也可供科学研究和高校相关专业人员学习参考。

图书在版编目（CIP）数据

　　江苏电力市场交易培训教材：中级 ／ 江苏电力交易中心有限公司，江苏电力市场管理委员会组编. —北京：中国电力出版社，2022.8（2025.4 重印）
　　ISBN 978-7-5198-6862-8

　　Ⅰ. ①江… Ⅱ. ①江… ②江… Ⅲ. ①电力市场–市场交易–江苏–技术培训–教材 Ⅳ. ①F426.61

　　中国版本图书馆 CIP 数据核字（2022）第 108619 号

出版发行：中国电力出版社
地　　址：北京市东城区北京站西街 19 号（邮政编码 100005）
网　　址：http://www.cepp.sgcc.com.cn
责任编辑：孙　芳（010-63412381）
责任校对：黄　蓓　常燕昆
装帧设计：张俊霞
责任印制：吴　迪

印　　刷：北京锦鸿盛世印刷科技有限公司
版　　次：2022 年 8 月第一版
印　　次：2025 年 4 月北京第三次印刷
开　　本：710 毫米×1000 毫米　16 开本
印　　张：19.5
字　　数：250 千字
印　　数：5001—5500 册
定　　价：138.00 元

前言
PREFACE

2016 年以来，国家大力实施新一轮电力体制改革，在电力市场建设、市场化交易等方面出台一系列重大举措，推动电力行业把握改革发展机遇，全面提升市场化水平。2021 年 10 月 11 日，国家发展改革委发布《关于进一步深化燃煤发电上网电价市场化改革的通知》（发改价格〔2021〕1439 号），提出有序放开全部燃煤发电电量上网电价，燃煤发电电量原则上全部进入电力市场，扩大市场交易电价上下浮动范围，推动工商业用户都进入市场，"煤电"关系进一步理顺，新能源、绿色电力入市交易，电力现货市场建设快速推进，我国电力市场体系、机制建设逐步成熟。

江苏作为全国电力市场交易规模最大的省份，已经形成了大规模、多周期、多主体的市场格局，市场主体及有关各方关注市场、参与市场的热情持续高涨。为进一步推动江苏电力市场发展，满足江苏全省市场主体及有关各方对江苏电力市场交易的学习和培训需求，培育公平、良好的市场生态，江苏电力市场管理委员会等组织编写了江苏电力市场交易培训系列教材，用于引导市场主体更好地了解市场、学习市场，促进行业良性发展。

本教材以电力市场客观规律为依据，以政府相关文件要求为指引，针对本省实际市场环境编写。自 2021 年 3 月至 2022 年 6 月，经历一年多时间，完成了书稿的写作、修改及编校等工作。

本教材以"干什么、学什么"为原则，坚持实事求是，兼顾理论性和实用性，重点突出技能实操，在电力市场新技术、新方法、新趋势等方面也有所涉及。本系列丛书以普及电力市场基础知识、帮助电力市场从业人员（管理人员）掌握应知应会要点为目标，可作为电力市场交易技能培训教材使用，书后所附习题便于读者巩固所学理论知识和市场交易实操技能。

2022 年 6 月

编者的话

在出版《江苏电力市场交易培训教材（初级）》的基础上，江苏电力市场管理委员会等组织编写了《江苏电力市场交易培训教材（中级）》。本教材是为了满足江苏电力市场从业人员（管理人员）及有关各方，对于市场基本理论、国外典型市场发展、江苏电力市场最新变化等培训需求而编写的系列教材之二。

通过本书的学习，可以较全面地了解电力市场建设、交易品种设计所需要的基本理论知识，掌握国际典型电力市场截至 2021 年年底最新发展状况，把握江苏电力市场最新变化，是指导从业人员（管理人员）及有关各方开展业务、做好服务等工作的提高级教材。

全书由江苏电力交易中心有限公司冯迎春同志主编，范洁、高博同志副主编。由江苏电力交易中心有限公司蒋宇同志、南京工程学院吴玲同志统稿。本书第 1 章主要由东南大学高赐威同志编写；第 2 章主要由河海大学甘磊同志编写；第 3 章、第 4 章主要由东南大学明昊、陈涛同志编写；第 5 章主要由中电常熟配售电有限公司吴峥浩同志、江苏中天科技股份有限公司冯志阳和周健同志、国电南瑞科技股份有限公司徐帆同志编写；第 6 章主要由上海电力大学谢敬东同志、东南大学喻洁同志编写；第 7 章主要由中国电力科学研究院（南京院）邵平、潘加佳、龙苏岩同志编写。江苏协鑫售电有限公司许几栋、于文姝同志，华润（江苏）电力销售有限公司毛诗全同志，华能江苏能源开发有限公司姜红军同志，国家能源集团江苏电力有限公司程婧、戴尧同志，中国电力科学研究院（南京院）曹阳同志，江苏苏龙能源有限公司薛丹峰同志参与了部分编写工作。

感谢英国利兹大学印鸣佳博士后（英国国家电网调度运行公司）、丹麦国家电网公司秦楠博士、美国德州惠海龙博士等资深行业专家对相关内容进行审核并提供参考资料。此外还有国内外业内专家为本书的编写做出贡献一并致谢。

由于编写时间仓促和编写水平所限，书中难免有不妥和遗漏的地方。诚请广大读者批评指正，以便不断完善培训教材内容和再版时修订。

编　者

2022 年 6 月

目录 CONTENTS

1 电力交易概述

1.1 电力商品化及电力市场

1.1.1 商品现货交易与金融衍生产品

1.1.1.1 商品现货交易

现货交易（spot trading）是指买卖双方出自对实物商品的需求与销售实物商品的目的，根据商定的支付方式与交货方式，采取即时或在较短时间内进行实物商品交收的一种交易方式。在现货交易中，随着商品所有权的转移，同时完成商品实体的交换与流通。因此，现货交易是商品运行的直接表现方式。

现货交易是一种最古老的交易方式，同时也是一种在实践过程中不断创新、灵活变化的交易方式。随着社会经济的发展，商品交换的广度和深度不断扩大，现货交易的具体做法也从最初的物物交换，发展到后来普遍采用的零售、批发、代理交易、现金、信用、票据、信托交易等具体应用形式。

现货交易具有其他交易方式所不可替代的功能，是满足消费者需要的直接手段，是人们接触最多的一种交易方式。消费者获得自己生活消费和生产消费所需要的各类商品，主要是直接通过多种形式的现货交易，尤其是零售这种现货交易方式来实现的。现货交易是远期合同交易和期货交易产生与发展的基础。没有一定规模的现货交易，或者超越现货交易这一阶段，远期合同交易和期货交易便无从发展。

1.1.1.2 金融衍生产品

金融衍生产品（derivatives）是与金融相关的派生物，通常是指从基础资产（underlying assets）派生出来的金融工具。金融衍生产品的共同特征是保证金交易，即只要支付一定比例的保证金就可进行全额交易，不需实际上的本金转移，一般也采用现金差价结算的方式进行合约的了结，只有在满期日以实物交割方式履约的合约才需要买方交足货款。因此，金融衍生产品交易具有杠杆效应。保证金越低，杠杆效应越大，风险也就越大。至于金融衍生产品的种类，在国际上是非常多的，而且由于金融创新活动不断推出新品种，属于这个范畴的产品也越来越多。根据产品形态，可分为远期、期货、期权和互换四大类；根据基础资产分类，可分为股票、利率、汇率和商品；根据交易方法，可分为场内交易和场外交易（场内交易通常所指的是交易所交易，即所有的供求方集中在交易所进行竞价交易的交易方式；场外交易是指柜台交易，即交易双方直接成为交易对手的交易方式，其参与者仅限于信用度高的客户）。

下面对远期交易和期货交易进行详细说明，具体内容如下：

（1）远期交易。现货交易的最大缺点在于无法规避价格风险。如果在播种时就能确定农作物收割时卖出的价格，农场主就可以只专心致力于农作物的生产了。远期交易正是为了规避现货价格风险而产生的，即交易双方在合约中规定未来某一确定时间（delivery date）以约定价格（delivery price）购买或出售一定数量的基础资产（underlying assets）。

在远期交易达成时，双方只是将交易的各项条件用合约的形式确定下来，而此时并无交割发生，即远期交易成交之时不产生任何现金流和物质流。实际交割仅仅是在合约规定的将来某一特定日期进行。远期合约是最简单、最基本的一种衍生产品。

　　远期交易一般由中介机构（商业银行、清算银行）通过电话或网络等方式进行，根据客户的要求制定合约，提供相关服务。远期合约不在交易所交易，而是在金融机构之间或金融机构与客户之间通过谈判后签署。已有的远期合约也可以在场外市场交易流通。远期的另一个重要特点就是非标准化。在签署远期合约之前，双方可以就交割地点、交割时间、交割价格、合约规模、标的物的品质等细节进行谈判，以便尽量满足双方的需要。

　　远期交易的目的是防范未来价格波动风险，但在运用时其自身会带来新的机会损失，即当市场与预期相同时，远期交易将带来收益，实现风险规避；反之，如果市场情况与预期相反，那么远期交易将带来与收益等量的损失。远期交易是人们最常使用的一种套期保值工具。

　　（2）期货交易。期货是远期交易发展到一定阶段的产物。期货合约（futures contract）是指在交易所交易的、协议双方约定在将来某一时期按事先确定的条件（包括交割价格、交割地点和交割方式等）买入或卖出一定标准数量特定标的资产的标准化协议。与远期合约的分类相似，期货也分为金融期货和商品期货两大类。与远期合约一样，期货合约协议价格或敲定价格是合约内容的核心，没有远期价格的固定，规避风险就无从谈起。而未来交易价格的确定是任何金融衍生产品的首要选项。

　　合约标准化则是期货有别于一般远期交易的创新特质。由于对交易规模、品种规格、质量等级、交割日期、地点的标准化，使得每一份期货合约都是同质无差异的。期货合约标准化这一特征使得远期交易从柜台个别零散交易走向规模化交易，从谈判式的低效交易走向无纸化、快速、高效交易，从低签约式交易走向高级电子联网式交易。期货交易均在有组织的交易所内进行，交易双方不直接接触，而是各自与交易所的清算部或专设的清算所结算。期货交易具有套期保值、价格发现和平抑价格过度波动等功能。

期货交易与现货交易、远期交易有联系也有区别，具体内容如表 1-1 所示。

表 1-1　　　　　　现货、远期和期货交易的区别

交易内容	现货交易	远期交易	期货交易
合约内容形式	无规定	无规定	标准合约
交易主要目的	取得商品	锁定价格	套期保值或投机套利
交易方式	私下签约、分散、议价	私下签约、分散、议价	在交易所，集中、竞价
交易对象	实物	远期合约	期货合约
结算时间	即刻	到期（损益）	每日结算（损益）
交割形式	即刻出清	交割或现金结算	合约通常在到期平仓
履约保证	买卖双方信用保障	买卖双方信用保障	交易所提供履约担保

1.1.2　电力及商品化

1.1.2.1　电力

电力是以电作为动力的能源，发明于 19 世纪 70 年代。电力的发明和应用掀起了第二次工业化高潮，成为人类世界历史上发生的第二次科技革命。20 世纪出现的大规模电力系统是由发电、输电、变电、配电和用电等环节组成，形成完整的电力生产、输配与消费系统，成为人类工程科学史上最重要的成就之一。

1.1.2.2　电力商品化历程

电力自从被规模化地使用以来，经历了一个从商品到公共产品，再到商品的发展轮回。在 20 世纪前期，各国电力工业尚处于一种民间自由发展状态，电力产品和服务被理所当然地作为商品。在 20 世纪中后期，为国家安全、战时管制和战后经济考虑，同时为了防止电力工业大规模合并导致的私有垄断弊端，各国普遍对电力工业选择了国有管制模式。这是电力工业生产关系的第一次变革，即从私

有、自由到国有管制的变革。这次变革极大地促进了电力工业的高速发展，同时也将电力产品和服务的属性从商品转换成了公共产品。

经过 40 多年的快速发展，随着技术的进步和电网规模的不断扩大，电力规模经济性经历了由小到大又由大到小的过程，电力工业开始出现公平、发展与效率的冲突。对于发达国家而言，这一冲突表现为投资过剩引起的运营效率低下；对于发展中国家而言，这一冲突主要表现为政府在电力发展资本上的不堪重负。于是，许多国家又不约而同地开始了电力工业的第二次大变革，即电力市场化改革，这一次变革的主旨是"转变电力运营模式，还原电力产品的商品属性，让政府重回监管者角色。"

中国电力工业的变革与全球电力工业变革的节奏基本吻合。1949 年以前，电力工业处于民间资本、外国资本、官僚资本分片垄断和自由发展阶段，电力产品具备明显的商品属性。1949 年以后，电力工业收归国有，从建设、生产到使用，逐步转由政府计划控制。

从 1985 年"集资办电"开始，中国也无意中踏上了第二次变革之路。此次变革的首要任务在于解决电力发展的资金瓶颈问题，从发电环节的投资开放入手。正是这次变革，促进了中国电力工业在改革开放后的首次大发展，到 20 世纪 90 年代后期，困扰中国的缺电局面基本缓和，电力出现阶段性饱和。1998 年，电力工业部撤销，电力行业的政企分开正式启动；随着后来厂网分开的实行，政府和企业的职能界面已基本清晰，逐步实现了电力投资责任由政府向企业转移的目标。但是，现实离真正赋予电力产品商品属性的目标还很遥远。中国的销售电价从 20 世纪 60 年代开始，一直执行目录电价制度，采用该制度的出发点是所谓公平分担的原则，电能在不同用户之间被赋予不同的内涵，这在客观上有力地扶持了国家基础产业的发展❶。2021 年目录电价制度被国家取消。

---

❶ 刘宝华，王冬容，赵学顺. 电力市场建设的几个本质问题探讨 [J]. 电力系统自动化，2009，33（1）：5。

电力产品及服务的商品属性和公共产品属性，是不同时代的两种选择，都是有效的，但二者的杂糅性难以把握。若要享受将电价作为调控手段的便捷，就要承担投资开发经营电力工业的重任。否则，即使表面上政府从投资开发的重负中抽身了，而未能及时将项目投资和产品定价等关键经营要素交给市场，电力产品实际上还是"公共产品"或"准公共产品"，那么政府就很难摆脱补贴和交叉补贴的困境，同时也导致企业经营目标和政府考核标准的混乱。这也正是面对煤炭、电力和成品油等能源产品价格束手两难的原因。

2015 年 3 月 15 日，中共中央国务院印发《关于进一步深化电力体制改革的若干意见》（中发〔2015〕9 号），标志着新一轮电力体制改革的开始，主要目标是进一步深化电力体制改革，解决电力行业发展仍存在的一些亟须解决的问题。经过 7 年，电力市场垄断局面逐渐被打破，电的商品属性也在逐步恢复。

2021 年 10 月 11 日，国家发展改革委印发《关于进一步深化燃煤发电上网电价市场化改革的通知》（发改价格〔2021〕1439 号，以下简称 1439 号文），部署进一步深化燃煤发电上网电价市场化改革工作。

1439 号文明确了四项重要改革措施：一是有序放开全部燃煤发电电量上网电价，即燃煤发电电量原则上全部进入电力市场，通过市场交易在"基准价+上下浮动"范围内形成上网电价；二是扩大市场交易电价上下浮动范围，即将燃煤发电市场交易价格浮动范围由现行的上浮不超过 10%、下浮原则上不超过 15%，扩大为上下浮动原则上均不超过 20%，高耗能企业市场交易电价不受上浮 20%限制；三是推动工商业用户陆续都进入市场，即有序推动尚未进入市场的工商业用户全部进入电力市场，取消工商业目录销售电价，并对暂未从电力市场直接购电的工商业用户由电网企业代理购电，鼓励地方对小微企业和个体工商户用电实行阶段性优惠政策；四是保持居民、农业、公益性事业用电价格稳定，即居民（含执行居民电价的

学校、社会福利机构、社区服务中心等公益性事业用户）、农业用电由电网企业保障供应，保持现行销售电价水平不变。

此次进一步深化燃煤发电上网电价市场化改革，真正建立起"能跌能涨"的市场化电价机制，标志着电力市场化改革又向前迈出了重要一步。这样，更有利于发挥市场在电力资源配置中的良好作用，进一步促进电力行业高质量发展、保障电力安全稳定供应、支撑新型电力系统建设、服务能源绿色低碳转型。

1.1.2.3　电力商品的特点

电力商品的特点有单一性、超前性、广泛性和不可替代性、不可储存性、市场载体的唯一性、电网的自然垄断性、传输路径不确定性、生产管理的统一性和集中性、技术和资金的密集性、电力成本与电价的复杂性、需求的价格弹性小、电力工业的规模经济性，具体内容如下：

（1）电力商品的单一性。电力商品是由发电厂（一般有火力发电厂，水力发电厂，核电厂，潮汐、风力、太阳能发电等）生产的，且只有电能一种产品。电能是一种无形的、不能大规模经济储存的、优质的二次能源，便于集中、传递、分析、转换、控制、使用，代替其他能源可大大提高能源综合利用率，同时，污染、噪声相对较小。

（2）电力商品的超前性。电力行业为整个国民经济提供动力支持，是几乎所有产业必不可少的能源基础。电力作为其他行业的动力，必须提前建设。我国曾经长期面临电力短缺的局面，国民经济的其他产业生产能力发挥受到影响，制约经济和社会发展，因此电力工业的发展速度一般应高于"国民经济的平均增长速度"。

（3）电力商品消费的广泛性和不可替代性。电能既是一种生产要素供各个行业部门使用，又是一种生活必需品供全社会人民使用，从而表现为消费的广泛性。工业自动化、生活自动化水平的提高是以使用电力为基础的，随着科技的发展和社会的进步，电力的应用越来越无法替代，社会对电力产生一定依赖。

（4）电力商品的不可储存性。电力产、供瞬间完成，用户得到的电力同时决定于电厂的生产能力和电网的传输能力，发电厂的发电量在电网可靠的情况下，同时决定于用户的即时用电量，每时每刻要保证供需的动态平衡，是供求直接对应的一体化连续型流程产业。因此，输配电系统要能保证电力系统的稳定性和可靠性。

（5）市场载体的唯一性。电力市场的载体是电网，电网是指将一个或者多个区域内的发电厂与用户联结而成的共同的汇集、输送、分配电力的输配电网络，包括输电网架和配电网络，调相、调压系统，安全自动系统，调度与通信系统四大组成部分。目前的科学技术只能实现电能由电网（线路和变电站）传输，电力生产者只有通过电网才能将电力商品传送给消费者，电力用户也只能通过电网才能获取电力商品。

（6）电网的自然垄断性。电力工业是基础产业，也是国家公共事业，在一定程度上具有行业垄断性。随着电力供求关系的变化，行业的自然垄断性减弱，但电网仍具有自然垄断性，一个区域只能有一个统一的大电网和电力市场，不能有其他的电网与其重叠和并行。如果一个区域由多个主体经营多个电网，必然造成电力市场的混乱，其竞争无论多么有效，也无法弥补重复建设和造成电网事故带来的巨大损失。竞争机制只能从两头（发电侧和用电侧）引入，这是被世界各国电力工业发展实践证明了的客观规律。

（7）电力商品的传输路径不确定性。在电力市场中，超过一定容量的电厂所生产的电力都要上网，而电网中的电力潮流分布（电流的走向）只遵循物理定律。虽然发电商和用户签订了购销合同，但供销的合同路径和潮流路径不一致，电流的路径不是合同双方各自所在地理位置之间的直线距离，也就是说，用户得到的电力不一定是合同对方提供的，电力供需双方的点对点传输无法实现。

（8）电力商品生产管理的统一性和集中性。电能产、供、销同

时进行，发、供、用随时平衡，各个环节缺一不可。电力系统是相互紧密联系的，任一成员的操作，均将对电力系统产生影响。因此，电力生产管理无论厂、网如何变化，都必须执行严格的调度计划和调度规则，即实行统一集中调度管理。

（9）电力商品的技术和资金的密集性。电力工业技术复杂，电力系统内计算机和各种自动化控制系统、设备广泛应用，随着电压等级的升高，电网规模的扩大，对设备和技术的要求也相应提高。电力建设的投资是巨大的，属于资金密集型产业。

（10）电力成本与电价的复杂性。电力成本构成繁杂，电力成本核算因时因地而异。电作为商品在系统发电—输配电—售电三个环节中，涉及面广、类别多、管理难。科学制定电价水平，合理确定电价结构，努力研究电价机制，正确建立电价体制，对于促进电力工业健康发展，调节电力供求关系，提高电力企业经济效益都有着十分重要的意义。

（11）电力商品需求的价格弹性小。电力商品需求广泛，其需求曲线较陡，销售电价的变化对电力需求量的影响较小。电力商品供求弹性小，说明电力市场机制作用薄弱，有待引入竞争机制，加大市场调节力度。

（12）电力工业的规模经济性。在发电方面，机组规模越大，效率越高，平均成本越低，经济效益越好；在电网方面，联网所产生的规模效益将直接导致对资源消耗的节省，网络规模越大，电能利用率越高，平均成本越低，经济效益越好。因此，电网越大，整个电力系统的安全稳定系数就越高、供电可靠性就越好、规模经营效益就越大。

1.1.3 电力市场化

电力市场化是指对电力行业放松管制，引入竞争，建立竞争、开放、规范、有序的电力市场，通过市场机制对电力资源进行优化配置，利用电价机能达到供需平衡的一种市场状态，从而提高效率、降低电价、促进社会经济发展。

1.1.3.1 电力市场的定义

市场是商品交换关系的总和，电力市场包括广义和狭义两种含义。广义的电力市场是指电力生产、传输、使用和销售关系的总和。狭义的电力市场即指竞争性的电力市场，是电能生产者和使用者通过协商、竞价等方式就电能及其相关产品进行交易，通过市场竞争确定价格和数量的机制。电力市场就是电力这种特殊商品的交易场所，是电力的供应和有支付能力的需求之间的关系。

从内容上讲，电力市场是电力生产、传输、分配、转换、通信和计算机系统的综合体，也是技术与管理的综合体。从功能上讲，电力市场具有交换和买卖电力、提供信息、融通资金的功能。从机制上讲，电力市场是采用法律、经济等手段，本着公平竞争、自愿互利的原则，对电力系统中发电、输电、供电、用电等环节，进行协调运行的管理机制和执行系统的总称。

电力市场包括电厂和电网之间的市场、电网与用户之间的市场、期货市场与现货市场等。广义的电力市场甚至还包括电力建设市场、设备材料市场和燃料市场等。

1.1.3.2 电力市场的组成要素

电力市场作为市场的一种具体形式，由于其电力工业的技术经济特点及电力行业自身的特殊性，其组成要素有不同的含义、内容和表现形式。

（1）市场主体：符合电力市场准入规则的企业，作为参与电力市场竞争及运行的竞价实体，包括发电企业、售电公司、电力用户和电网企业。

（2）市场客体：市场主体之间的交易对象——电力。

（3）市场价格：市场关系表现为价值关系，而价值关系的实现必须通过价格——电价，还有输配电过网费等。

（4）市场载体：传输电力的输送网络、技术支持系统等。

（5）市场监管和运营规则：必须设立专门的监管机构，建立市场准入规则、市场交易规则、市场竞争规则，以使电力市场机制正常运行。

（6）市场运营机构：按照政府批准的章程和规则，构建保障交易公平的机制，为各类市场主体提供公平优质的交易服务，确保信息公开透明，促进交易规则完善和市场公平的机构，又称电力交易机构，或电力交易中心。

（7）电力系统运行机构：执行市场交易计划，负责电力系统运行调度及电力系统的实时平衡，保证电力系统安全稳定、优质经济运行的机构，又称电力系统调度机构。

1.1.3.3　电力市场的结构与企业运营模式

在西方经济学中，市场结构也称为市场类型，是反映竞争程度不同的市场状态。不同结构的市场有不同的运行方式，市场的交易主体也有不同的行为特点。根据买主和卖主的多少、产品间的差异程度、新的生产者进入市场的难易程度和交易者得到的信息是否完全等，把市场结构分为完全竞争、垄断竞争、寡头垄断和完全垄断四种类型。

根据厂家竞争和用户选择的不同程度，可以把电力企业的运营模式分为垄断型运营模式、唯买电型运营模式、批发型运营模式、零售竞争型运营模式四种类型，具体内容如下：

（1）垄断型运营模式。该模式在发、输、配、售电各个环节上实行垄断经营管理。在发电领域没有竞争，用户也没有选择市场的机会。通常只有一家垄断性的公司负责电力的生产，并通过它自己的输电网把电输送到配网公司，直至最终用户。

（2）买电型运营模式。该模式只允许有一个买电机构，负责从不同的发电公司买电，鼓励在发电领域引入竞争机制。不允许发电公司将电直接卖给最终用户。买电机构对输电网和对最终用户的电力供应实行垄断。

（3）批发型运营模式。在这种模式中，允许配网公司直接从发电公司买电，并通过输电网输送。配网公司垄断对最终用户的电力供应，但要求输电网对配网公司开放。

（4）零售竞争型运营模式。允许所有的用户选择供电公司。这里的供电公司可以是配网公司也可以是没有配电网的电力零售商。要求输电网和配电网都向社会开放。配电和售电也是分开的，在售电领域引入竞争。在这种模式下，允许成立独立经营的专门负责向最终用户售电的供电公司。

1.1.3.4 电力市场的运行机制

电力市场运行机制是指其构成要素在有机联系的不断运行中发生的相互作用及其调节功能。电力市场运行机制是通过市场价格的波动、市场主体的利益竞争、市场供求关系的变化调节经济运行的机制；同时，它也是以价值规律为核心的市场规律发生调节作用的具体表现形式。发挥电力市场运行机制的调节功能应该具备下面三个条件：

（1）具有独立利益的市场主体。市场主体是市场信息和交换的枢纽，市场主体的内在规定性决定了市场运行机制的运行状态。各个发电公司和配网公司等作为市场主体，必须是自主经营、自负盈亏的商品生产者和经营者，必须具有独立的经济利益和微观决策权。它们对自身经济利益的考虑和关切是市场机制发挥作用的动力。在经济效益的激励和约束下，它们按照市场供求决定的价格在市场上进行交易活动，而市场上价格的变化又调节着它们的经济利益。同样，出于经济利益的考虑，它们不得不根据市场价格的变动来调整自己的生产。

（2）充分的市场竞争。电力改革的核心是引入市场竞争机制。充分的市场竞争是市场机制得以充分发挥功能的基本条件。市场竞争越容易，市场机制功能的发挥越有效。在电力行业，只有独立的

市场主体还不行，要依靠有效的法律，加强政府监管，才能建立起公平、公正、公开的竞争机制。如各种投资主体的电厂，建立以资本为纽带的市场主体的经济关系，一律实行电网同质同价、竞价上网的方式。

（3）灵敏的市场信号。一方面，市场信号即市场价格，是市场供求的指示器，能灵敏且及时地反映市场供求关系。市场机制总是通过市场信号的变化来协调市场的主体行为，引起供求变化，从而调节资源配置。在中国的电力市场，电价过去曾由国家高度控制，未能发挥市场信号的作用。另一方面，由于电力的必需品的特性，电价的调节作用在某些地方、某些领域、某段时间可能作用很小。因此，要建立规范完善的电力市场，制定科学合理的电价，回归电价的调节作用。

1.1.4　电力交易品种

电力市场交易分为电力批发交易和电力零售交易。电力批发交易是指发电企业与售电公司（含电网企业代购电方式）或电力大用户之间通过市场化方式进行的电力直接交易活动的总称，参与批发交易的市场主体需要满足一定的交易规模要求。现阶段，是指发电企业、售电公司、电力大用户等市场主体通过双边协商、集中竞争等方式开展的中长期电量交易。电力零售交易是指售电公司与其代理的终端电力用户（以中小型企业为主）开展的电力交易活动的总称。

1.1.4.1　电力交易的类型划分

（1）按电力交易周期的不同分为现货交易和合同交易。现货交易包括日前交易、时前交易、实时交易等（在一些国家，现货交易特指日前交易）；合同交易包括期货交易、期权交易、远期合同交易、远期差价合同交易，以及中长期交易等。

（2）按电力交易目的和交易标的的不同可分为电能交易、辅助服务（备用、无功、黑启动等）交易、发电权交易、合同（转让）交易、输电权交易等。

（3）按电力交易标的的性质不同可分为电力实物交易和电力金融交易。

1.1.4.2 典型电力交易类型

（1）售电公司、大用户直购电交易。售电公司和大用户直购电交易可采取与发电企业双边集中竞价和场外协商交易（over-the-counter transactions，OTC）两种方式。其中，双边集中竞价方式是指通过电力市场交易平台系统，售电公司、大用户分段报送用电量及对应的价格，发电企业分段报送在不同的价格水平下的电量。电力交易中心根据双方报价进行集中撮合成交。

（2）发电权交易。发电权交易又称发电权转让交易、替代发电交易，是以市场化方式实现发电机组、发电厂之间合同电量替代生产的金融交易行为。其背景是国家实施节能减排政策，关停污染大、煤耗高的小火电机组，同时给其预留一定空间，保证其稳定过渡的一种政策性措施。发电权交易是按照自愿平等、公正公开的原则，遵循国家相关部门出台的相关办法，双方直接协商或由电力交易机构组织替代方与被替代方进行交易的一种市场行为。

按照组织方式，发电权交易可分为双边交易与集中竞价交易。

1）发电权双边交易是由替代双方对替代量、补偿价格进行协商，达成一致后签订替代合同。这种方式的缺点是没有电网公司的参与，事前无法确定是否满足电网安全因素，以及由此替代引起的网损补偿。例如，替代方距离负荷区较远，原先的负荷缺口必须通过靠其他地方电厂来弥补，这必将增加网损。为解决这一问题，同时保证电力工业的发展，国家允许发电集团关停一定小容量机组后建大容量机组。

2）发电权集中竞价交易是指由电力交易机构组织，发布市场信息，替代双方报价，集中撮合，必要时经电网安全校核成交的交易

方式。这种方式的优点是自由度大，被替代方与替代方都可以选择自己被谁替代或替代谁，双方可以就替代价格、替代量进行充分的协商。同时，被替代方可以由一个替代方替代，也可以由多个替代方替代。双方成交的过程，也是一个市场博弈、竞价的过程。

（3）外送电交易。外送电交易原本主要指区域级、电网级电力公司的外送电交易。这种交易是在某个电网公司电力不足的情况下或由于其他原因需要其他电网送电时发生。考虑到减少网损的因素，这种交易一般在距离较近的相邻电网公司之间展开。近年来，随着我国西电东送、南北互供战略的实施，这种交易逐渐变得频繁起来。按照组织方式，外送电交易成分主要包括国家指令性计划电量、政府间协议电量和市场化交易电量（年度、月度和省间现货交易）。

1.1.5 电力监管

1.1.5.1 电力监管的内涵

电力监管是指政府或其授权的监管机构，对电力体系内国有的和非国有的企业活动进行直接和间接的控制。作为市场经济条件下政府管理经济活动的一种方式，监管制度最早起源于 19 世纪 60 年代的美国。

电力监管包括监管主体、客体、目的、依据、程序、标准、理论和方法等八个要素。

（1）监管主体即为电力监管机构，在我国主要是指国家能源局及其派出机构。

（2）监管客体即监管对象，泛指电力市场参与者及其相互关系。

（3）监管目的是要打破垄断、提高效率、降低成本、提供优质服务、促进行业发展。

（4）监管依据主要包括理论依据和法律依据。

（5）监管程序是指监管实施过程和不同阶段的衔接，做到有计划、按步骤，有序、有效进行。

（6）监管标准主要包括电价标准、准入标准和效率标准等。

（7）监管理论包括西方规制经济学理论、产业组织理论、政府治理理论等。

（8）监管方法主要包括经济、技术和法律的方法。

电力监管的八个要素正是构建电力市场体系的基本条件，其核心体现于四个方面，即谁来监管、监管什么、如何监管、为谁监管，这也是电力监管的基本任务。

电力监管体制，即"监管体制"向"电力行业"的延伸，是政府在对电力产业进行监管的过程中形成的一系列制度，是电力监管机构的组织结构和组织规范的总称，具体包括电力监管机构设置、职能配置和职权划分，以及组织规范和配套机制等基本构成要素。其中，电力监管机构设置主要涉及监管机构的设置模式和类型选择问题；电力监管职能配置和职权划分主要涉及电力监管机构上下级之间、电力监管机构和其他国家机关之间的职能配置和职权划分问题；电力监管组织规范和配套机制主要涉及电力监管的法律法规和制度建设，以及为保证组织规范有效运行的配套机制建设等。

1.1.5.2 电力监管的必要性

管制的逻辑起点是市场失灵。在现代市场经济条件下，市场机制的缺陷可能会导致市场失灵，而管制作为替代市场的一种资源配置方式便应运而生。因为自然垄断、信息不完全、外部性和不完全竞争四种典型的市场失灵在电力产业不同程度地存在，所以必须对其进行有效管制以弥补市场失灵。从公众利益出发，政府应该为克服市场失灵而采取各种有法律依据的行动，对经济主体进行规制，以提高资源配置效率，增进社会福利。

电力行业是国民经济的支柱产业，是其他行业的动力源泉，其发展水平和发展路径对经济发展的总体效率具有重大影响。政府对电力行业的监管基于电力行业的基本特性。具体来看，对电力行业实行政府管制的必要性体现在以下 6 个方面：

（1）电力行业具有自然垄断性。政府规制企业定价和利润的最传统和最持久的依据，在于自然垄断的存在。电力的生产和消费是瞬间同时完成的，在发电环节生产的电力，通过输、配电网络后，送达终端消费用户。输、配电领域具有网络经济性，电网规模越大，调峰能力越强，安全可靠性越强，具有规模经济等自然垄断特性。发、输、售、用电等各方一旦形成垄断，垄断企业拥有定价权后，就会通过价格垄断来获得丰厚利润，而对改进技术和提高服务质量缺少内在动因，既损害了消费者利益，又扭曲了资源配置。因此，需要对电力产业的价格进行监管。

（2）电力资产具有较强的专用性，存在大量的沉没成本。电力行业投资的设备专用性较强，设备的使用期限和折旧期限较长，因退出成本较高造成新老企业间的恶性竞争、浪费资源与降低效率。一般而言，投资完成后所形成的资产即成为沉淀资产，要将其转移至其他用途的可能性较低。因此，有必要对电力企业市场准入和投资进行监管。

（3）不同状态下的竞争性与排他性。电力产品介于公共物品、私人物品之间，电力产品的准公共产品特征体现在电力的拥挤性上。电力具有瞬间平衡性，技术专业性、复杂性较强，电力市场的设计和监督必须与行业特点相辅相成。电力资源使用的竞争性和排他性，受网络负荷临界点的影响。当用电量超出一定的范围，用电的竞争性和排他性就会突显出来。如果电力需求量未达到拥挤点，电力产品就会表现出明显的非竞争性。因此，单纯的市场机制可能会出现电力产品资源配置效率低的问题，这就需要对电力市场的不完全竞争进行有效监管。

（4）服务的必要性与普遍性。随着社会的高速发展，国民经济运行和百姓生活对电力越来越依赖。电力产业的普遍服务是政府的重要任务，这是由电力准公共产品的特征决定的。政府通过制定普遍服务标准，保证包括弱势群体、低收入阶层、偏远地区用户等在内的社会各阶层都能够享受平等的服务，促进社会福利水平的提高。电力普遍服务还可以逐渐缩小城乡差距，促进地区均衡发展和社会和谐稳定，是一种重要的社会再分配手段，属于公共政策范畴。

（5）电力系统的安全对社会影响巨大。电力产业由发电、输电、配电和售电五个环节构成了一个有机联系、紧密配合的整体，各环节在安全和效益上互相依存、在技术上紧密联系，电力市场的竞争机制必须考虑到整个电力系统安全稳定和运营效率。不同地区间能源资源分布和消费地区分布不均衡、电力供应和消费不均衡、生产区域和运输通道存在较多不确定性，以及自然灾害和外力破坏等因素，这些因素都是电力安全潜在的风险，影响电力的稳定供应。电力产业的社会性规制是国民经济发展和人民正常生产生活的基本要求，也是保证电力系统安全稳定运行的前提。因此，需要对电力安全进行有效监管。

（6）电力行业具有外部性特征。所谓外部性是指在市场经济条件下，某种产品的生产和消费会使这种产品的生产者和消费者之外的第三者无端受益或受损。外部性是市场失灵的主要表现之一，它产生的直接原因是公私利益的冲突。电力在生产、供应和使用过程中，可能对人体和自然资源带来危害，如火电厂二氧化硫、氮氧化物的排放，核电厂的核泄漏、核辐射等，放任自流将给社会带来巨大危害。因此，有必要对电力产业的环保进行监管，加大对废气、废水、烟尘等污染物排放的治理力度，控制或减少环境污染的危害。外部性的普遍存在决定了政府进行社会规制的必要性，随着资源供应的日益紧张和人类对环境问题的广泛关注，环境保护将成为电力工业发展永恒的主题，加强电力环保监管成为世界各国的共识。

总之，电力产业资本密集、技术密集，具有发、输、配、售、用协调运行和供需瞬时平衡的技术特征，以及规模经济和范围经济效应显著、垄断经营、大量沉没成本、资产专用性、外部性，以及普遍服务等经济特征，这些特征决定了政府需要对电力产业进行有

效监管。一方面，政府需要创造公平竞争的电力市场，促进发、售电领域展开竞争，逐渐放松准入监管和价格监管，使之按照统一的电力市场规则规范运作；另一方面，对自然垄断特征较强的输、配电等领域，通过价格监管、市场准入监管等措施，防止电力企业、行业和产业资源配置和资源利用的低效率，避免损害社会福利。此外，对电力产业外部性带来的社会安全、环境污染，以及公众所需要的电力基本服务的稳定性、质量的可靠性和可信赖性等问题进行社会监管，保证电力安全、稳定、可靠供应，保护生态环境，保障劳动者安全、卫生和健康，维护消费者利益。

1.1.5.3 现行电力监管体制的监管客体

监管客体即为监管对象，泛指电力市场参与者及其相互关系，涉及发、输、配、售、用电环节，主要内容包括调度、交易合同、电价、市场力、输电权、电能质量、环境保护、市场准入等。电力行业中的所有企业都应当受到监管主体的监管，需要满足一定的准入条件并获得运营许可后，方可从事相关电力业务，并且必须遵守相关的规则以确保行业的正常运转。因此，所有电力企业均是监管客体。

目前，我国电力企业主要包括国家电网公司和中国南方电网有限责任公司等 2 家电网公司，以及国家能源集团公司、中国华能集团公司、中国大唐集团公司、中国华电集团公司和中国电力投资集团公司等 5 家规模大致相当的全国性独立发电公司。此外，还包括广大的售电公司、一些地方小电厂和供电公司。

同时，电力企业的具体行为也是监管的对象。

1.1.5.4 电力市场监管模式

世界已经运行电力市场的各个国家和地区的市场监管机构的职能基本上是一样的，其不同点主要在于他们的组成结构。通过对各国家和地区市场监管机构的考察，总结出了三种监管机构模式，包括：

（1）经政府授权由系统调度（交易）运营机构（independent system operator，ISO）承担市场合规监控工作，系统调度（交易）运营机构又称独立系统运营商。

（2）采用政府购买第三方企业服务模式，实施电力市场的合规监控。

（3）由政府直接实施市场合规管控、监管。

1.2 国际电力交易的发展

电力市场开端于英国的电力库模式（pool）电力市场，国际上成熟的电力市场主要包括美国电力市场、英国电力市场、北欧跨国电力市场等主要运营模式。美国电力市场普遍采用调度和交易专业在一个公司，分部门的工作模式，提高工作效率。美国目前还存在没有市场化的州，仍然采用管制购电模式。欧洲大陆和英国电力市场相关运营商包括交易公司、结算公司、调度中心等，出现了交易、结算业务的跨国式发展。由于国外典型市场运营区域的发电机型，主要以具备快速启动能力的燃气发电机组为主，因此一个独立的电力市场运行期一般仅包括日前和日内两天。不论美国、英国电力市场，交易机构（或交易工作组）主要工作职责均为组织主要电量的交易，缔结电子合约，包括金融性合约和物理合约，通过市场机制为调度日内运行（系统方式、自动发电控制指令下装）做好系统资源准备。调度机构（或调度工作组）主要对年、月、周、日不断滚动优化、市场博弈产生的市场化发电预计运行曲线，与运行日实际运行曲线的偏差电力，进行安全约束的经济运行，实现社会福利最大化。如果市场化预计系统运行曲线与实际系统运行曲线没有偏差，则不需要调度机构干预。

1.2.1 欧洲

1.2.1.1 北欧地区

北欧地区包括挪威、瑞典、芬兰、丹麦和冰岛 5 个国家，除冰岛外，其他 4 个国家均已实现电网互联，形成统一运行的北欧电力市场。

如图 1-1 所示，北欧电力市场化改革起源于挪威。1991 年 1月 1 日，挪威能源法案正式实施。该能源法案提出了要通过引入竞争来促进电力工业的效率和保证电力供应的可靠，并要求电网输电作为管制业务要和其他竞争性业务相分离，至少要做到财务分离。1992 年，挪威国家电力公司被拆分为全国性的挪威电网公司（Statnett）和挪威发电公司（Stankraft）。Statnett 作为挪威电网系统的运行者，负责电网的运营、运行和监控，电网对第三者无歧视开放，同时建立了基于节点的输配电价机制。1993 年 1 月，挪威电力交易所（Statnett Marked AS，即现在 Nord pool 的前身）建立，第一个运营年的总交易电量为 184 亿 kWh（18.4 TWh），成交额 15.5 亿挪威克朗。能源法案的实施标志着挪威国家电力市场建立、北欧电力市场化改革正式启动。

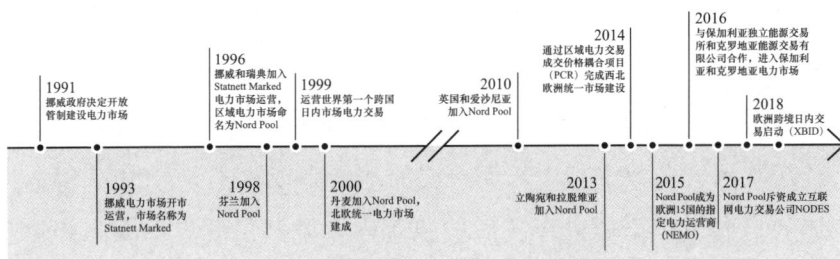

图 1-1　北欧电力交易公司 Nord Pool 发展概况❶

紧随其后，瑞典在 1991 年也开始进行电力市场化尝试，厂网分开，并于 1992 年成立瑞典国家电网公司（Svenska Kraftnat）。1996

---

❶　https://www.nordpoolgroup.com/。

年 1 月，瑞典国家电网公司加入挪威国家电力市场，两国联合成立挪威－瑞典联合电力交易所，被命名为 Nord Pool，挪威国家电网公司和瑞典国家电网公司各拥有 50%的股份。

芬兰的电网最初由国有的 IVS 和企业自有的 TVS 两家电网公司组成。从 1995 年 6 月起，芬兰新能源法要求开始建立竞争性电力市场。次年，芬兰建立了自己的电力交易所。1998 年 6 月，芬兰加入电力市场，瑞典国家电网公司和芬兰国家电网公司联合拥有 EL－EX 交易所，作为北欧电力交易平衡调节市场。

丹麦的新能源法从 1996 年开始实施，法律要求分步开放电力市场。1998 年 1 月 1 日，丹麦成立了 Eltra 电网公司负责丹麦西部 Jutland 和 Funen 的输电网，1999 年 7 月，丹麦西部加入电力市场。同年，Elkraft 公司成立，负责丹麦东部 Zealand 的输电网，2000 年 10 月，丹麦东部加入。这样，历时近 10 年，囊括北欧四国的统一市场建立完成，标志着北欧跨国电力市场正式形成。

2002 年，Nord Pool 的现货市场活动独立为单独的公司 Nord Pool Spot AS，与期货市场分离，并在 2005 年在德国开设了第一个电力价区，该电力价区使得德国北部的电网区域能够进入北欧市场。次年，Nord Pool Spot 就在德国推出了 Elbas 实时平衡市场。2007 年，丹麦西部也加入了 Elbas 实时平衡市场，并开始使用新的现货交易系统 SESAM。

2008 年，北欧现货市场的交易换手率和市场占有率都达到了新高，在欧洲大多数主打中长期合约的地区中成为主流。2009 年，挪威加入日内市场平衡。在随后的数年内，爱沙尼亚、立陶宛和拉脱维亚等国相继加入北欧电力市场，同意现货市场联合出清。

2014 年，来自欧盟的 14 个成员国加上挪威的电网运营商和电力交易所就电力联合交易正式达成协议，建立统一的日前电力批发市场。在日前由上述 14 个国家的 TSO 和交易中心组成的协会负责协调，通过统一算法计算出不同区域的价格及跨国电力交换的电量。

这标志着北欧电力市场与欧洲中西部（法国、德国）及南部资源实现联合优化配置，为未来欧洲电力市场的联合奠定了基础。

1.2.1.2　英国

自 1950 年以来，英国电力工业的发展可以划为两大阶段，第一阶段是 1990 年以前，即实行私有化以前；第二阶段是 1990 年后。其中，第二阶段又可分为三个时期：第一个时期是以电力库（pool）运行模式为特征，称作电力库时期；第二个时期是以实施新电力交易协议（the New Electricity Trading Arrangement，简称"NETA"）为标志，以发电商与用户可签订双边合同为特征，称作 NETA 时期；第三个时期是以实施英国电力贸易和传输协议（BETTA）为标志，以全英国的电力系统归英国国家电网公司（National Grid Company，NGC）经营为特征，称作 BETTA 时期。

在私有化以前，英国电力工业由地方政府在各自的管辖区域统一管理经营，对发电、送电、配电、售电实施纵向一体化垄断式管理模式。在英格兰和威尔士，主管部门为中央发电局（The Central Electricity Generating Board，简称 "CEGB"），它控制所有的发电厂、输电网和批量销售。中央发电局为 12 个区域供电委员会供电，每个区域供电委员会垄断其管辖区域的配电和零售业务。电力委员会（Electricity Council）作为一个协调组织，具体的职责包括代表整个行业向政府提供建议，促进和协助英格兰和威尔士电力委员会维护并发展一个高效、协调和经济的电力供应系统。而苏格兰地区的电力生产由另外两个电力局负责，分别是苏格兰南部电力局（The South of Scotland Electricity Board）和苏格兰北部水电局（the North of Scotland Hydro–Electric Board）。北爱尔兰地区的发电、输电、配电和供电由北爱尔兰电力（Northern Ireland Electricity）负责。

自 20 世纪 80 年代开始，英国就开启了非核电类电力资产的拆分和合并，进行了一系列的私有化尝试。1989 年，议会通过了关于英格兰、威尔士和苏格兰电力工业重组和私有化的计划，并批准了

"1989 年电力法"，奠定了电力工业私有化的法律基础。从 1990 年 4 月开始，电力法生效，英国电力工业开始实施私有化并进行重组，原中央发电局分解为 3 家发电企业、1 家独立输电公司。12 家区域供电委员会改为 12 家地区电力公司进行配电和供电。这次改革在发电和售电部分逐步引入竞争，建立了电力市场运营机制。

（1）电力库（pool）电力市场运营模式。英国第一轮电力市场化改革的核心是设计并创建出将发电和售电放开、输电和配电垄断、监管机构依法监管的高效的电力体制推出一种全新的电力交易市场模式，即电力库（pool）。该模式是由英国国家电网负责具体经营管理，并且所有的供电均直接由其进行调度并收购，再由其出售给用户，这样就打破地域界限，构建起接入各地所有电厂的全国性一体化电力交易场所。但电力库模式未考虑需求侧的价格弹性，导致市场运行中出现价格垄断。其次，20 世纪 90 年代后期大量的燃气机组进入电力库市场，天然气市场和电力市场存在不协调。

电力库（pool）模式采用电力水池的设想，将发、用电两方的电力销售和购买需求汇集起来，统一在电网进行交易形成批发市场统一的电力交易出清价格。英国电力库（pool）的原始设计是一个价格随时变动的电力现货集中交易市场，各个电厂在正常运作状况下进行报价。每个电厂的成本结构不同，因此报价不同。成交组序列中的最高报价称为系统边际价格（system marginal price，SMP），这是现货市场价格的基础。

（2）NETA 电力市场运营模式。2000 年，为了解决第一轮电力市场化改革后所暴露出的问题，英国进行了第二轮电力市场化改革，建立 NETA（new electricity trading arrangements）模式。NETA 模式的出现，带来了一种更加灵活的交易方式，从而不必再局限于竞价式的发电端交易机制，转而建立起一种基于中长期合同、兼以短期现货与平衡机制的交易环境。NETA 模式下，发电企业与配售电公司可签订电力交易合同，电量偏差在平衡市场进行清算，国家电网公司负责输电服务与电力调度服务，并解决电网系统的阻塞问题。NETA 运行模式于 2001 年 3 月 27 日 24:00 启动。NETA 电力市场运行模式，由英国天然气电力市场办公室（office of gas and electricity markets，OFGEM）和英国贸易和工业部（department of trade and industry，DTI）共同组织编制和发布实施。NETA 运行模式电力市场包括电力期货市场、远期交易市场和短期电力交易市场，出现了场外交易模式（over-the-counter transactions，OTC），买卖双方通过电话或者网络达成交易，也出现了收费中间商人。

在 NETA 运营模式下，专业的结算公司 Elexon Ltd 公司于 2000 年 8 月 1 日成立。Elexon Ltd 公司是一家非营利实体，由电力市场参与者提供资金。每年 Elexon Ltd 实际运营低于预算部分的多余费用会返还给市场参与者。Elexon Ltd 公司负责 2001 年 3 月 27 日启动的 NETA 运营模式电力市场结算业务，负责根据系统平衡与结算规则（balancing and settlement code，BSC），开展英国电力平衡机制资源采购和不平衡结算业务。

（3）BETTA 电力市场运营模式。自"1989 年电力法"生效以来，英格兰和威尔士地区的电力市场改革成效显著，但苏格兰地区由于法律、行业结构与市场机制等因素，没有建立一个竞争型的批发电力市场。为了解决苏格兰电力市场的问题，英国政府（以贸工部 DTI 为代表）及独立监管机构（OFGEM）在广泛听取各界意见和参考研究结果后，决定在苏格兰、英格兰及威尔士三大地区（统称 Great Britain，简称 GB）推广已有的 NETA 模式。于是，BETTA 模式应运而生。

BETTA 模式以 NETA 模式为基础，建立全国统一的电力交易、平衡和结算系统，统一了输电定价方法和电网使用权合同；制定了《英国电力平衡与结算规范》《联络线与系统使用规范》，在全国范围内实行单一的交易、平衡和结算机制，使电力市场的扩展、运行、管理、监管更为容易，运营成本更低。

在 BETTA 市场中，英国国家电网调度中心负责全国电力平衡与调度。与 Pool 模式相比，英国国家电网公司（National Grid Company，NGC）的职责有了很大调整，不再负责发电出力（发电功率）的调度，而只是英国输电系统的拥有者之一。2019 年 4 月国家电网调度公司（National Grid Electricity system Operator，NGESO）成为国家电网集团内的一家合法独立公司，负责运营调度职责，原国家电网调度中心撤销。目前调度运营公司 NGESO 仍属于英国国家电网公司集团体系，集团其他在英国的子公司还包括国家输电公司（National Grid Electricity Transmission，NGET）和西部配电公司（Western Power Distribution，WPD）。英国 NGESO 调度控制大厅如图 1－2 所示。

图 1－2　英国 NGESO 调度控制大厅[1]

如图 1－3 所示，场外交易不需要调度执行。带小时曲线的电力物理合约在远期市场和现货市场交易，需要调度刚性执行。英国的发电厂通过调度中心开展电网实时调度，不存在其他调度层，区域配电公司不负责调度发电或负荷。英国调度机构广泛采用基于平衡单元（Balancing Mechanism Unit，BMU）的自调度模式（Self-dispatch）。

---

[1] https://www.nationalgrideso.com/。

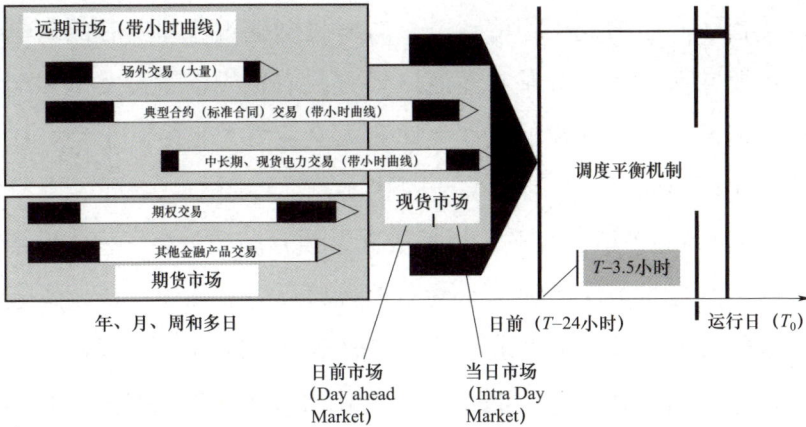

图 1-3 英国 BETTA 运行模式电力市场时序图

2011 年 7 月，英国能源部发布《电力市场化改革白皮书》，文件主要是针对今后该国能源改革做出规划性的阐述：一是确保碳价格的公允；二是以新的电价制度代替可再生能源义务制度；三是对未达到排放要求的企业进行严格的增量限制。2013 年，英国议会通过了新的《能源法》，就未来英国能源消费结构做出了新的规划，对电力行业"脱碳"路径做了详细的要求。2014 年，英国开始进行第三轮电力改革，主要采取的措施是差价合约和建立容量市场。由此可见，英国今后的电力政策重点围绕安全性、低碳、竞争性，以及投资的可持续性等方面，促进多元化电力结构的不断完善，针对部分对象实施差价合约和容量市场机制，直至达到推广条件后进行全国性的实施。

1.2.2 美国

从根本上讲，美国的电力发展经过了自然垄断和政府管制两个重要的阶段。早期，私人电力系统用于城市的局部地区供电，由政府发给执照特许供电范围。系统规模非常小，竞争也很激烈，在有些地区造成了供电过剩。私人电力公司因售电价格高，获利丰厚，并且通过自行设定电压等级、设备装置的标准和相互合并来降低成本，发挥了一定的规模经济效益。政府投资建设管理所有的水电设施，主要在西部用于防洪和灌溉。地方政府也投资建设发电和配电系统，但没有扩大规模，效率上比私人企业要差很多。于是，在电力发展初期形成了一种自然垄断的状况。

1907—1912 年，大多数州都成立了州管制委员会——公用事业委员会，来保护消费者避免承受垄断价格压力，并通过协调资金建设大型的发电和输电工程来降低平均成本。1914 年，美国出台了谢尔曼反托拉斯法案（the Sherman antitrust act）和克莱顿法案（the Clayton act），由于电力系统的规模经济性及其技术特点，最后政府允许了管制下的地区电力垄断。

为了降低运行成本和金融成本，减少购买设备的费用，提高工程和建设的经济性，促使行业管理程序标准化，1904—1930 年期间电力公司大量合并。1933 年，三家大的电力控股公司控制了 44% 的电力工业。州管制委员会根据地区电力公司（控股公司的子公司）申报的财务成本，给该电力公司制定电价，导致零售电价被设定得很高，供电服务质量也不能令人满意。

于是在 1935 年，美国通过了公用事业控股公司法案，由它来审查和授权公用事业发行和出售债券，并且重组控股公司。同时，通过联邦电力法（FPA）成立了联邦电力委员会（FPC）来管理包括发电和输电的批发电力交易合同。

由于私人电力企业受利益驱使，没有将电网扩展到农村地区，1936 年，政府成立了农村电气化管理委员会，为农村电力企业提供免息贷款和帮助。随着联邦和农村电力公司发电容量的增长，公用电力稳步增长。

1973—1974 年，由于石油禁运导致的价格上涨，许多电力公司的运行成本大幅增加，面临了财务危机。于是经电力公司提出，监管机构批准，电价随燃料价格做出了调整。针对上述提到的问题，1978 年公共事业监管政策法案（PURPA）出台，要求电力公司必须

从有资格的发电公司（qualifying facility，QF）购买电力。PURPA 鼓励非电力公司所有的发电厂（NUG）建设，并授予发电资格。该法案对推动独立发电商的产生起到了至关重要的作用，并且对后来更大规模的电力改革做了铺垫。根据 1977 年 10 月 1 日颁布的能源部组织法案，美国联邦能源管理委员会（federal energy regulatory commission，FERC）成立，FERC 是美国政府的独立机构，负责管理州内和跨州贸易中电力和天然气的运输和批发销售，用以代替以前联邦电力委员会（federal power commission，FPC）。

为了让独立发电商进入电网不需要受到公用事业控股公司法案的限制，1992 年，美国通过了能源政策法案。能源政策法案规定所有的电力公司必须提供输电服务，FERC 要求电力公司必须转运独立发电商（independent power producer，IPP）的电力。

为加快竞争性电力批发市场形成，美国联邦能源管理委员会（FERC）于 1996 年发布了第 888 号令（Order 888），要求发电业务与输电业务分离，鼓励输电业务由独立的电力系统公司或机构运营。为响应 FERC 第 888 号令，美国的一些电力公司自发地联合起来，组建了独立系统运营商（independent system operator，ISO）。

同年，FERC 还发布了第 889 号令（Order 889），提出了输电网无歧视公平开发的要求，组建开放存取信息系统（open access same-time information system，OASIS），在发电和用户与输电接入处设置 OASIS 节点；在 OASIS 中创建各种计划和输电路径有效的传输容量、清算/结算价格等，并规范了电网实时信息发布系统的应用，消除了电力批发市场的竞争壁垒，使美国的电力市场化改革走上了快车道。

1999 年底，FERC 又出台了第 2000 号令（Order 2000），推动成立区域输电组织机构（regional transmission organization，RTO）。RTO 的功能与 ISO 类似，与 ISO 相比，RTO 多了负责跨区域输电网络规划和可靠性的任务。

通过不断地总结经验，FERC 在保证电网安全、可靠运行，并实现从传统运行到市场运行平稳过渡的条件下，逐步改进市场规则，循序渐进地使市场成长起来。目前，电力市场的营运由日前调度和实时调度组成，以市场调节的手段实现区域内发电设施和输电设施的有效利用，以最低的系统运行成本安全、可靠地满足用户的用电需求。除了日前市场交易和实时市场交易外，一般还有金融输电权交易、辅助服务交易和备用容量交易等辅助手段。

1.2.3 亚洲

1.2.3.1 日本

日本的电力行业进程可以追溯到 1886 年第一家电力公司东京照明电器成立，到 20 世纪 30 年代后，日本电力企业基本实现了"国营化"，1951 年后日本电力行业重组，形成了九大电力公司。到目前为止，日本已经形成了以十大区域性电力公司为主的集发、输、配、送为一体的运营系统。

1995 年以前，作为发达国家之一的日本，电力行业为十大电力公司所垄断，电力公司没有降低电费的动力，因此其电价绝对水平普遍高于欧美国家。随着发电技术的成熟，建立小型规模且低成本的发电厂具备了可能性，因此日本国内企业纷纷呼吁在电力领域效仿欧美国家并引入市场竞争，在全球电力改革潮流的影响下，日本决定启动电力体制改革，进一步变革国内电力市场现状。

日本电力产业于 1995 年开始了初级电力商业改革的进程，首先是对《电气事业法》进行了重大修改，主要内容是放开发电侧竞争，允许独立发电商 IPP 进入市场参与电力批发业务，允许创立能够直接向用户供电的发电企业。

1999 年，日本开始实行第二轮电力商业改革从而扩大零售业自由化程度。主要是通过修订《电气事业法》，放开部分电力零售侧，并重新制定电价制度，有计划、有条件地引入特定规模电力企业 PPS，

该类电力企业没有输、配电设备，但能够从事零售业务，最终通过十大电力公司进行输、配电，服务于大型用户。

2003 年，日本再次对《电气事业法》进行修订，修订的内容如下：在 2004 年使得零售自由化扩展到更多用电功率在 500 kW 以上的高压用户（40%），2005 年使得用电功率在 50 kW 以上的高压用户（62%）实现零售自由化。为确保输、配电部门的公平和透明，在保持电力供应仍属于各通用电力事业公司运营的纵向一体化结构下，要求输、配电在会计核算上实施分开，实行会计分离。同时建立日本电力批发交易所实现电力采购的多元化。

2008 年日本政府对《电气事业法》进行了第四次修订，内容主要包括：振兴批发电力交易所改革，改善与配电网相关的新电力竞争条件，引入绿色电力批发交易。在对现有电力体制的广泛讨论之下，认为当前状态下进一步实现零售部门完全自由化将不会使得用户受益，因此决定推迟全面放开电力零售市场的改革。

前四轮电力改革使得日本电力市场主体丰富起来，电价也有所下降，但同西方国家相比还有不少差距，十大发电集团依旧占据垄断地位，市场自由化程度未达到预期标准。同期，2011 年福岛发生核泄漏，日本电力产业经受了巨大的考验，市场化的售电侧和管制的发电侧矛盾突出，因此，2013 年，日本迎来了第五次电力商业体制改革，也是至关重要的一次。

改革进程分为三个阶段：第一阶段，建立电力广域运营推进机关（organization for cross-regional coordination of transmission operators，OCCTO），统筹全国各电力公司调度，能够提高全网面对自然灾害的能力；第二阶段，引入发电、零售、输电和配电网络的许可证制度，实现发电企业自由化和零售业务自由化；第三阶段，电网和发电环节实现法律分离，消除零售电价管制，由市场决定价格，并在输配电网络部门建立实时市场，维持电力供应供需平衡。

日本电力系统经历了一系列改革后，零售业的自由化范围逐步扩大，最终实现了电力市场零售侧的全面放开。

1.2.3.2 新加坡

新加坡电力行业的改革历程最早也是垂直一体化运营，国企新加坡能源公司下设发电公司、输电公司和供电公司，1993 年的电力行业改革实行"厂网分开"，发电公司从新加坡能源公司独立出来，发电市场初步放开。从 1995 年 10 月起，新加坡政府开始由上至下整合电力供应产业以促进发电与供电分销的市场竞争，即在电网公司和用户间增加私人零售商。1998 年 4 月 1 日，新加坡开始借鉴英国经验，建立电力供应批发市场，提高发电市场的开放程度。2001 年，新加坡能源局（Energy Market Authority，EMA）成立，并在旗下设立了独立的电网调度机构市场能源管理局（Power System Operator，PSO），负责电网安全、稳定运行，按电压等级核算输电费；同年新加坡能源市场公司（Energy Market Company，EMC）成立，负责筹建和运营新的批发市场。

2003 年，参考"新西兰模式"建立的"新电力市场"正式运营。与此同时，新加坡按照容量的大小分阶段向用户开放零售市场，用户参与的限制条件从 2001 年的最大用电功率高于 2000kW，逐渐放开至 2015 年的月用电量大于 2000kWh，自选用户用电量比例接近80%。

2020 年 10 月，新加坡计划与马来西亚电网交互以加强两国的能源合作，进一步提高新加坡电力市场在东盟电网 ASEAN 的影响力，从而加速实现新加坡东南亚区域电网建设的目标。未来新加坡计划全面放开零售市场，建立电力期货市场，并引入用户侧响应机制，进一步推进电力市场化改革。

新加坡国家电力市场（national electricity market of Singapore，NEMS）于 2003 年开始运行，市场由现货、批发和零售三个部分组成。

1.3 国内电力交易的发展

电力市场化改革是恢复电力商品属性的必然选择。电力市场化改革通常可分为三个阶段。

第一阶段：放松管制，将以前由政府统管的电力投资、生产和消费计划交给投资者、生产者和消费者自己安排。电力工业的开放既可以从发电侧引入，也可以从用户侧引入。

第二阶段：建立竞争性的现货市场交易机制，以确定机组的调度和电力批发价格。

第三阶段：在以上电力现货市场的基础上，迅速发展出灵活多样的电力合约交易。

我国电力体制改革的早期阶段，是在改革开放背景下以解决电力供应不足、改善电力行业运行机制僵化、激发电力行业发展活力为导向，而进行的一系列主要针对电力企业结构的改革。

2002 年，国务院下发《电力体制改革方案》（国发〔2002〕5 号），提出了"厂网分开、主辅分离、输配分开、竞价上网"的 16 字电改方针。在此后的 10 年内，基本实现了"厂网分开、竞价上网"的目标，但在输配和售电环节，还未展开有效改革。

2015 年《中共中央国务院关于进一步深化电力体制改革的若干意见》（中发〔2015〕9 号）的印发，标志着我国新电改时代的开启，"新电改"结合我国电力行业迅速发展、行业规模大幅增长的现状，基于实现电力行业数字化和清洁化、促进新能源电力企业竞争力的未来愿景，从输配电价改革、电力市场建设、电力交易机构组建和规范运行、有序放开发用电计划、售电侧改革等方面开展工作，对电网企业的交易方式、交易职能等产生了巨大影响，也促进了大量售电公司的出现。

随着"新电改"不断纵向推进，电力商品属性进一步得到发掘，大用户直购电、跨省跨区竞价交易、售电侧零售等具有市场化特质的电量交易方式已得到实践；2017 年，国家能源局选择南方（以广东起步）、蒙西、浙江、山西、山东、福建、四川、甘肃 8 个地区作为第一批电力现货市场建设试点，开始了现货市场的探索，成为新电改的又一里程碑。

近年来，为促进新能源发电消纳，我国很多地区开展了新能源市场化交易探索，各类新能源市场化交易机制对提升新能源消纳水平发挥了积极作用。我国开展的新能源市场化交易探索包括开展新能源发电企业与大用户直接交易、新能源发电与火电发电权交易、新能源跨省跨区中长期交易、新能源跨区现货交易，以及建立调峰辅助服务市场等。

2021 年，全国各电力交易中心累计组织完成市场交易电量 37 787.4 亿 kWh，同比增长 19.3%，占全社会用电量的 45.5%，同比提高 3.3 个百分点。省内交易电量（仅中长期）合计为 30 760.3 亿 kWh，其中电力直接交易 28 514.5 亿 kWh、绿色电力交易 6.3 亿 kWh、发电权交易 2038.8 亿 kWh、抽水蓄能交易 117.6 亿 kWh、其他交易 83 亿 kWh。省间交易电量（中长期和现货）合计为 7027.1 亿 kWh，其中省间电力直接交易 1890.1 亿 kWh、省间外送交易 5037.5 亿 kWh、发电权交易 99.5 亿 kWh。❶

一个较为稳定、健康的电力市场应该能让现货市场和中长期市场共同发力，最大程度地反映电能的商品特性，拥有较强的市场力和竞争活力。实行现货市场的目的是优化资源配置，发现真实的电价，进一步拓宽和挖掘电力商品和服务的交易品种，吸引更多主体进入市场。但由于电能目前不能大量储存的特性，还需要中长期合约来帮助电能"虚拟储存"，而且电能中长期交易不仅发挥金融避险功能，还帮助发电厂根据市场预测提前做好发电计划，是一个不可

---

❶ 中国电力联合会. 2021 年全国电力市场交易简况. https://cec.org.cn/detail/index.html?3-306005。

或缺的交易环节。

1.4 本 章 小 结

当今世界主要西方国家均在进行电力市场基本理论研究和电力市场建设，新的市场规则和交易机制层出不穷。本章从电力商品及电力市场的理论体系出发，介绍了电力商品化历程和电力商品的特点，概述电力商品现货交易与金融衍生品交易，电力市场的定义、组成要素、结构，电力交易机构运营模式和运行机制。阐述电力交易的类型划分及其品种。从电力市场建设和运营实践出发，介绍了欧洲的北欧地区和英国电力市场、美国电力市场、亚洲的日本和新加坡电力市场的发展历程和沿革。他山之石可以攻玉，被国外电力市场验证过的成功经验和失败经验都是难得的市场机制设计典型教程。读者若想对该领域继续深入学习，还可重点关注哈佛大学、斯坦福大学、剑桥大学等国外知名学府的能源管理专业相关文献。

思考题

1. 电力商品化经历过哪几个阶段？什么因素促使了电力商品化的推进？

2. 举例说明如何利用电力市场运行机制实现其调节功能。

3. 电力交易有哪些类型？它们各有什么特点？

4. 简述我国电力市场化改革进程中的大事件及其影响意义。

5. 各国电力交易发展的路径有哪些相似点与不同点？

2 电力交易相关经济理论

2.1 基本经济学理论

2.1.1 供求关系

由市场价值规律可知，产品价格直接受市场供求关系的影响。在电力市场中，系统的供求情况决定电价的高低。在系统的总需求很大，而电力供应不足的情况下，电价便会升高。在系统的总需求很小，而电力供应充足的情况下，电价便会降低。

根据微观经济学理论，将消费者在一定时期所愿意且有能力购买的商品和服务的数量称为需求量。需求以购买欲望为前提，以支付能力为基础。在实际生活中，除了价格之外，还有许多因素会影响人们购买产品或服务的数量 Q_d；基于市场需求的实际分析发现，产品或服务的价格 P、消费者的收入 M、相关产品或服务的价格 P_r、消费者的偏好 J、产品的预期价格 P_e 和市场中消费者的数量 N 是其中影响最大的 6 个因素。因此，广义需求函数可按式（2-1）定义，即

$$Q_d = f(P, M, P_r, J, P_e, N) \qquad (2-1)$$

在 6 个影响因素中，产品或服务的价格是主要因素。假定除价

格外的其他因素和变量保持一个固定水平，只研究价格与需求量的关系，得到的函数便为需求－价格函数（简称需求函数），即

$$Q_d = f(P) \tag{2-2}$$

按照理性的经济假设，当价格下降时，需求量将上升；当价格上涨时，需求量将下降。一般情况下，需求与价格呈反方向变化，需求函数可以用一条斜率向下的曲线来表示，如图2-1所示的需求曲线。

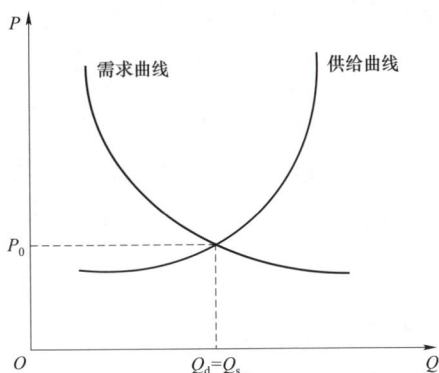

图2-1　供需均衡与价格的确定

与需求相对应，一定时间内，生产者或销售者愿意并能够投入市场用于销售的产品或服务的总量称为供给 Q_s。供给受劳动力和物资资源的约束。产品或服务自身的价格 P、用于生产此种产品或服务而投入的其他产品或服务的价格 P_i、生产中相关产品或服务的价格 P_r、可获得的技术水平 T、生产者对产品未来的预期价格 P_e 和市场中生产此类产品的厂商数量 F 是影响供给的6个主要因素。由此广义供应函数的定义为

$$Q_s = g(P, P_i, P_r, T, P_e, F) \tag{2-3}$$

在只考虑价格因素的情况下，可得到如式（2-4）所示的供给与价格之间的函数关系（简称供给函数），即

$$Q_s = g(P) \tag{2-4}$$

一般情况下，供给与价格呈同方向变化，供给函数可以用一条

斜率向上的曲线来表示，如图 2-1 中供给曲线。

需求函数与供应函数为分析市场中买卖双方行为提供了基础。需求函数反映了商品价格变化对消费者购买能力的影响关系；供给函数反映了生产商对商品价格变化和市场中其他能够影响厂商生产量因素变化时的反应。

市场中，生产商与消费者的相互关系产生了市场均衡，即当在某一价位上时，消费者所愿意购买的商品量与生产商的产出量相等，此时的产量称为均衡产量（例如图 2-1 所示中 $Q_d = Q_s$）。市场均衡时，市场上此类商品的价格称为均衡价格 P_0，也称为市场出清价格。

市场中存在一些供求规律，价格的变动引起需求的反方向变动，供给同方向变动；需求的变动会引起市场均衡价格和均衡产量同时按同方向变动；供给的变动会引起市场均衡价格按反方向变动，均衡产量则会与之同方向变动。

电力市场供求关系的动态模型如下：

因为电能不能大量存储，任何时刻的发电量都必须等于购电量与网损电量之和。因此，假设电力市场中有 M 个发电商和 N 各购电商，则在任何时刻以下关系式成立，即

$$q_a = q_c \qquad\qquad (2-5)$$

$$q_b = q_c + q_s \qquad\qquad (2-6)$$

式中：q_a 为交易量；q_c 为市场总发电量；q_b 为市场总购电量；q_s 为网损电量。

对于发电商 m 而言，其利润就是售出的发电量所得收入与其发电成本的差值，即

$$\beta_m = p(q_m)q_m - c(q_m) \qquad\qquad (2-7)$$

式中：q_m 为发电商 m 的交易量；$p(q_m)$ 为交易电价；$c(q_m)$ 为发电商 m 发 q_m 电量需要的成本。

要使利润 β_m 最大，将式（2-7）对 q_m 求导，使得

$$\frac{\partial \beta_m}{\partial q_n} = 0 \qquad\qquad (2-8)$$

对于购电商 n 而言，其效用函数是消耗一定电量所创造的效益与购电费用之间的差额，即

$$\alpha_n = \lambda_n(q_n) - pq_n \qquad\qquad (2-9)$$

式中：p 为最终交易电价（包括输电价格在内）；q_n 为购电商成交量；$\lambda_n(q_n)$ 为购电商 n 的效用函数。

效用函数通常用来表示消费者在消费中所获得的效用与所消费的产品数量之间的关系。

同理，要使 α_n 最大，根据式（2-9）对 q_n 进行求导，使得

$$\frac{\partial \alpha_n}{\partial q_n} = 0 \qquad\qquad (2-10)$$

在市场均衡状态，有式（2-11）成立，即

$$\frac{\partial \beta_m}{\partial q_m} = \frac{\partial \alpha_n}{\partial q_n} \qquad\qquad (2-11)$$

此时，电力市场处于一种短期均衡，市场电价和总交易量将不再变化，交易各方的经济效益都达到最大。电力市场供求关系的动态模型如图 2-2 所示。

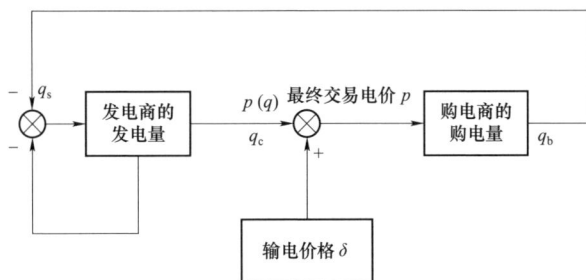

图 2-2 电力市场供求关系动态模型

2.1.2　市场形态

电力市场是电力工业发展的必由之路，受电网技术、社会经济发展、具体国情等因素制约，电力市场形态是一个涉及面很广且又存在众多不可预知因素的难题。

2.1.2.1　市场类型及其特征

开放性、竞争性、计划性、协调性是电力市场的基本特征。与传统的垄断电力系统相比，电力市场具有开放性和竞争性。与普通的商品市场相比，电力市场具有计划性和协调性。

在对市场经济进行分析的过程中，决定市场类型划分标准的因素主要有以下 4 个：第 1 个因素，市场内厂商的数目；第 2 个因素，厂商所生产的产品差异程度；第 3 个因素，单个厂商对市场价格的控制程度；第 4 个因素，厂商进入或退出一个市场的难易程度。其中，第 1 个因素和第 2 个因素是最基本的决定因素，第 3 个因素是第 1 个因素和第 2 个因素的必然结果，第 4 个因素是第一个因素的延伸。根据这些因素，市场结构可以分为四类，分别是完全竞争市场、垄断竞争市场、寡头垄断市场和垄断市场，如表 2-1 所示。其中，垄断竞争市场与寡头垄断市场共被称为不完全竞争市场，后者更靠近完全垄断市场，前者更靠近完全竞争市场。

表 2-1　　　　　　　　　市场类型的划分和特征

市场类型	厂商数目	产品差异程度	对价格的控制程度	市场进出难易程度
完全竞争	很多	完全无差别	没有	很容易
垄断竞争	很多	有差别	一定程度	比较容易
寡头垄断	几个	少许差别或无差别	较大程度	比较困难
垄断	唯一	唯一产品，且无替代品	很大程度，但常常受到管制	很困难几乎不可能

（1）完全竞争市场。完全竞争市场又称自由竞争市场。在这种

竞争环境中，买卖双方对价格都无影响力，完全依据市场的调节进行运行。完全竞争市场具有以下4个条件：

1）市场内有众多的买方和卖方；

2）市场内每一个厂商生产的商品是无差异的；

3）所有的经济资源可以在各个市场参与者之间自由流动；

4）市场内从事交易活动的参与者可以完整地掌握市场信息。

由此看来，在完全竞争市场中，每一个消费者或生产者都是既定市场价格的接受者，并且，生产厂商在长期市场均衡中经济利润为零。

然而，上述关于完全竞争市场条件的理论分析是一种理想状态。在现实中，真正完全符合以上4个条件的市场是不存在的。但是，通过对完全竞争市场条件的分析，可以得到该市场类型的市场机制和资源配置的基本原理。并且，上述模型也可以为其他市场类型的经济效率分析和评估提供参照。

（2）垄断竞争市场。垄断竞争市场是指有许多厂商生产和销售相近，但不同质量的商品的市场，是处于完全竞争市场和垄断市场之间的一种市场类型，其竞争程度较大，垄断程度较小。垄断竞争市场具有以下3个特征：

1）企业生产有差别的同种产品，产品彼此之间都是非常接近的替代品；

2）生产同种产品的企业数量非常多；

3）企业的生产规模较小，进入和退出该市场比较容易。

在现实生活中，这种市场结构非常普遍，在零售业和服务业中很常见。

（3）寡头垄断市场。寡头垄断市场又称为寡头市场，是指少数几家大企业控制某种产品的绝大部分的市场。寡头市场是处于完全竞争市场和垄断市场之间的一种市场类型，其竞争程度较小，垄断程度较大。每个大企业在相应的市场中占有相当大的份额，对市场的影响举足轻重。寡头市场是一种较为普遍的市场类型。寡头市场形成的主要原因有以下 3 方面：

1）某些产品生产规模较大，只有少数几家厂商垄断控制才容易取得最好的经济效益；

2）行业内少数几家企业控制了产品生产中所需的基本资源；

3）政府的扶植和支持等。

寡头垄断市场的成因和垄断市场是很相似的，只是在垄断程度上有所差异而已。

（4）垄断市场。垄断市场是指整个行业中只有唯一的一个厂商的市场类型。在垄断市场下，不存在任何的竞争因素，垄断厂商可以控制行业内商品的生产和市场的销售，因此，垄断厂商可以操控市场价格。垄断市场的形成有以下 4 方面的原因：

1）独家垄断厂商完全控制了某种商品的全部生产资源或基本资源；

2）独家垄断厂商拥有生产某种商品的专利权，生产和销售的商品没有任何相近的替代品；

3）独家垄断厂商拥有政府的特许，其他任何厂商进入该行业都极为困难或不可能；

4）自然垄断现象。自然垄断现象是指某些产品和服务由单个企业大规模生产经营比多个企业同时生产经营更有效率的现象，往往出现在具有以下生产特点的行业：一方面，商品生产的规模较大，具体体现在需求量大，相应生产设备的运行水平较高，以至于市场内的商品只有由一个企业来生产时，才有可能达到这样的生产规模；另一方面，只要发挥这一企业在这一生产规模上的生产力，就可以满足整个市场对该种产品的需求。在这类商品的市场发展中，行业内总会有某个厂商凭借雄厚的经济实力或其他优势，最先达到要求的生产规模，从而达到垄断整个行业的生产销售的标准。

（5）市场集中度。在上述四种市场类型的基础上，为了更加精细地衡量市场的竞争性和垄断性，人们通过使用市场集中度指数来对市场结构和市场力（或称市场支配力）进行量化。

市场集中度是指特定市场中前几位最大企业所占的销售份额。传统产业组织理论以市场集中度作为反映市场竞争程度高低的最重要的指标。它的基本逻辑是：市场集中度较高，表明大部分的销售额或经济活动被较少一部分企业所控制，从而使这一小部分企业拥有相当的市场力，特别是价格支配力。此时，市场的竞争性较低。

市场集中度是决定市场结构最基本、最重要的因素，集中体现了市场的竞争和垄断程度。经济分析史上人们曾经提出、使用了许多市场集中度指标来反映和研究市场份额在不同企业间分布的状况，常用的集中度指标有绝对集中度指数（concentration ratio，CR_n）、赫芬达尔—赫希曼指数（或称赫芬达尔，herfindahl-hirschman index，HHI）、熵指数（entropy index）、洛仑兹曲线（lorenz curve）、基尼系数（gini coefficient）、剩余供应指数（residual supply index，RSI）、勒纳指数（lerner index，LI）等，其中绝对集中度指数与赫尔芬达尔—赫希曼指数两个指标经常被运用在反垄断经济分析之中。

其中，绝对集中度指数（CR_n）是指市场当中规模上处于前几位的企业，其生产、销售、资产或职工的累计数量占整个市场的生产、销售、资产、职工总量的比重。其计算公式为

$$CR_n = \sum_{i=1}^{n} X_i / \sum_{i=1}^{N} X_i \qquad (2-12)$$

式中：X_i 为按照资源份额大小排列的第 i 位企业的生产额或销售额、资产额、职工人数；n 的取值取决于研究的需要，通常计算 CR_4 或 CR_8；N 为市场上企业的总数目（计量买方集中度时指买方的数目）。

绝对集中度指标综合反映了企业数量和企业规模这两个决定市场结构的重要因素。CR_n 接近于 0 意味着最大的 n 个企业仅供应了

市场很小的部分。相反地，CR_n 接近于 1 意味着非常高的集中程度。一般说来，CR_n 越高，说明前 n 位企业在整个市场的供给中所占比率越大，对市场的操纵能力也就越强；而 CR_n 值越低，则意味着少数厂商的市场垄断力越小，卖者之间的竞争越强。

实际操作中，CR_n 比较容易计算，而且这一指标又能较好地反映产业内生产集中的状况，显示市场的垄断和竞争的程度，因此使用得较为广泛。但是，CR_n 指数仅仅反映了产业中规模最大的前几位企业的市场集中程度，忽略了其余中小企业的分布状况，同时，CR_n 不能揭示出市场中前 n 位最大的企业之间的相对规模和比例，难以反映市场容量增长、企业兼并所导致的规模和分布的变动状况。单凭这一指数还难以把握产业内全部企业的规模分布状况。

随后，人们开始使用赫芬达尔—赫希曼指数（HHI）来测量市场集中度，HHI 指数是一个行业中各市场主体所占市场总收入或总资产百分比的平方和，可以用来计量市场份额的变化，即市场中厂商规模的离散度。其计算公式为

$$HHI = \sum_{i=1}^{N} S_i^2 \qquad (2-13)$$

式中：N 为产业内的企业数；S_i 为 i 企业的市场份额。

从理论上说，HHI 指数的范围处于 0 和 1 之间，数值越大，表明企业规模分布的不均匀度越高。当市场由一家企业独占时，$HHI=1$；当市场上有 N 家企业规模相当时，$HHI=1/N$；当市场上企业数量非常多，并且企业的规模都较为接近，此时每个企业的市场份额都非常小，HHI 指数将趋向于零。除了随企业数量发生变化之外，HHI 指数也会随着企业市场份额的分布而发生变化，该值对规模较大的上位企业的市场份额反映比较敏感，而对众多小企业的市场份额小幅度的变化反映很小。因此，HHI 指数很好地弥补了 CR_n 指标无法把握产业内全部企业的规模分布状况的缺陷，在市场集中度的研究中，作为一个能综合反映产业内企业规模分布的指标而被广泛应用。

在实际应用中，由于通常用百分比的形式来表示市场份额，为了方便计算，就将其值乘上 10 000 倍予以放大，来表达 *HHI* 指数。此时，*HHI* 指数的取值范围就变成了 1～10 000，其计算表达式为

$$HHI = 10\,000 \times \sum_{i=1}^{N} S_i^2 \qquad (2-14)$$

美国司法部是使用 *HHI* 指数开展反垄断经济分析最多的机构之一。根据美国司法部和联邦贸易委员 2010 年联合发布的《横向兼并指南》（Horizontal Merger Guidelines），市场根据 *HHI* 指数的大小，分为大于 2500、1500～2500、小于 1500 三类。与此同时，针对潜在的横向兼并，美国司法部也设立了相关的干预标准。例如，当兼并案例引起市场 *HHI* 指数上升不足 100 时，通常认为兼并不会产生反竞争效果，因此也不需要进行进一步的调查；当兼并案例引起市场 *HHI* 指数上升 100～200，且兼并后市场 *HHI* 指数高于 2500 时，则通常认为可能会影响市场竞争，因此需要美国司法部介入并进行审查。

2.1.2.2　电力市场特性

电能作为一种商品有别于其他一般商品，具有一定的特殊性。电能与其他商品最本质的差异在于电能商品（电力）总是与物理电力系统紧密相连，而电力系统的传送速度远远高于其他商品市场。在电力系统内，发电与负荷需要每时每刻保持平衡。为了保持平衡不被破坏，需要设计出合理的市场规划，提高电力市场交易效率。首先，需要对电力市场有一个清楚的认识。

（1）电力市场不能自由进出。电力企业受成本影响，有些资源一旦投入生产就无法用于其他方面，变成了沉没资本。同时，电力企业受法律制度的约束，不能随意进出市场。

（2）电网具有自然垄断性。电力行业的输、配电环节具有自然垄断性。一个区域的输、配电由一个电网企业负责。在电力市场不能自由进出的情况下，电网企业需要受到行业监管。

（3）电力投资具有团性。所谓团性，是指因为生产要素不可分割，电网的容量变化是跳跃的而不是连续的。因此，即使在电力市场中引入竞争，电网的资源配置也不一定是最优的。

（4）电力网络存在并行潮流。由于电网很大程度上是网状的，潮流在其中的分布无法人为控制。当两个节点之间架设新的线路时，节点间的阻抗变小，功率将由平行通道分流到用户，产生并行潮流。因为并行潮流的存在，电网的投资和交易会变得复杂和麻烦。

（5）电力安全极其重要。电力安全是电力市场安全稳定运行的基础。电网一旦发生故障，将会对整个电力系统带来很大的威胁。同时，由于潮流的传播速度非常快，电网某一处的故障很容易波及电网的其他部分。因此，电力安全问题受到极大的关注。

（6）电力生产与消费同时发生。以目前的技术手段还不能将电能经济大量地储存。所以，电能的生产和使用必须时刻保持平衡。如果某一时刻的用电需求发生变化，那么机组的功率或有功功率也要随之变化。因此，电网电价经常随着供需关系的变化而剧烈波动。

2.1.3 电力商品成本

一般意义上，成本是生产和销售一定种类与数量产品以耗费资源用货币计量的经济价值。其中，会计成本（accounting cost）是指市场交易主体在经营过程中所实际发生的一切成本；总成本（total cost）由生产成本、管理费用、财务费用和销售费用组成；平均成本（average cost）是指一定范围和一定时期内，平均每生产一单位产品或服务所消耗的全部成本，分为行业平均成本和企业平均成本；边际成本（marginal cost）是厂商在短期内增加一单位产量时所增加的总成本，这个总成本包括固定成本和可变成本；机会成本（opportunity cost）是指生产者所放弃的使用相同的生产要素在其他生产用途中所能够得到的最大收益；沉没成本（sunk cost）是由于过去的决策已经发生的，而不能由现在或将来的任何决策改变的成本。

（1）从生产过程来看，企业将投入（生产要素）转变为产出（产品），成本即购买生产要素的货币支出。根据是否受产量变动影响，商品的成本可以分为固定成本和可变成本。

在短期内，一部分生产要素是固定的。此类生产要素的成本与实际生产数量无关，可以被称为是固定成本（fixed cost，FC），例如厂房租金、长期工作人员的薪水等；与生产数量有关，随产出水平的变化而变化的成本，可以被称为是可变成本（variable cost，VC），例如原材料、燃料、按量支付的加工费等。固定成本与可变成本之和称为总成本（total cost，TC）。

（2）从单位产品角度来看，成本可以分为平均成本、平均固定成本、平均可变成本和边际成本。

平均成本（average cost，AC）能够反映单位产量的成本，数值上等于总产量除以总成本。平均成本为平均可变成本（average variable cost，AVC）与平均固定成本（average fixed cost，AFC）之和。

厂商在短期内增加一单位产量时所增加的成本称为边际成本（marginal cost，MC）。如果以 Q 表示总产量，边际成本的计算方法为

$$MC = \frac{\mathrm{d}TC}{\mathrm{d}Q} = \frac{\mathrm{d}(FC+VC)}{\mathrm{d}Q} = \frac{\mathrm{d}VC}{\mathrm{d}Q} \qquad (2-15)$$

就电力市场而言，发电边际成本（marginal generating cost）是指发电企业在发电运行过程中产生的边际成本。发电成本按计算方式又可以分为平均发电成本和边际发电成本。其中，平均发电成本是指特定发电机组（企业）在一定时期内发电运行成本耗费的平均水平；边际发电成本是指特定发电机组（企业）额外生产单位电能量所带来的总发电成本的增量。输电成本（transmission cost）是指承担输电业务的输电网运营企业在为电力用户提供输电服务时所产生的成本。配电成本（distribution cost）是指承担配电业务的配电网运营企业在为电力用户提供配电服务时所产生的成本。交易成本（transaction cost）是指达成一笔交易时，交易双方在买卖过程中所产

生的各种与此交易相关的成本。购电成本（power purchasing cost）一般是指市场交易主体（售电/供电商、大用户）在电力批发市场中购买电能量所产生的成本。

2.1.3.1　影响电力成本的三大因素

伴随着国民经济收入水平的增长，国家对电力基础设施的资金投入也越来越多，为电力工程建造提供了优越的资金条件。总结电力工程建设的实践经验，发现影响电力成本的因素比较复杂。其中，主要因素有资金因素、材料因素、施工因素三大因素，具体内容如下：

（1）资金因素。任何行业的发展都离不开资金的支持。就电力行业来说，资金是工程动工的基础，是实行建造方案的保障。资金对电力成本的影响体现在两个方面。一个方面是调控，在拥有充足的资金的情况下，具备良好的调控方案，使得资金优化集约使用、工程顺利迅速实施。另一个方面是管理，通过对建设方案全面的管理体制，优化项目方案、选择性价比高设备、降低损耗，可节约资金和资金使用成本。

（2）材料因素。除了一些基本的发电、变电、输电、配电等导线电缆外，更多的是一些基础设施投资，如绝缘材料、供配电设备等。电力工程中材料因素对成本耗资的影响，主要表现在数量、质量、价格等3个方面。

（3）施工因素。施工环节是整个电力工程的核心环节，也是成本控制的关键时期。电网施工的工作难度较大，很容易影响工程成本。在质量和工艺两个方面需要严格按照工程图纸施工，减少返工维修等不必要的费用，降低电力成本的投入。

2.1.3.2　综合调控成本的有效策略

伴随着我国经济的飞速发展，电力企业在市场环境下面临的竞争越来越激烈，电力企业需要有效的策略来进行成本调控。可以从以下4个方面着手。

（1）成本规划。科学的规划能够有效地对后期施工提供指导，也能很好地控制成本的投入。

（2）关注市场。关注市场可以及时了解行业经营政策的变动。定期收集、分析电力行业的行业信息便可以根据材料价格变动在合适的时机采购材料。

（3）施工控制。在施工过程中，全面管控施工安全、质量、进度，安排专业人员对施工质量进行检测。尽早发现施工中存在的问题，避免损失。

（4）财务监督。在项目施工过程中需要严格审核资金收支情况，防止项目资金的过度使用。

2.2　电力交易经典理论

2.2.1　电价模式

2.2.1.1　单一制电价与两部制电价

我国的电价模式发展可分为单一制电价与两部制电价两个阶段。

（1）单一制电价。单一制电价是电价制度的一种形式，其电价结构形式是单一的。它分为定额制电价和电度制电价两种。

1）定额制电价，是按电器容量制定电价，按负荷容量收取电费的。这种电价的制定和电费的收取比较简单，可以不用电表，节省装表费用等投资。但这种电价制度的最大缺点是用户用电量的多少和电费无关，容易造成用户浪费、不合理用电的现象。

2）电度制电价，则是按电量作为计算标准确定电价，以电表计量数为收费依据的。电度制电价又可分为不同形式，包括单纯电度制电价、梯级制电度电价和区段制电度电价。单纯电度制电价或称单一电度制电价，是指用户全部用电度数均以一个单一的费率计算，电费与用电度数成正比。单一电度制电价把用户用电量和所付电费直接挂钩，用电越多，所付电费也越大，因而可以促使用户节约用电，减少浪费，而且计价方式也很方便，易于为用户所了解和接受，适用于小负荷用电和负荷不易调整的用户的用电电价，特别是居民照明用电。目前，单纯电度制电价已成为我国单一制电价的主要形式。

除了单纯电度制电价外，还有梯级制电价和区段制电价两种电度制电价形式。一种是梯级制电价，即根据用户用电度数多少分为若干梯级，各级电价不同。一般用电越多，单位电价越低。当用户在该月用电度数适合某一梯级时，则该用户本月全部电按照这一梯级的电价计算。这种电价制度也叫折扣制，是对多用电的一种鼓励。但在一些国家也有采用分级递增的梯级电价。另一种是区段制电价，即将用电量按度数分为一系列区段，每一区段制定一个电价，用户全部电费等于落在每一个区段中的电度数乘以该区段的电价以后的加总数。与梯级制电价类似，区段制电价也有分区段递增和分区段递减两种。

总的来说，单一制电价没有考虑电力成本是由固定费用和变动费用构成的，并不是计算电费的最好方法，对大工业用户也很不利。但由于使用方便，所以各国对于用电量不大的用户一般都采用这种电价制度。

（2）两部制电价。两部制电价是将电价分成容量电价和电度电价两个部分计算的电价制度。电力企业向用户供应电能的全部成本包含两个部分，一部分是固定成本，代表电力工业中的容量成本，即固定费用部分；另一部分是变动成本，代表电力工业中的电能成本，即流动费用部分。由于电力工业属于资金密集型工业，电力固定成本的回收可以分解为两个部分，电价相应也分解为两部分，一部分为容量电价，分摊电力成本中的部分固定成本；另一部分为电度电价，分摊电力成本中的变动成本和其余的固定成本。两部制电

价在电价构成中既考虑了用电量的因素，又考虑了负荷率的因素。两部制电价与电力成本变动的特点相适应，因而具有许多优点。

1）容量电价，又称基本电价、固定电价或需用电价。以用户变压器容量或最大需用量（一般取一月中每 15min 或 30min 平均负荷的最大值）作为依据计算的电价。它是两部制电价的一部分，代表供电成本中的固定费用部分。这部分电费与每月用电量多少无关。长期以来，我国电价改革和调整基本上都体现在电度电价上，容量电价长期不变；仅 1993 年煤运加价等并轨时，才将基本电价略为提高。我国两部制电价实施范围小，电费构成中基本电费水平偏低。2008 年，河南省大工业用电量约占全省用电量的 71%，基本电费征收标准处于全国倒数第三的位置（仅比天津略高、与内蒙古持平）。就执行范围来说，除大工业客户（不含国家规定的电气化铁路、电厂高压备用变压器）实施两部制电价外，其他客户均执行单一制电度电价，其中：100kVA 及以上客户进行功率因数考核，实行功率因数调整电费。大部分用户的电价与用电容量、用电量和用电保证程度没有联系，未反映不同情况下供电成本的差异；已实行两部制电价的用户基本电价比重偏小，平均仅占总电费的 15% 左右。江西宜春地区 2006 年基本电费占大工业电费收入的 13.04%，占电费总收入的 3.62%，比例更低。电度电价相对偏高使得二部制电价不能准确反映不同电压等级和负荷率的价差，以及容量电价和电度电价的价值规律关系，不利于总体负荷率的提高和均衡电网负荷率的调整。

2）电度电价，又称电量电价或流动电价。以用户耗电度数作为依据计算的电价。它是两部制电价的一部分，代表售电成本中的可变费用部分，包括燃料费、水费、工资、运行维护费等。两部制中的电度电价也包括单纯电度制电价、梯级制电价和区段制电价等形式。

对实行两部制电价的用户，一般还实行力率（功率因数）调整电费的办法，即根据用户用电力率（功率因数）高低计算。低于标准力率（功率因数低于国家标准）的，按月生产用电全部电费的一定比率增收电费。目前，我国大部分地区只有大工业用户执行两部制电价，其他类型电力用户基本上都执行单一制电量电价。

2.2.1.2　上网电价与电力市场交易价格

上网电价（feed-in tariff，FiT）是指发电厂商向电网输送电力商品的结算价格。上网电价是协调电网、电厂及与电力用户关系的一个重要方面，必须按照公平、合理的原则确定。电力市场交易价格（transaction price）是指在电力市场交易中，市场主体按照市场出清结果进行结算的价格。

2.2.1.3　系统边际电价

系统边际电价（system marginal price，SMP）是指在现货电能交易中，按照报价从低到高的顺序逐一成交电力，使成交的电力满足用电负荷需求的最后一个电能供应者（边际机组）的报价，也就是统一市场出清价格。需要注意的是，系统边际电价计算中一般不考虑输电阻塞，但要包括系统中所有可能成为边际机组的发电厂商报价。

2.2.1.4　节点边际电价

节点边际电价（locational marginal price，LMP）是指某一节点增加单位负荷，系统向该节点供应电能时所增加的成本。节点边际电价一般包含系统电能价格和输电阻塞成本，某些模型中还考虑边际网损成本，即

$$LMP = 发电机的边际成本 + 输电阻塞成本 + 边际网损成本$$

$$（2-16）$$

2.2.1.5　分区边际电价

分区边际电价（zonal marginal price，ZMP）是指当电网存在输电阻塞时，按阻塞断面将市场分割成几个不同的区域（即价区），并以各区域内边际机组的申报价格作为相应区域市场出清价格。

实际电网中，输电阻塞通常只是频繁地、明显地发生在某些地

区之间，而在这些地区内，输电阻塞发生的概率较小，造成的阻塞成本少，可采用分区边际电价代替节点边际电价。

2.2.1.6　结算价格机制

电力市场交易的结算价格主要有两种形成机制，即按报价结算和以出清价结算。

（1）按报价结算是指在满足一定的约束（如系统约束、机组约束、交易约束等）条件下，按发电商（或机组）报价由低到高的顺序分配发电负荷，并按实际报价进行交易结算，直至满足系统负荷平衡的结算机制。

（2）按出清价结算是在满足一定的约束条件下，按发电商（或机组）报价由低到高的顺序分配发电负荷，最后一台满足系统负荷平衡的发电商（或机组）的报价即为系统边际价格。在系统边际价格结算机制下，所有成交交易统一按系统边际价格结算。

2.2.2　市场交易方式

现阶段，电力市场交易过程中主要包含现货交易、远期合约交易、期货交易这三种交易方式。

2.2.2.1　现货交易

电力市场现货交易一般是指提前一天甚至一小时的电力交易。电力市场现货交易在交易时间上更接近实际运行时间，用户可根据更准确的负荷预测购电。在现货市场中，卖方应立即交货，且买方应当场付钱。商品交付时没有附加条件，这说明买卖双方不能反悔。电力现货交易有许多名称，如日前市场交易、短期提前市场交易、预调度计划交易等。现货市场的优点在于它的直接性，生产者可以出售手头拥有的全部商品，消费者可以按照自身的需求数量购买商品。然而，现货市场的价格变化很快，因为可以立即交付的商品储存数量有限，所以现货市场价格变化从本质上讲是不可预测的，商品的供给者和消费者将面临相当大的经营风险。

2.2.2.2 远期合约交易

远期合约是指买卖双方签订的在未来指定的时间按照今日商定的价格购入或卖出资产的一种合约。合约内容中应说明交易数量和质量、交易日期、交易后的付款日期、某一方违约时应当赔付的罚金、成交价格、将总交易电量分摊到实际供电小时和负荷曲线的原则和方法。远期合约签订的方式主要有双边协议和竞价拍卖两种。

（1）双边协商。双边协商交易是指买卖双方通过双边协商直接达成年、月或周的远期合约后再交易的一种方式。其具有简单灵活的特点，完全体现了交易双方的意愿。在双边协商交易中，买卖双方自主开展谈判，在数轮的讨价还价后形成成交价格。

（2）竞价拍卖。竞价拍卖交易是指卖方向交易市场提出申请，将拟拍卖商品的详细资料提交给交易市场，交易市场挂牌报价，买方自主加价，最终以最高买价成交，双方通过交易市场签订购销合同并进行实物交收的交易方式。

竞价拍卖方式要求电力市场参与者在规定时间提出未来一段时间内买卖的电量及其价格，由电力市场运营者按照总购电成本最小及系统无阻塞为原则来确定远期合约的买卖方及远期合约交易的电量及价格。

现货市场、短期平衡市场一般采用竞价上网的交易方式，而合同市场一般采用双边交易方式。

2.2.2.3 期货交易

期货合同是一种标准化合约，是交易双方分别向对方承诺在合约规定的未来某一确定时间以约定价格购买或销售一定量的某种资产的协议。期货交易是指以特定价格进行买卖，在将来某一特定时间开始交易，并在特定时间段内交易完毕，以电力期货合约形式进行交易的电力商品；电力期货交易是指电力期货合约的买卖，电力期货交易的对象是电力期货合约，是在电力远期合约交易的合约基础上发展起来的高度标准化的远期合约。

期货合约与远期合约的区别在于，期货合约为一种标准化合约，所谓的标准化是指合约中对商品种类、交易单位、合约月份、保证金、数量、质量、等级、交货时间、交货地点等条款都是既定的，可以简单理解为有官方认证的合约，所以流通性强；而远期合约是非标准化合约，合约中的商品数量、等级、质量、交收地点等都是由买卖双方私下协商完成。

2.2.3 市场竞价模式

世界范围内的电力工业正经历着市场化的改革，我国也在积极推进电力市场的改革进程。电力市场竞价机制是一个尤其重要的问题。在电力市场条件下，竞价规则的制定对于保证参与各方的公平竞争、降低交易成本，以及确保电力市场的健康发展是至关重要的。科学合理的竞价方式是电力市场竞价交易的理论基础，能够保证电力系统在电力市场环境下安全、稳定和经济运行。

电力市场竞价的目标是在满足辅助服务约束和输电、配电约束的基础上使发电成本最小，购电费用最小，社会效益最大。目前，国内外电力市场普遍采用分时竞价的方式进行电能竞价。

2.2.3.1 电力市场分时竞价机制

分时竞价是指在现货市场中，按负荷曲线对发电和负荷进行逐个交易时段竞价（竞卖或竞买）交易。

分时竞价的负荷拍卖方式如图 2 – 3 所示。

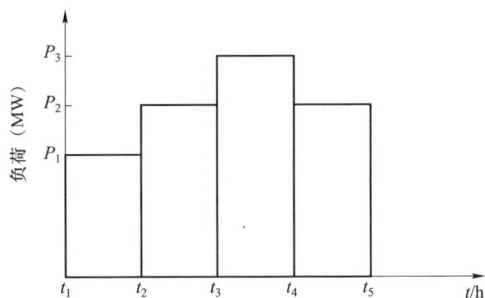

图 2 – 3 分时竞价的负荷拍卖方式

发电商对次日每小时（半小时）负荷提交一条竞价曲线，全天共提交 24（或 48）条竞价曲线。交易中心对每个小时（或半小时）负荷出清，确定统一的出清电价，并按照此出清电价进行结算。

两种分时竞价机制（Hourly Bidding）。从竞价方式的角度看，分时竞价有单部竞价和多部竞价两种竞价方式。

（1）单部竞价（single-part bidding）。单部竞价的方式下，发电商只提交电能报价，机组启停方式由发电商自己确定，启停费用分配到电能报价中。系统不负责机组运行方式的安排，仅按照报价采购电能，市场出清简单透明。

单部竞价的数学模型如下：

目标函数 $\qquad \min P = \sum_{t=1}^{T} \sum_{i=1}^{I} \rho(t) p_i(t) U_i(t)$ （2-17）

约束条件 $\qquad\qquad \sum_{i=1}^{I} p_i(t) = P_d(t)$ （2-18）

式中：i 为机组序号；I 为竞价总机组数；$\rho(t)$ 为分时出清时的电价；$p_i(t)$ 为第 i 台机组在 t 时段的发电功率；$U_i(t)$ 为第 i 台机组在 t 时段的状态，运行时为 1，停机时为 0；$P_d(t)$ 为 t 时刻的负荷需求。

单部竞标市场出清的经典方法有排队法（也称优先级法），它既可以用于机组经济组合或机组开停问题，又可以用于解决经济功率分配问题。同时还可以用作动态规划机组经济组合的初始状态。排队法的使用条件是报价必须是分段水平线（阶梯型）。排队法的原理如下：排队法按照各发电机组的实际报价情况，结合电网运行的约束条件，计算各种组合的购电费用，经比较，按各发电机组实际报价结算，购电费用最低的机组优先，或按电网统一边际成本结算，购电费用最低机组优先。

单部竞价机制的优点有：单部竞价以购电费用最低结算，符合购电方的利益要求；系统不负责确定发电商机组的启停方式，机组的启停由发电商自行确定，市场透明度比较高；系统仅根据发电商

的报价选择中标容量，市场出清算法简单，出清过程透明公平。

单部竞价机制的缺点有：在单部竞价的方式下，机组实际的运行方式是根据发电商的报价由市场竞争来决定，而报价又要依赖于机组的运行方式，这给发电商的报价决策造成了困难，也为发电商安排机组运行方式造成了困难；市场竞争存在的不确定因素导致了发电商发电曲线的随机性。当发电曲线剧烈波动时，会导致发电商的机组频繁启停，难以保证系统的经济运行。同时，不确定因素的存在可能引起投机行为。

（2）多部竞价（multi-part bidding）。多部投标的竞价方式下，发电商的投标包括电能报价、机组启停费用、机组运行参数（如最小持续运行/停运时间等）。市场出清以系统总发电费用最小为目标，考虑机组的启停特性和启停费用优化机组运行。多部投标的市场出清，类似传统管制环境下的机组组合优化。这种竞价方式集中处理机组的启停优化，发电商可以得到可行的发电计划。多部竞价的数学模型如下：

目标函数　　$\min F = \sum_{t=1}^{T} \sum_{i=1}^{I} [C_i(p_i(t)) + S_i(x_i(t-1), U_i(t))]$　　（2-19）

约束条件如下：

负荷平衡　　　　$\sum_{i=1}^{I} p_i(t) U_i(t) = P_d(t)$　　　　（2-20）

运行功率　　　　$P_{i,\min} \leqslant p_i(t) \leqslant P_{i,\max}$　　　　（2-21）

式中：$C_i(p_i(t))$为机组 i 在 t 时刻发电容量的边际成本；$S_i(x_i(t-1))$为机组 i 在 $t-1$ 时刻的开停机费用；$P_{i,\min}$ 为机组 i 的最小技术发电功率；$P_{i,\max}$ 为机组 i 的最大技术发电功率。

多部竞价的求解算法有优先顺序法、动态规划法、混合整数规划法、拉格朗日松弛算法、人工智能算法等。

与单部竞价机制相比，多部竞价机制的优点有：由于机组的运行问题由系统统一解决，发电商不需考虑机组的运行方式，所以发电商可以得到可行的发电计划；同时，系统对机组进行集中优化调度，机组可以得到合理经济的运行方式；多部竞价模式与传统管制环境下的系统调度方式比较相似，在电力市场的改革初期容易被各方接受。

与单部竞价机制相比，多部竞价机制的缺点有：在多部竞价的方式下，发电商不能决定自身机组的启停方式，也无法得到其他厂商的报价，单纯地由市场的电能出清价，发电商无法确定机组是否能够中标，竞价机制缺乏透明度；多部竞价的市场出清是一个复杂的优化问题，当出现退化问题时，会产生多个优化解。在多解的情况下，选择哪个解直接关系到发电商的切身利益，会导致市场的公平性纠纷；多部竞价的系统调度目标与市场结算目标不一致，会导致用户购电费用高。

2.2.3.2　电力市场分段竞价机制

分段竞价是一种新的竞价思想，分段竞价按照负荷的持续时间将负荷曲线分为若干持续的负荷段，对持续的负荷进行拍卖竞价。

分段竞价的负荷拍卖方式如图 2-4 所示。

分段竞价的电力市场可采用单轮的拍卖竞标方式（single-round auction）：首先，由市场管理员（market operator，MO）发布负荷预测情况，并对负荷进行分段；然后独立发电商（independent power producer，IPP）确定机组的运行方式，核算成本并提交报价；最后市场管理员负责市场出清并公布出清结果和发电计划。

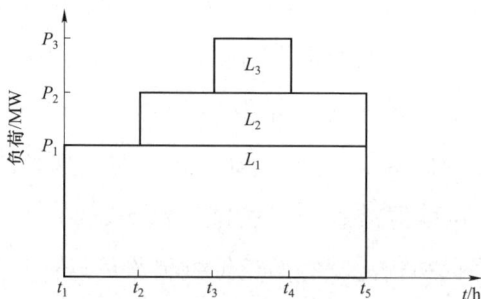

图 2-4　分段竞价的负荷拍卖方式

（1）负荷分段。在分段竞价的过程中，市场管理员负责将负荷曲线分为若干段。负荷分段有不同的方式，其中比较简单的一种方式是将负荷分为基荷、腰荷和峰荷三段，这种分段方式比较粗略。另外，比较精确的分段方式可以将腰荷和峰荷再次分为若干段。更为精确的分段方法是按照各时段不同的负荷水平，确定该负荷水平下的持续时间，形成各负荷段。

关于分段有以下 5 点需要考虑：① 分段数不宜过多，虽然负荷曲线分段越细，整个电力系统购买电能的费用越小，市场的效率越高。但发电机组的报价容量单位不可能无穷小，过多的分段会给竞价工作（交易、计量、结算）带来较大的工作量。② 当负荷曲线分为无穷多段时，每层的厚度趋近于零。分段竞价电力市场将按照各厂的报价进行结算。③ 各发电厂除应生产相关分段的电能外，还应承担与分段端点斜率相对应的爬坡任务。④ 分段的细化将受到各发电厂爬坡能力的限制，由满足爬坡约束条件来确定。⑤ 各分段的划分仍要与一定的时刻相联系，要受时刻限制，电厂的调度、计量最终要以一定的时刻为基础，因此必须保证在一定调整期内分段所对应时刻的稳定性。

（2）各独立发电商投标。各独立发电商根据市场管理员公布的负荷分段确定机组的运行方式，计算生产成本，提出报价。需要注意的是，IPP 提出的这些投标曲线是互斥的，一旦某个投标曲线中标，其他投标曲线失效。例如，若某机组在 L_1 段中标，则该机组在 $t_1 \sim t_5$ 时段里持续运行。在该时段区间内，机组不会再度开停机，即机组不会在 L_2、L_3 负荷段再度开停机。因此，对 L_2、L_3 负荷段的投标曲线失效。如果机组在某段中标容量没有达到最大技术发电功率，则剩余容量由 MO 调整到下一分段负荷参与竞价。

IPP 的具体报价流程如图 2-5 所示。

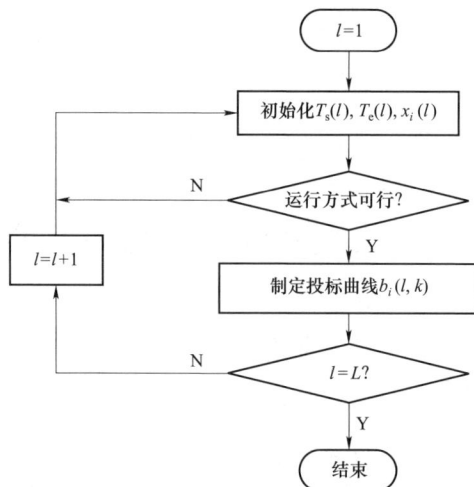

图 2-5　IPP 报价流程

（3）市场出清。分段竞价方式下，市场出清简单易行：分段报价已经包含了机组启停方式，因此 MO 不需要进行机组组合优化，MO 只需按照报价从低到高地采购电能，并结合市场规则确定出合理的发电计划，来满足各负荷段的需求，并把各负荷段的边际投标价格作为该负荷段的市场统一出清价。MO 市场出清后，把市场出清价公布给所有厂商，将各机组的中标容量作为发电计划通知给相应的厂商。

分段竞价的数学模型如下：

目标函数　　　$\min P = \sum_{l=1}^{L} \sum_{i=1}^{I} \rho(l) p_i(l) U_i(l)$　　　（2-22）

约束条件如下：

负荷平衡　　　$\sum_{i=1}^{I} p_i(l) U_i(l) = P_d(l)$　　　（2-23）

运行功率　　　$P_{i,\min} \leqslant p_i(l) \leqslant P_{i,\max}$　　　（2-24）

式中：$\rho(l)$ 为分段电价在 l 分段的电价；$p_i(l)$ 为第 i 台机组在 l 分段的发电功率；$U_i(l)$ 为第 i 台机组在 l 时段的状态，运行时为 1，停机时为 0；$P_d(l)$ 为 l 段的负荷需求；$P_{i,\min}$、$P_{i,\max}$ 分别为机组 i 的最小、最大技术发电功率。

为了使电力市场的调节信号更加完整，对电力系统的安全、经济运行更加有利，我们可以很容易通过分段电能电价求得相应的实时电价 $\rho_s(t)$。

设系统的负荷曲线为

$$L = P(\tau) \tag{2-25}$$

由此可以得到相应的持续负荷曲线，即

$$h = D(L) = D[(P(\tau))] \tag{2-26}$$

当已知分段电价 $\rho_b(h)$ 时，可由式（2-27）求得 τ 时刻电价 $\rho_s(\tau)$，即

$$\rho_s(\tau) = \rho_b\{D[P(\tau)]\} \tag{2-27}$$

式（2-27）表明 τ 时刻的实时电价等于该时刻对应的最高负荷分段的分段电价。

与分时竞价市场相比，分段竞价市场有以下突出特点：① 符合电力系统的生产和消费特性，便于发电厂商竞价及系统安排运行方式，便于解决机组启停问题；② 在同样电能质量的条件下竞价，更能体现市场的公平性；③ 分段竞价市场购买电能的费用低于分时竞价市场，从而使用户获得更廉价的电能；④ 分段竞价市场的供应曲线低于分时竞价市场的供应曲线，因而社会效益和市场效率更高；⑤ 可利用电力系统生产模拟方法，方便地确定次日的运行方式及购电计划。

2.3　本章小结

电力作为一种特殊的公共商品，其供给、需求、价值、价格等属性规律均与一般商品类似，满足基本经济学中关于商品、价格与市场等理论知识的阐述。但由于电力商品与电力行业的特殊性和公共属性、再加上政府管制环境的不同，其供求关系、成本与价格、交易方式、竞价方式又与一般商品有所区别。本章首先梳理了关于

商品供求关系、市场形态和商品成本等基本经济学理论，在一般商品经济学理论阐述的同时，增加了电力商品作为特殊公共商品的相关描述。其次，基于市场交易经典理论，阐述了电力商品的价格模式、市场交易方式，以及主要的市场竞价模式，以期为读者建立初步的电力商品与交易的基本概念，为理解后续章节有关国内外市场相关知识点做铺垫。在电力经济运行管理越发重要的今天，如何在复杂、特殊的环境中优化资源配置，兼顾电力保供与提高经济效益，是管理者与研究者需要深入探究的问题。

思考题

1. 请在同一坐标系中画出需求曲线、供给曲线，并标明均衡价格。

2. 简述绝对集中度指数的含义。

3. 简述节点边际电价的含义。

4. 简述分区边际电价的含义。

5. 从可操作性、购电费用、运行成本、激励等方面比较分时竞价模式、分段竞价模式。

3　美国电力市场交易运营

3.1　美国 PJM 市场

PJM 公司（PJM interconnection，以下简称 PJM）是经美国联邦能源管制委员会（FERC）批准，于 1997 的 3 月 31 日成立的一个非股份制有限责任公司，它实际上是一个独立系统运营商（ISO）。PJM公司宣传建设批发（趸售）电力市场的目的是通过激励创新和引入自由竞争，以经济、最优方式满足电力负荷持续增长需求。

3.1.1　PJM 电力市场概况

自 1927 年成立以来，不断有新的成员加入 PJM，直到今天 PJM作为区域输电组织，负责协调美国 13 个州和 1 个特区的全部或部分电力调度，包括特拉华州、伊利诺伊州、印第安纳州、肯塔基州、马里兰州、密歇根州、新泽西州、北卡罗来纳州、俄亥俄州、宾夕法尼亚州、田纳西州、弗吉尼亚州、西弗吉尼亚州、哥伦比亚特区等，覆盖面积共计 243 417 平方英里，服务地区人口达 6100 多万。PJM 调管范围包括 1400 台发电机组，62 566 英里高压传输线。PJM对其调管的设备不具有所有权，仅具有调度权力，电网设备的所有权归电网公司、配电公司投资方。PJM 是不以营利为目的一类特殊企业，实施收支当年平衡的财务机制。负责市场交易平台、调度平台的自动化系统运行维护人员约 160 人。其总部位于宾夕法尼亚州，费城的奥杜邦镇（Audubon）。

PJM 采取两层式管理：独立董事会（board of managers）和成员委员会（members committee，MC）。其中，成员委员会由发电商、输电商、其他供应者、电力调度者和终端用户代表组成。此外，PJM 还有专门的独立市场监督者（independent market monitor，IMM），直接汇报给 PJM 董事会和联邦能源监督委员会（federal energy regulatory commission，FERC），其指定的市场监督计划不受制于各市场成员的变动。

PJM 主要开展电网运行、市场运营、电网规划和培训咨询等板块的业务。电网运行包括电力调度和输电控制，电力市场运营主要包括日前现货电力市场、日内现货电力市场、容量市场、辅助服务市场、金融输电权市场。其与纳斯达克合作开展电力期货交易。电力商品主要采用带小时曲线的交易模式。

PJM 向社会公开全网日前总系统负荷预测曲线（提前 24h 预测）和实时系统总负荷情况。图 3-1 中青色部分为日前预测值，蓝色部分为实时测量值。

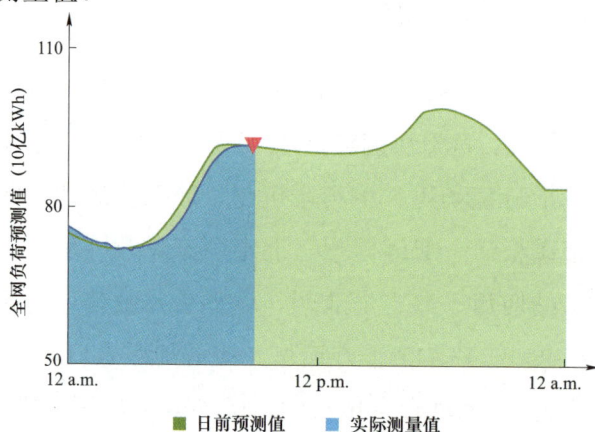

图 3-1　PJM 系统负荷信息[1]

---

[1] https：//www.pjm.com/PJM 官网。

PJM 提出的企业价值观总结为可靠（reliability）、优惠（savings）、投资增长（investment）、创新（innovation），环保（environment）和独立公正（independence）6 个方面。通过参与 PJM 市场和统一调度，每年可以给市场主体提供 32 亿~40 亿美元（204.16 亿~255.2 亿元人民币，汇率 6.38）的收益。

2019 年度 PJM 创造的社会价值还包括，通过对统调的跨州（省）跨区电网开展联合发电优化调度，降低约 3 亿美元（19.14 亿元人民币）的全网阻塞费用。根据不同种发电燃料价格、地域差异和购买低价区外电力，PJM 开展了发电计划优化，年度降低调管范围内的运营收益约 18 亿美元（114.84 亿人民币）。每年有效降低二氧化碳排放量约 1000 万吨。PJM 近年不断致力于提升计算速度和出清结果的精准度，简化市场操作流程，避免人为失误，不断提升交易平台智能化水平。

3.1.2　PJM 介绍

3.1.2.1　地理位置与自然社会资源

PJM 是北美九个主要的独立电网运营商（independent system operator，ISO/regional transmission organizations，RTO）之一。PJM 目前共有会员单位超过 1000 家，年度最高负荷 1.65 亿 kW，发电装机 1.77 亿 kW，年度发电量 7900 亿 kWh（2016 年）。PJM 调管区域拥有美国东部电网互联区域 27%的发电装机容量，28%的供电负荷，如图 3-2 所示。调管区域国内生产总值（gross domestic product，GDP）占全美 21%。

PJM 最早在 1927 年成立，成立之初主要覆盖三州互联区域，包括 Pennsylvania、New Jersey、Maryland Interconnection（宾夕法尼亚州、新泽西州、马里兰州）。这里简单介绍一下最早加入 PJM 的美国三个州的地理位置及其自然资源和社会资源。

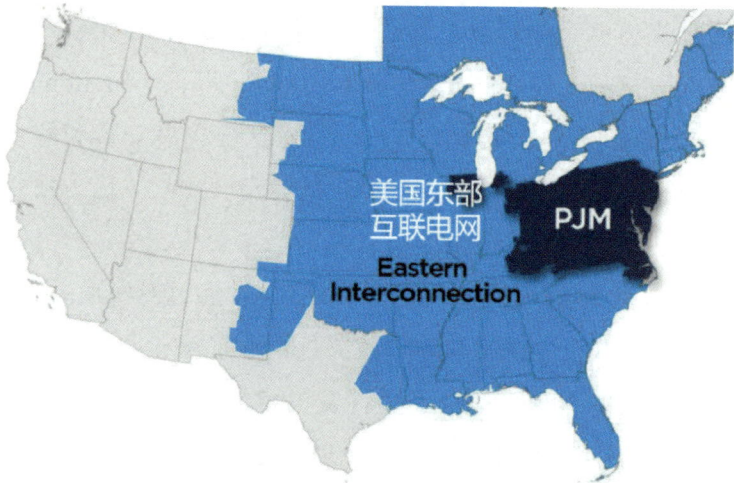

图 3-2　PJM 调管区域概况[1]

　　宾夕法尼亚州是美国面积第 33 大州，人口第 5 大州，总人口为 13 011 844。宾夕法尼亚州人口最多的两个城市是费城市（158 万人）和匹兹堡市（约 30 万人），州首府及其第 13 大城市是哈里斯堡市。该州是美国最初的十三个建国州之一，美国独立宣言和美国宪法的起草地独立厅位于该州最大的城市费城。宾夕法尼亚州 2018 年的州生产总值（GSP）为 8030 亿美元，在全美排名第六。该州的费城拥有 6 家世界财富 500 强公司的总部，多为金融行业，匹兹堡拥有 8 家财富 500 强公司。

　　新泽西州地理位置位于波士顿-华盛顿城市带这一超级都会区群的正中央，并被纽约市、费城、巴尔的摩，以及哥伦比亚特区等大都会区所围绕。2010 年，新泽西州的 GDP 为 4970 亿美元，在全美各州中列第 7 位。新泽西州的农林业产品主要包括树苗、马、蔬菜、水果、干果、海鲜和奶产品。工业产品主要包括药材、化工品、加工食品、电器、印刷。

　　马里兰州最大的城市为巴尔的摩，首府为安纳波利斯。马里兰州的家户收入中位数为全美最高，就此而论，其为美国最富裕的州。

---

[1] https：//www.pjm.com/美国 PJM 电力交易中心官网。

马里兰州的经济主要为第三产业，其中巴尔的摩港是美国的第五大港口，主要货物为原材料和大宗货物；马里兰州的第二大产业为国防与航天工业。食品产业、农业和视频加工业也是马里兰州的重要产业。

如图 3-3 所示，PJM 始于 1927 年，当时三家公共事业服务公司通过互连来共享其发电资源，其他公共事业服务公司于 1956 年、1965 年、1981 年、2002 年、2004 年、2005 年、2011 年、2012 年、2013 年陆续加入 PJM 统一调管。在过去的近一百年，PJM 由单一成员的公用事业服务部门运营发展为包括十三个州和一个特区的统一调度区域。PJM 从成立之初到目前阶段的发展历史，始终坚持自身内部的改革和对外基于自愿的调管区域合并，调管权限、区域合并过程中，调管电网的资产物权不发生改变。

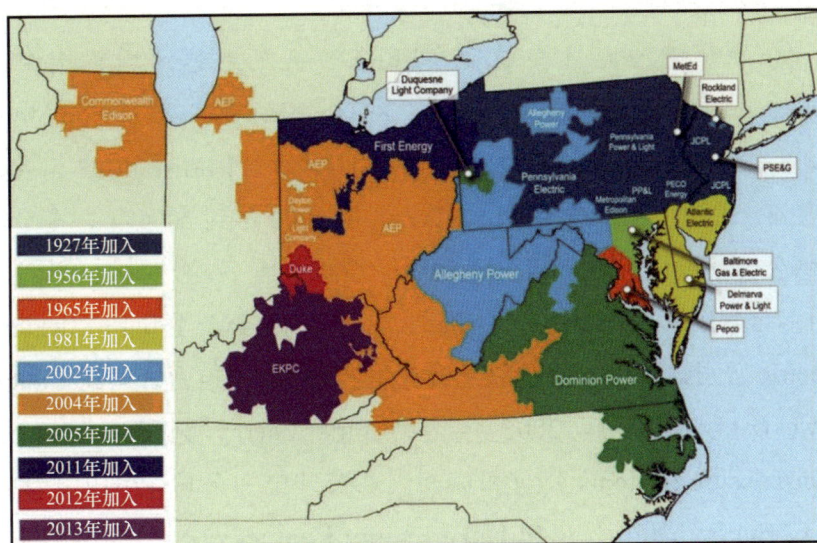

图 3-3　PJM 合并及发展历程

PJM 在自身发展过程中，产生多项技术、管理、体制创新。1962 年，PJM 安装了第一台用于控制发电的线上计算机。PJM 于 1968 年完成了第一个能源管理系统（energy management system，EMS）。EMS

是一个信息技术系统，是调度中心开展实时电网监控运行的基础。1993 年，为了更好地管理电力系统运行和市场运营，PJM 成立互联协会，开始向一个独立、中立的第三方组织转变。1996 年，PJM 推出了第一个互联网官方网站，为成员单位提供最新的系统运行和成交信息。1997 年，联邦能源监管委员会（federal energy regulatory commission，FERC）批准 PJM 成为美国第一个全功能的独立系统运营商（ISO），成为一个完全独立的第三方组织。从此，PJM 成为独立系统运营商，负责调管区域电网的调度和电力市场营运，PJM 不拥有输电网资产所有权，以便公平公正地为电力用户、售电公司提供电网接入服务和市场参与机会。PJM 会员资格开始对非公共事业服务公司开放注册，通过选举产生出第一届 PJM 独立董事会成员。同年 PJM 全球第一次以集中竞价边际出清理论为基础，创新相关电力商品交易品种。

在联邦能源监管委员会（FERC）鼓励组建区域输电组织（regional transmission organization，RTO）来运行多州地区的输电系统，并推动竞争性批发电力市场发展的背景下，PJM 于 2002 年成为全美第一个区域性输电组织（RTO）。从 2002 年到 2005 年，多个输电网公司通过自愿申请加入到 PJM 运营部门旗下，接受 PJM 的统一调管，这其中包括 PJM 2002 年接纳 Allegheny Power 公司和 Rockland Electric 公司，2004 年接纳联邦爱迪生公司、美国电力公司和 Dayton Power & Light 公司，2005 年接纳 First Energy 公司、American Transmission Systems 公司和克利夫兰公共电力公司，2012 年接纳 Duke Energy Ohio 公司和 Duke Energy Kentucky 公司，2013 年接纳东肯塔基电力合作社。这些集成扩大了可用资源的数量和多样性，以满足消费者对电力的需求，并增加了 PJM 批发电力市场的收益。

3.1.2.2 装机容量与发展状况

作为中立、独立的电网运营商，PJM 管理竞争激烈的电力批发

市场的同时，还需要确保区域内超过 6500 万人的用电可靠性。PJM 长期的区域规划经验提供了广泛的洲际视角，使其能够持续对电网进行最有效和最具成本效益的改进，从而确保系统范围内的可靠性和经济效益。

截至 2016 年，PJM 的总发电装机容量约为 176 569MW。图 3-4 展示了从 1950 年代起 PJM 的总年发电量和不同发电资源比例的变化。可以看到，从 2005 年开始 PJM 的年度总发电量停止增长并维持在大约 1.4GWh；然而，尽管年度总发电量不再增长，随着传统机组的退役和新能源装机的大幅增长，新能源的发电量从 2005 年的可以忽略不计到 2015 年约占 7%。同时，天然气机组的装机容量和发电量在近十年内也大幅提升，代替了传统的火电以及燃油机组。

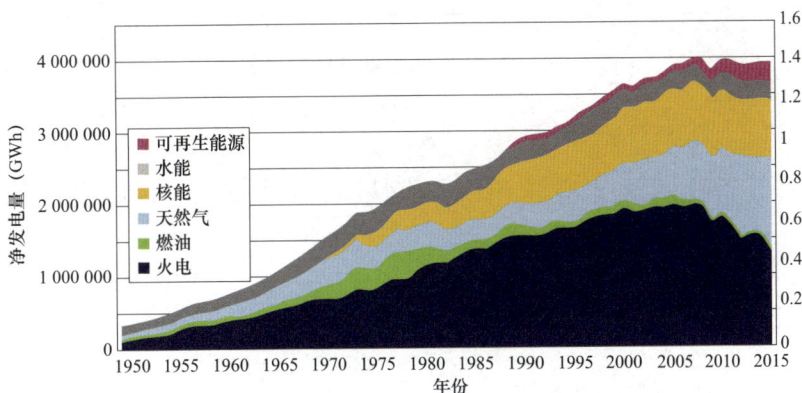

图 3-4　PJM 的年度发电量以及能源结构[1]

PJM 有着丰富与成熟的电力交易品种，从初期 1996 年的统一边际出清开市，已具备日前电力市场（day-ahead market）、实时电力市场（real-time market）、辅助服务市场、金融输电权市场（financial transmission right market）和容量市场（capacity market）。其中主能量市场主要是金融性日前电力市场（day-ahead market）和调度物理刚性执行的实时电力市场（real-time market）。PJM 采用双结算体系，

[1] https：//www.pjm.com/ 美国 pjm 电力交易中心。

日前金融性交易合同以带小时曲线的日前市场价格结算，日内实时运行的偏差部分由实时电力市场的节点电价（locational marginal price，LMP）进行结算（每 5min 滚动出清一次）。相关电力市场和交易品种建设过程如图 3−5 所示。

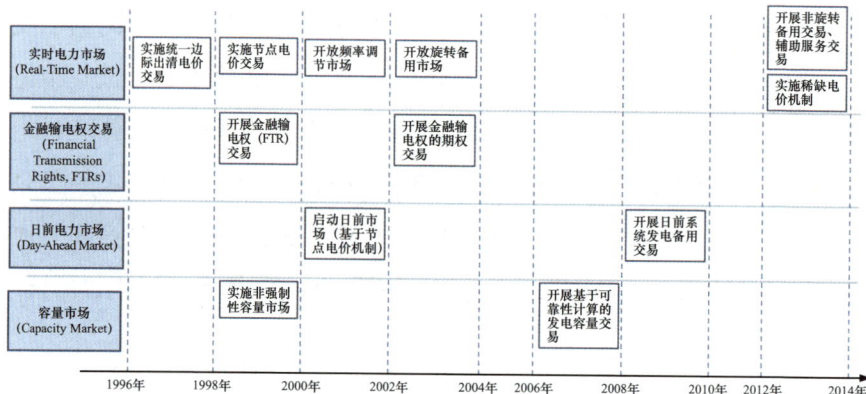

图 3−5　PJM 主要交易品种的发展历程

3.1.2.3　输电线路建设

在 PJM 区域内 13 个州约 243 417 平方英里的土地上，输电线路的长度约为 82 546 英里。

3.1.3　PJM 电网的组织架构

3.1.3.1　电网部门结构

PJM 采用董事会和成员委员会两层治理模式，以确保其在管理电网和市场时中立且独立地运行。PJM 设立独立的 PJM 董事会，主要负责管理电网长期安全、可靠运行，建设和运营公平、公正、公开的电力市场。PJM 董事会成员不得与市场主体有任何经济利益联系和持股关系。成员委员会（members committee，MC）成员由发电、输电、电力分销、供应商和终端用户 5 个业务部门派 1 名业务专家组成，如图 3−6 所示。

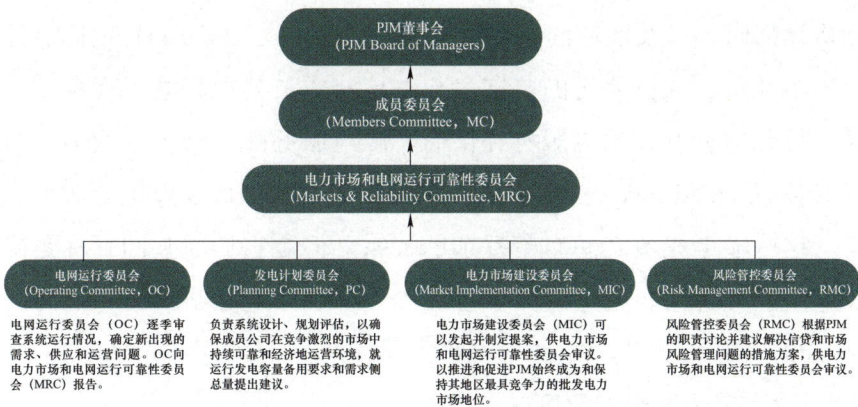

图 3-6　PJM 组织架构

PJM 公司旗下有多家集团子公司。子公司之一的 PJM Connext 主要为行业提供咨询、培训和运营拓展服务。PJM 结算公司（PJM settlement inc.）是 PJM 公司旗下受 FERC 监管的公用事业子公司（非营利），负责批发电力市场的市场结算、账单、信贷管理和财务结算等业务。目前，所有 PJM 成员单位也同时是 PJM 结算公司的成员。PJM 结算公司是宾夕法尼亚州的一家非营利公司，与 PJM interconnection 公司签订非营利服务协议。

图 3-7 介绍了 PJM 电网运行中各个实体之间的相互关系以及分工。PJM 参与电网运行的主要部门有输电运营商、可靠性协调部门、供需平衡部门、发电规划部门、输电服务部门、输电规划部门、规

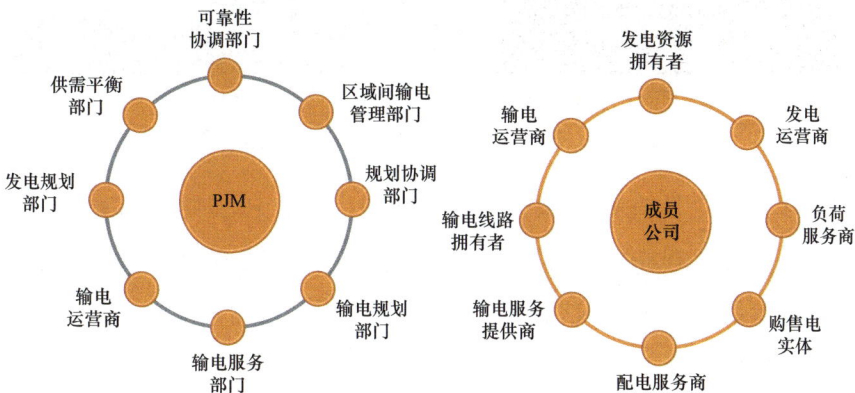

图 3-7　PJM 的运营架构以及参与机构

71

划协调部门，以及区域间输电管理部门。除此之外，PJM 电网运行也离不开所有成员公司的共同参与。这些成员公司有输电运营商、输电线路拥有者、输电服务提供商、配电服务商、购售电实体、负荷服务商（load service entity，LSE）、发电运营商以及发电资源拥有者。这些输电成员之间有着复杂的关系，但是它们的共同目标是确保电网能够达到北美电力可靠性公司（northeast power coordinating council，NERC）所制定的电网可靠性标准。

3.1.3.2　市场的时间尺度关系

PJM 电力市场中各市场之间的相互关系如图 3−8 所示。在 PJM 的电力市场架构中，时间尺度最远的是长期市场（long−term market）。长期市场中交易的相关服务和资源主要是发电侧容量和金融输电权。市场的主要目标是在机组陆续退役的情况下能够保障远期未来的电力需求。

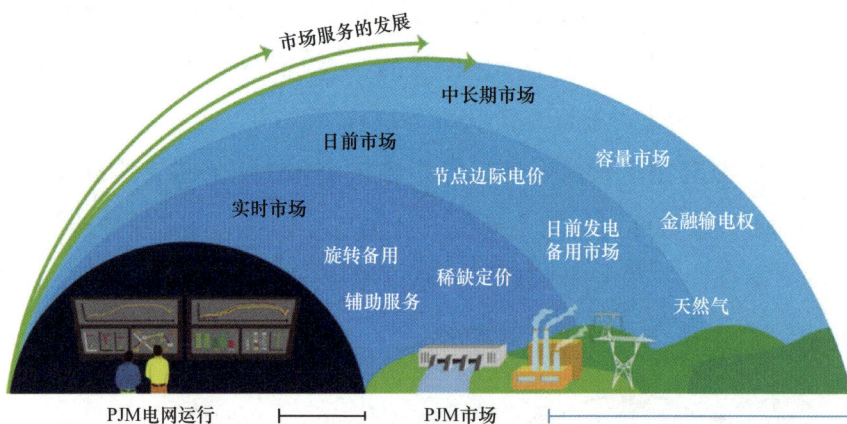

图 3−8　PJM 各电力市场之间的相互关系❶

作为发电侧重要资源天然气的相关交易，在长期市场和日前市场之间是仍然存在的。PJM 与天然气公司密切合作以确保燃气发电机组获得足够的天然气供应。在天然气供应不足的情况下，PJM 会更改计划以减少对于天然气机组的依赖。

---

❶ https：//www.pjm.com/美国 pjm 电力交易中心官网。

PJM 的日前市场（day-ahead market）主要的作用是提供给市场参与者确定电量、输入/输出的节点，以及价格的机会。PJM 的日前市场是基于节点电价理论的集中式出清模式，每个出清价格为一个小时的节点电价，其中包含输电线路损耗。同时 PJM 市场中接受发电侧和售电侧的"虚拟报价"。"虚拟报价"指的是市场参与者的报价不需要基于拥有报价中指定的物理发电机组或者物理负荷便可以参与市场报价。"虚拟报价"可以存在于任何的节点、交易点，以及输电区域中。市场参与者可以通过参与日前市场减少实时运行中的价格风险。日前市场中交易的主要服务有电能服务和日前的备用服务出清计划。出清计划中的所有交易均根据交易的输入和输出两端的节点电价差来确定交易总价值。日前市场运营主要阶段如图 3-9 所示。

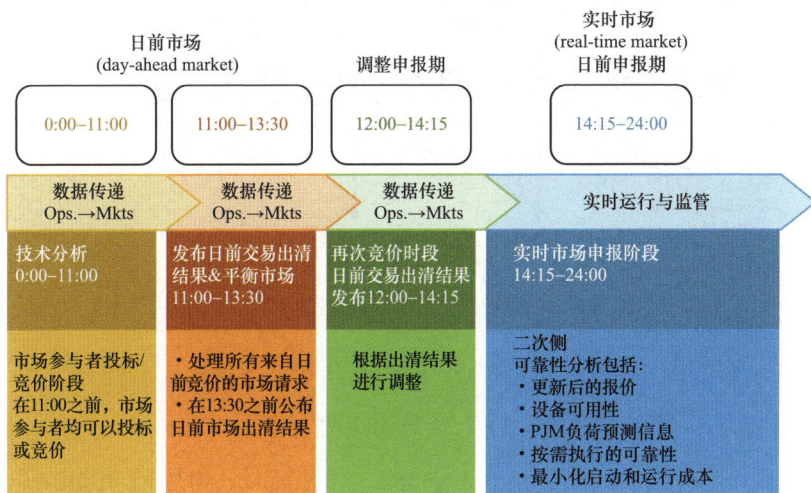

图 3-9 PJM 日前电力市场运行时序

到了实时市场中（real-time market），除了基于节点电价的电能交易之外还存在同步备用、辅助服务、调频服务和短缺定价等多种服务与价格机制。调度部门负责在实时物理运行层面的所有事项，并对于电网中发生的紧急情况作出响应。

PJM 工作组将日前（D_0-1）和日内（D_0）设为一个连续的独立

运行期，日前的最后 15min，即 23:45 至 24:00 为强制出清期。日前市场按运行日每小时一个申报点，进行电量、电价申报。实时市场按照每 5min、整点（对应日前市场的成交结果）进行一次节点边际电价出清。日前市场和调度实时市场之间的相互关系如图 3－10 所示。

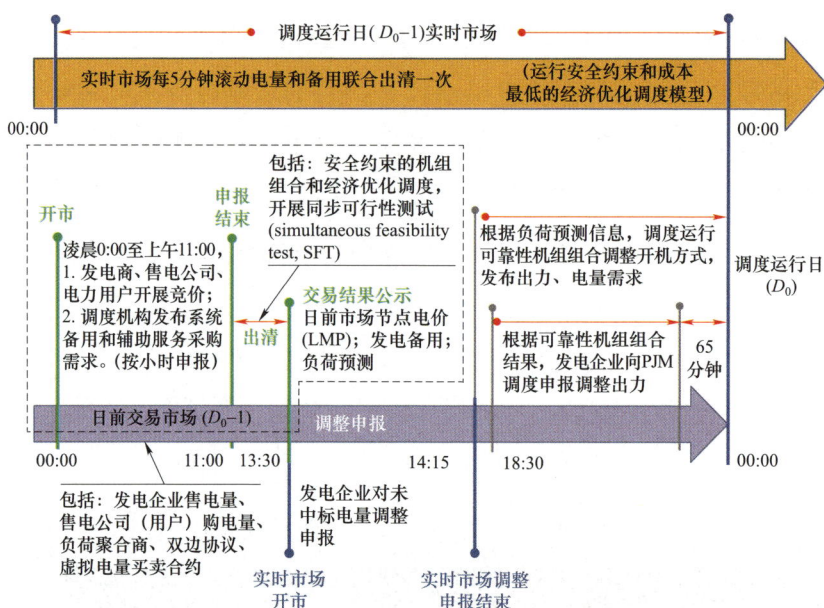

图 3－10　PJM 日前市场和调度实时市场之间的相互关系

PJM 的实时市场采用主能量市场与辅助服务市场联合出清模式，包括了中期（提前 1～2h）安全约束经济调度（intermediate- term security constrained economic dispatch，IT SCED）和提前 30min 开始至提前 10min 结束的实时安全约束经济调度（real-time security constrained economic dispatch，RT SCED），每 5min 出清一次，保障下个 1h 的系统备用。PJM 电网调度采购的调节资源包括燃气发电机开机合同（combustion turbine，CT）、发电机发电功率调整、用电削减合同等。PJM 实时市场电量与辅助服务联合出清模式如图 3－11 所示。

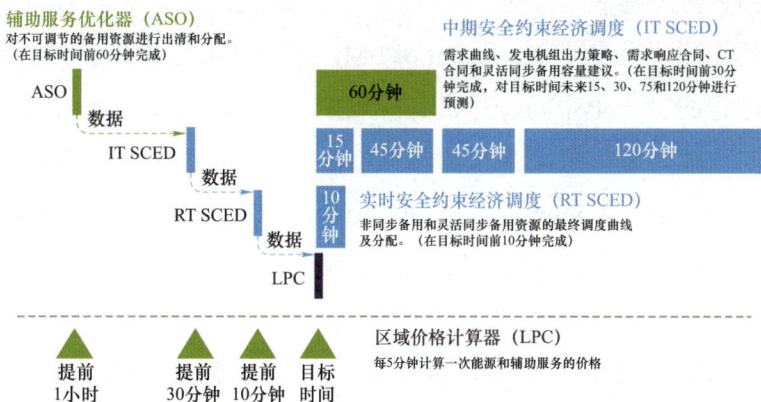

辅助服务优化器（ASO）
对不可调节的备用资源进行出清和分配。
（在目标时间前60分钟完成）

中期安全约束经济调度（IT SCED）
需求曲线、发电机组出力策略、需求响应合同、CT合同和灵活同步备用容量建议。（在目标时间前30分钟完成，对目标时间未来15、30、75和120分钟进行预测）

实时安全约束经济调度（RT SCED）
非同步备用和灵活同步备用资源的最终调度曲线及分配。（在目标时间前10分钟完成）

区域价格计算器（LPC）
每5分钟计算一次能源和辅助服务的价格

提前1小时　提前30分钟　提前10分钟　目标时间

图 3-11　PJM 实时市场电量与辅助服务联合出清模式❶

3.1.4　PJM 电价的构成与附加价格

3.1.4.1　现货市场价格的确定方式

PJM 现货市场采用集中式竞价下的节点电价模式（locational marginal price，LMP）确定最终电能量价格。PJM 的节点电价中除了系统能量价格（system energy price）和因输电线路阻塞产生的阻塞成本（transmission congestion cost），还有输电线路中由潮流损耗带来的额外成本。PJM 电价的组成如图 3-12 所示。

$$LMP = 系统能量价格 + 输电阻塞成本 + 潮流损耗成本$$

地方性边际定价

图 3-12　PJM 节点电价的组成

系统能量价格（system marginal price，SMP）是指在给定的调度情况下，加权负荷的参考节点上每增加单位负荷所带来的电网总成本增量。在系统中不存在输电线路阻塞，且不考虑损耗成本的情况下，所有节点的节点电价均等于系统能量价格，此时不存在节点

❶ https：//www.pjm.com/。

之间的价格差异。

阻塞成本分量（component of LMP，CLMP）是节点电价（LMP）计算过程的另一个中间分量，其代表由于线路潮流达到输电线路所具有的传输功率上限所带来的节点价格差异。CLMP 的计算方法是基于影子价格（shadow price）进行计算。在结算中，阻塞成本分量所带来的价差由负荷支付，发电侧获得价差。

3.1.4.2　现货市场价格的结算方法

在 PJM 现货市场中，价格的结算方法遵循二次结算（two-settlement）方式，日前和实时市场都具有电能价格。在日前市场中，负荷服务商（LSE）可以根据自己的电能需求提交报价，日前市场的出清为金融性出清，所有的物理报价和虚拟报价同时出清，出清和结算的时间间隔均为 1h；在实时市场中，PJM 根据电力系统中实际的物理状况进行出清，价格的时间间隔为 5min。根据实时市场与日前市场的价格差异，进行时间间隔为一个小时的电能结算。

日前和实时市场的价格和电能量之间都存在差异的情况下，电费的结算方法如下举例详细说明。某负荷在日前计划用电量为 100MW，日前市场的价格为 20\$。实时市场中，该负荷的实际用电量为 105MW，实时电价为 25\$。综合日前与实时市场的交易结果，该负荷在日前市场所需要支付 $100 \times 20 = 2000\$$，在实时市场中需要支付在日前市场计划之外的 5MW 电量，支付的价格是实时市场价格，也就是需要支付 $5 \times 25 = 125\$$，共计需要支付 2125\$。

如果改变例子中的条件，该负荷在实时市场的实际用电量为 95MW（而不是之前例子中的 105MW），该负荷需要在实时市场中反结算多余的 5MW 电量（相当于该负荷在实时市场中以实时价格卖出未用到的 5 MW 电量），该负荷获得收益为 $5 \times (-25) = -125\$$。此时，该负荷需要支付的价格是日前市场支付金额 2000\$减去 125\$，即实际支付的金额为 1875\$。

3.1.5 其他市场机制

3.1.5.1 金融输电权市场

PJM 是全球最早引入节点电价机制的电力市场之一。在阻塞管理中，节点电价机制发挥了重要作用，对市场各成员具有很强的指导性。值得注意的是，实时市场中节点电价是在系统运行机构完成实时调度后才能计算确定的，各市场成员对节点电价变化信息的掌控总是相对滞后，在进行市场决策时往往存在一定的不确定性，阻碍市场交易的顺畅进行。为了更好地处理节点电价计算条件所决定的无法预知性，人们引入了金融输电权（financial transmission right，FTR）这一个概念。金融输电权是一种金融工具，是市场成员与调度机构之间的合同，凭借事先购买的输电权提前固定输电费率，当系统发生阻塞时通过金融输电权对冲阻塞费用，阻塞盈余得以合理地分配给输电权所有者，这样可以维持市场价格稳定。金融输电权的阻塞收益基于节点间 LMP 的阻塞分量之差，当金融输电权（FTR）指定的阻塞方向与实际阻塞方向一致，即功率输出点的节点电价比功率注入点的节点电价高时，金融输电权（FTR）的持有者将获得阻塞收益；当实际阻塞方向与输电权所有者预期方向不同时，FTR 持有者需要付出输电阻塞费用，期权型 FTR 持有者无须支付输电阻塞费用，同时没有收益。总而言之，金融输电权作为一种金融工具，其存在的必要条件包括售电侧充分竞争、节点电价机制和系统存在阻塞；其为 FTR 持有者所带来的收益主要是规避价格波动，保持市场长期稳定。

市场成员按照点对点的定义购买金融输电权（FTR），金融输电权具有方向性。金融输电权持有者将获得一种收益权，确保其能获得所定义的两个节点之间的价差收入，金额等于阻塞费率乘以其所对应的以兆瓦（MW）为单位的容量数目。支付给 FTR 持有者的费用来自系统运行机构从市场运作中获取的结算盈余，这部分盈余是由于节点电价机制而产生的，当系统发生阻塞时负荷端所支付的电价要高于发电端的费用。而系统运行机构本身作为非营利性机构应该将这部分盈余返还给市场。

3.1.5.2　容量市场

能量市场和辅助服务市场主要用于解决短期的电力平衡问题，并不能保证长期的发电容量充裕性，引入 PJM 容量市场的初衷正是为了保证有充足的资源能够被调动以保障电网运行的可靠性。PJM 的容量市场能够提供透明的信息，为远期容量市场提供信号，对电力投资具有较强的指导性。

在 PJM 地区，容量市场设计的基础是可靠性定价模型（reliability pricing model，RPM）。可靠性定价模型的设计目标是将容量定价的稳定性与系统的可靠性要求结合在一起，增加容量价格信号的提前量，以期为所有市场参与者提供透明信息使其能据此做出相关反应。要实现这些目标，可靠性定价模型（RPM）中的关键要素包括分区容量定价，用以实现和量化容量的分区值。可变资源需求机制（variable resource requirement）、系统可靠性的需求和新建机组的净成本都会影响到需求曲线的形状。此外，PJM 还考虑价格响应需求侧资源的负荷——价格曲线对容量市场需求曲线进行修正。

PJM 容量市场也包含另一种参与形式，即固定资源需求（fixed resource requirement，FRR）方式。固定资源需求（FRR）使得负荷服务商（LSE）可以选择提交一份固定资源需求（FRR）协议，作为参加 PJM 市场中 RPM 可变容量要求的替代。

RPM 的容量市场组织流程如下：容量市场是一个多重拍卖结构，包括 1 个基础拍卖市场（base residual auction，BRA）、3 个追加拍卖市场（incremental auction，IA）和 1 个双边市场，用以获取充足的发电侧资源合约与负荷侧资源合约，如基于价格响应的需求侧资源（price responsive demand，PRD）等来满足系统容量需求。

（1）基础拍卖市场（base residual auction）。基础拍卖在目标年份开始的前三年的五月份举行。它允许获取资源合同来满足地区的自然装机容量义务，并通过分区可靠性费用的方式将这些合同的成本分配给各个负荷服务商。

（2）追加拍卖市场（incremental auction）。基础拍卖后会至少举行三场追加拍卖，以获得所需的额外的资源合同来满足目标年开始前由市场动态引起的潜在变化。如果一条重要的输电线路延期结果导致 PJM 在某个分区输送区域需要获得额外的容量来解决相关可靠性问题，则会举办一场额外的追加拍卖，即有条件增量拍卖。

（3）双边市场。双边市场旨在为容量资源供应者提供一个补偿任何合同履行瑕疵的机会，也为负荷服务商提供对冲掉 RPM 拍卖过程中风险的机会。

可靠性定价模型（RPM）出清的时间轴如图 3-13 所示。在未来特定年份的三年前开始进行基础余量拍卖（base residual auction），基础余量即为系统当前的容量状况和未来特定年份容量需求的差值。在第一次集中拍卖竞价之后，PJM 会组织有条件增量拍卖，以及后续提前 20 个月的第一次增量拍卖，提前 10 个月的第二次增量拍卖，提前 3 个月的第三次增量拍卖。

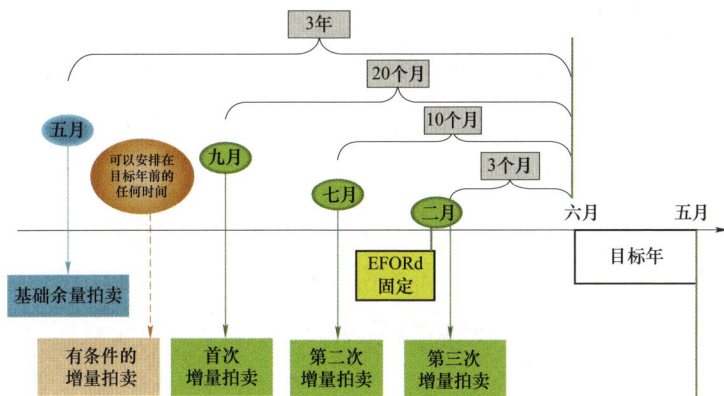

图 3-13　可靠性定价模型（RPM）的出清时序

3.2 美国 ERCOT 市场

3.2.1 ERCOT 电力市场概况

美国德州电力可靠性委员会（electric reliability council of texas，ERCOT）是负责其范围内电网运行和管理竞争性电力批发市场的独立系统调度机构（independent system operator，ISO）。ERCOT 的所辖区域覆盖了德州 90% 的面积和 90% 的负荷，并管理着 2600 万德州用户。德州面积相当于广东、广西和湖南之和，比华东五省和上海之和略大一点。德州电网是一个独立电网，和外州没有交流互联，只通过 5 条直流联络线与美国东部网络和墨西哥相连，这 5 条直流联络线的总容量接近 110 万 kW。ERCOT 管理超过 74 400km 的高压输电线路和 550 多台发电机组。ERCOT 装机容量接近 9000 万 kW，夏季高峰可调用装机容量为 7700 万 kW，2019 年 8 月 12 日峰值负荷 7482 万 kW 创历史新高，2015 年年度用电量是 3475 亿 kWh，同比增长了 2.2%。最大风力发电出力（发电功率）2608.9 万 kW（2022 年 4 月 9 日），最高风电渗透率为 69.15%（2022 年 4 月 10 日）。最大光伏发电出力（发电功率）900.1 万 kW（2022 年 4 月 8 日），最高光伏发电渗透率为 23.85%（2022 年 3 月 19 日）。截至 2022 年 3 月，储能最大容量为 168.1 万 kW。ERCOT 是基于会员制的非营利机构，由 ERCOT 董事会进行管理，由德州公共事业委员会（public utility commission of texas，PUCT）和德州市市政议会（texas legislature）监管。因为德州和外州只有直流互联，所以 ERCOT 不受美国联邦能源监管署（FERC）监管，这是德州区别于美国其他 ISO 的地方。

（1）德州电力市场发展过程。1995 年德州立法机构修订了公共事业管理法案（PURA），要求德州境内各电力公司开放电网，以促

进电力批发市场的改革；1996 年 8 月 21 日德州公共事业管理委员会正式指令 ERCOT 组建独立系统运行员；1996 年 9 月 11 日，ERCOT 董事会对 ERCOT 进行重组，正式作为非营利性 ISO 启动运行，成为美国第一个系统独立调度及控制中心；1999 年 5 月 21 日，德州立法机构通过了参议院第 7 号法案。这一法案要求德州建立一个富有竞争性的电力零售市场，并必须在 2002 年 1 月 1 日投入运行，使德州所有的电力用户都能享受到选择其发电商的权力。在要求 ERCOT 改进其管理结构的前提下，第 7 号法案允许德州公共事业管理委员会授权 ERCOT，使其成为德州电力系统和电力市场的唯一独立管理机构。第 7 号法案同时还要求在 2002 年 1 月 1 日之前，所有上市电力公司都要分拆为三个独立的公司，即发电公司、输电配电公司和电力零售公司。

2002 年 1 月 1 日，ERCOT 电力零售市场投入运行。ERCOT 电力零售市场是美国最早开放的电力零售市场，也是最成功的电力零售市场之一。

ERCOT 市场参与者，包括有授权计划实体（qualified scheduling entities，QSE）、负荷服务商（load servicing entity，LSE）、服务需求侧响应的负荷聚合商（load aggregator，LA）、输电公司（transmission service provider，TSP）、德州公共事业管理委员会（public utility commission of texas，PUCT）。

（2）德州电力批发市场和零售市场。德州电力市场 ERCOT 是纯能量市场（energy-only market），没有容量市场（capacity market），采用 ERCOT 稀缺定价机制（scarcity pricing mechanism）来替代容量市场的效用。德州电力批发市场由两部分组成，独立于 ERCOT 之外的分散的场外双边市场（bilateral market）和 ERCOT 组织的场内集中出清市场。德州电力 ERCOT 市场主体及相互关系如图 3-14 所示。

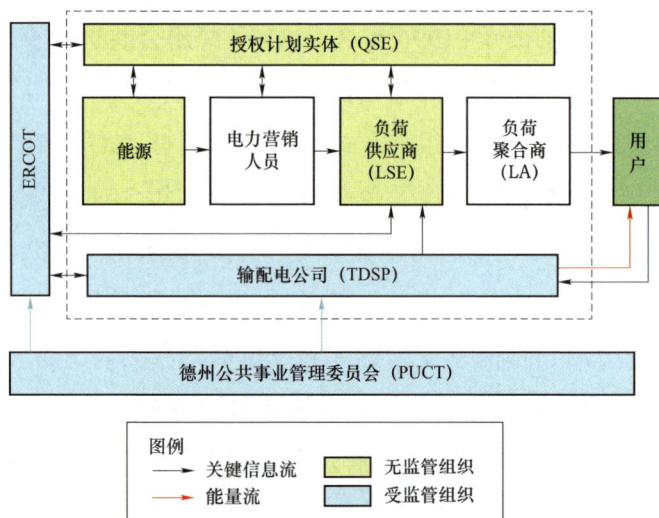

图3-14　德州电力ERCOT市场主体及相互关系

双边市场（bilateral market）是指买卖双方单独或者双方通过经纪人（broker）签订的用来交易电量的双边合同。合同任一方可以同时拥有发电机和负荷，或者两者之一，或者两者皆无（纯金融买卖市场参与者）。双边合同一般被用来规避、对冲（hedge）实时市场价格风险，同时有些市场参与者通过双边合同进行套利。ERCOT实时市场中绝大多数（超过90%）电能交易是通过中长期双边合同规避、对冲锁定，按照合同价格进行结算。双边合同4个基本要素包括交付时间（年月日小时或者时间段）、电能（MW）、结算点、合同价格。ERCOT大多数双边合同本质上是一种金融结算（financial）合同，允许买空卖空操作，买卖双方不需要拥有发电机或负荷，在实时也不需要按照合同发电或者用电。德州电力市场ERCOT没有强制要求合同双方必须向ERCOT提交所签订的双边合同，但是合同双方可以选择自愿提交，让ERCOT帮助结算其双边合同。

在批发市场中，发电商、零售商和电力买卖商既可以通过双边合同买卖电，也可以通过实时能量市场进行实时交易。通过实时能量市场交易的电量由ERCOT按能量市场价格为市场参与者进行结算。

在零售市场中，电力用户可以自由选择自己的零售电力供应商。

不想选择新的电力零售商的用户可以选择原电力公司作为自己的零售电力供应商。

在德州电力市场中，输电系统、所有的输电公司和配电公司被严格管制，德州公共事业管理委员会负责审批其新建项目，并根据成本＋利润的原则制定其输电配电价格。输配电公司拥有输配电线路，负责线路的修建、维护和具体操作，不参与、也不被允许参与电力的买卖活动。同时输配电公司也受到政府的保护，在未经允许的情况下任何其他公司不得在其领域内修建新的电网。

ERCOT 是一个非营利的机构，拥有独立的调度和控制中心，负责管理整个区域电力系统和市场运行，保证系统的安全、可靠性，以及电力市场的公平合理竞争。ERCOT 按照市场协议向所有的市场参与者收取一定的管理费用以维持其正常开支。

3.2.2　ERCOT 介绍

3.2.2.1　电网基本概况

美国德克萨斯州（state of Texas）（以下简称德州）是美国中南部地区的一个州，面积 69 6200 平方千米，人口 2915 万（截至 2020年）。2019 年，德州的州生产总值（gross state product，GSP）为 1.9万亿美元，位居美国第二（仅次于加州），其 GDP 值高于巴西（世界第 9）、加拿大、俄罗斯等国。

德州拥有广袤的土地、丰富的自然资源，并拥有东南部与墨西哥湾相连的海岸线。德州地处多个气候带的交汇处，使得该州的气温和降水差异很大：夏季月份的平均最高气温从加尔维斯顿岛的26℃到里奥格兰德河谷的约 38℃。德州富含石油与天然气资源，已知的石油储量约为 50 亿桶，约占美国已知储量的四分之一。德州的天然气生产也处于领先地位，占全国供应量的四分之一。除此之外，德州还富含风能、太阳能和生物燃料，具有极大的可再生能源开发潜力。

3.2.2.2 电网总装机容量及新能源发展状况

ERCOT 的主要职责是为美国德克萨斯州 90% 的地区提供可靠的电力服务。作为电网的运营商，ERCOT 受到德州公用事业委员会（PUCT）和德州立法机关的监管。ERCOT 的主要职责有以下 4 点：① 确保电力系统的可靠性；② 促进具有竞争性的电力批发市场；③ 促进具有竞争性的电力零售市场；④ 确保对于电力传输的开放访问功能。

在世界范围内的新能源革命的大背景下，ERCOT 的新能源发电量，尤其是风电，在过去的近二十年中保持着高速增长。相较之下，德州电网中的风电发电量从几乎可以忽略不计（2003 年），快速发展到 2022 年 3 月的约 35.7GW。自 2016 年起，德州的太阳能发电量也开始出现显著的增长。太阳能与系统负荷保持同步性的特征也有助于缓解近年来因为德州人口激增而产生的尖峰负荷逐年升高的现象。ERCOT 能源燃料占比如图 3-15 所示。

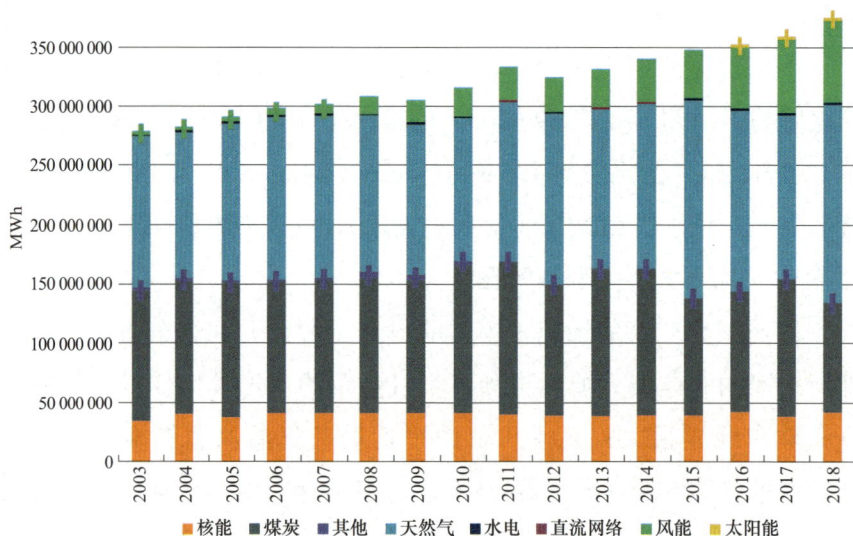

图 3-15 ERCOT 能源燃料占比❶

截至 2021 年 7 月，ERCOT 全电网的总装机容量约为 86 000MW。

---

❶ https://www.ercot.com/美国德州电力交易中心官网。

其中，燃气发电所占的比例为 51.0%，其次是风电（24.8%）、火电（13.4%）、核电（4.9%）以及太阳能（3.8%）。在总用电量层面，燃气发电所占的比例为 45.5%，其次是风电（22.8%）、火电（17.9%）以及核电（10.9%）。ERCOT 绝大多数机组都是自开机（self-commit），授权计划实体（qualified scheduling entity，QSE）通过提交当前运行计划 COP（current operating plan）来反映每个机组的每个小时的开机状态。

在新能源发电方面，截至 2022 年 3 月，ERCOT 的风电容量为 35 736MW，在美国所有州排名第一；风电的发电记录为 2022 年 3 月创造的 26 089MW，而风电的渗透率（风力发电所占全部发电比例）记录为 2022 年 4 月创造的 69.15%。除此之外，太阳能发电的装机容量为 11 325MW，还有约 1681MW 的电池储能容量。德州的风力发电和太阳能发电都集中在西部；其中 Panhandle 地区有大量的大规模风力和太阳能发电站，向人口密集的北部和东部地区输送电量。能源生产和使用占比情况如图 3－16 所示。

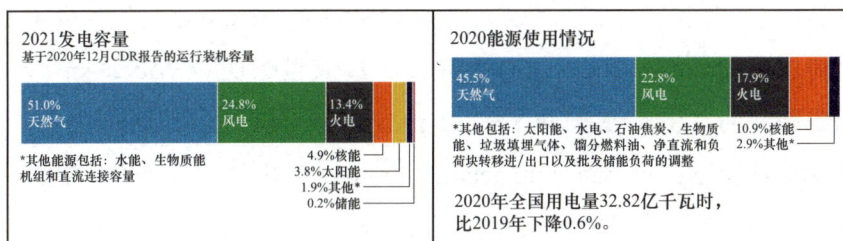

图 3－16　能源生产和使用占比[1]

3.2.2.3　输电线路的总长度以及建设情况

目前区域内的总高压输电线路长度约为 46 500 英里，电压等级分为 345kV、138kV 和 69kV。相较于美国其他地区的区域电网，ERCOT 的电网较为封闭，与外部电网没有高压交流输电线路相连，仅在北部、东部各有 1 条高压直流输电线与美国西南联营电力公司

---

[1] https://www.ercot.com/ 美国德州电力交易中心官网。

（Southwest Power Pool，SPP）相连，以及南部有 3 条高压直流输电线与墨西哥电网相连。5 条高压直流输电线的容量之和不足 1500MW，相对于 ERCOT 区域的总用电量只占很小的比例。美国奉行相对独立的区域能源自治和就地平衡原则，全美几乎没有远距离跨区输送线路，也没有类似于国内的特高压输电通道。这与美国人口较中国更少，有东西两条城市、工业负荷集中海岸线有关。美国大量人口和负荷集中在东、西海岸线，没有必要建设特高压输电线路实现电源东西互济。美国中部地区属于相对欠发达地区，人口较少，工业、商业不发达。

3.2.3　ERCOT 电网的组织架构

3.2.3.1　电力市场成员

美国德州电力市场和电网运行有如下相关联的机构与个人：德州电力可靠性委员会（ERCOT）、独立市场监管机构（independent market monitor，IMM）、德州公用事业委员会（public utility commission of Texas，PUCT）、授权计划实体（qualified scheduling entity，QSE）、负荷服务商（load servicing entity，LSE）、发电企业（resource entity）、输电服务商（transmission service provider，TSP）、金融输电权服务商（congestion revenue right account holder）。下面简要介绍其中一些机构在电力市场交易和电网运行中所扮演的角色及其相关的权利与责任。德州电力市场（ERCOT）市场主体关系如图 3－17 所示。

（1）独立市场监管机构（IMM）：独立市场监管机构是 ERCOT 聘请的组织、企业和个人，目的是公正地进行市场监管，包括对交易机构、发电企业等市场主体的监管。其是政府购买第三方企业开展电力行业监管的典型。独立市场监管机构评估市场表现，定期生成评估市场竞争表现的报告，根据需要评估特定的市场问题。

（2）德州公用事业委员会（PUCT）：德州公用事业委员会负责监管该州的电力、电信、供水和下水道公用事业，实施与这些公用事业相关的立法。具体到电力行业，PUCT 具有以下职责：给德州的电力零售商和聚合商发放许可证；监管并确保电力市场的充分竞争性；批准该州的输配电价；在州立法机构的监督下监管 ERCOT 和响应消费者的投诉。

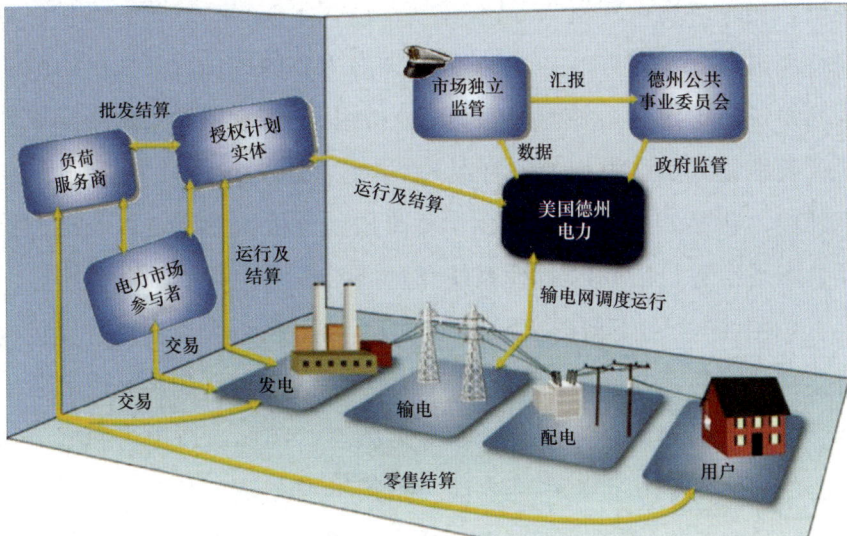

图 3-17   德州电力市场（ERCOT）市场主体关系[1]

（3）授权计划实体（qualified scheduling entity，QSE）：授权计划实体是根据 ERCOT 的相关市场规则获得资格的市场参与主体。授权计划实体（QSE）代表负荷服务商（LSE）或者发电企业参与市场交易，以及与 ERCOT 的市场结算等环节。授权计划实体（QSE）是 ERCOT 的市场参与者，负责在市场上与客户结算付款和费用，本质上是一个贸易实体。

（4）输电服务提供商（transmission service provider，TSP）：在德州拥有输电网资产，根据 ERCOT 调度员质量开展输电网操作。输电服务提供商受德克萨斯州公用事业委员会的监管，并被要求对接入电网的市场主体提供非歧视性接入服务。

---

[1] 《德州 惠海龙 个人报告》。

3.2.3.2 组织架构

ERCOT 电力市场及电网运营部门主要有能量市场管理系统技术部门（energy and market management system，EMMS）、市场运营部门（类似于交易中心的职能，下属日前市场、拥堵收入权、市场分析、实时市场运营组）、系统建模部门（下属模型管理、维护、故障协调组）、系统运营部门（类似于调度中心的职能，下属供给侧整合与系统应用组、系统调度、调度分析组）、规划组（下属中期规划组、长期规划组、发电侧整合组）。除此之外，ERCOT 还有一些二级部门，包括需求侧响应整合、负荷预测分析、规范，以及市场标准、市场结算、EMMS 管理系统开发部门。

ERCOT 公司下属的交易中心、调度中心和结算专业是一体化合署办公，交易、调度和结算是 3 个工作组（部门），在实际的运营中基于同一计算机系统开展合作和数据共享。例如，在电力系统仿真模型的建立与调试过程中需要能量市场管理系统技术部门、市场运营（交易中心）、系统建模，以及系统运营（调度中心）的参与。在电力市场的运营过程中需要市场运营（交易中心）、系统建模，以及系统运营（调度中心）的深度协同。此外，在 ERCOT 运营中各业务部门的工作由公司"规范以及市场标准组"实施合规监督。2002 年美国安然公司（Enron）在德州的售电公司 New Power 受安然倒闭的影响，在 2002 年夏天申请破产，但其 8 万个用户成功地转给了其他德州的市场化售电公司，对德州售电市场并没有造成很大的冲击。

3.2.4 ERCOT 电价的构成与附加价格

3.2.4.1 现货市场

美国德州 ERCOT 的现货市场，具有多尺度、多功能的复杂价格系统。从时间尺度上看，ERCOT 提供日前市场（day-ahead market，DAM）每个小时的价格、实时市场中（real-time market，RTM）的通常 5min 为时间间隔的节点边际电价（locational marginal price，

LMP），以及基于节点边际电价所计算的 15min 为时间间隔的结算点价格（settlement point prices，SPP），如图 3−18 所示。在空间尺度上，结算点电价又分为发电机节点价格（resource node price）、负荷区域价格（load zone price，LZP）和枢纽分区价格（hub price）。

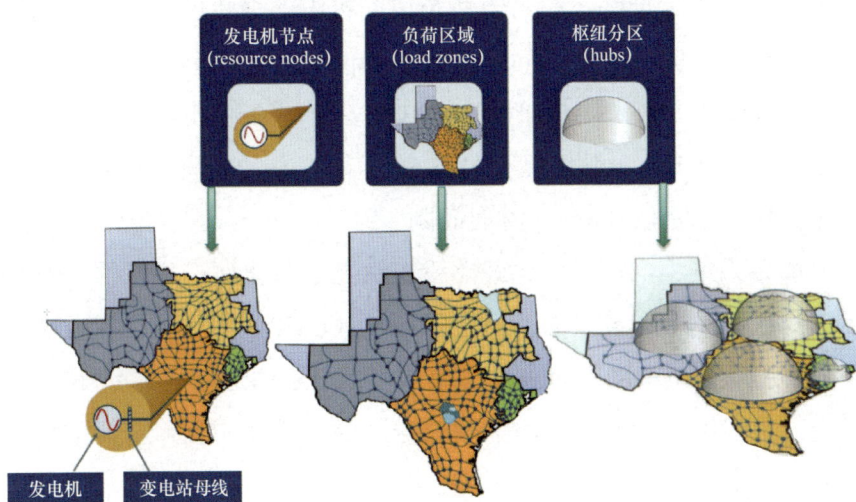

图 3−18　德州电网主要结算点种类[1]

市场主体通过结算点（settlement point）进行电能交易，并用结算点电价（settlement point prices，SPP）进行财务结算。日前市场中节点边际电价 LMP 和日前结算点电价（day-ahead settlement point price，DASPP）是以小时为单位，每个小时每个母线或者结算点会算一个对应的价格。实时市场中，安全约束经济调度（security constrained economic dispatch，SCED）每 5min 运行一次计算节点 LMP。实时结算点价格（real-time settlement point price，RTSPP）每 15min 算一次，为计算 15min 内所有安全约束经济调度的节点价格的平均值。下面逐一介绍每种价格的计算方式及其运用的场景。

（1）节点边际电价（locational marginal price，LMP）。2003 年，ERCOT 开始设计节点市场（nodal market）。这个重新设计的综合性

<hr>

[1] https://www.ercot.com/。

的德州节点市场用超过 600 个电价结算点来代替区域市场的 4 个阻塞管理区域所对应的结算点。节点边际电价（LMP）定义为每个电气节点提供每一单位的节点负荷增量的时候所需要付出的边际价格。在 ERCOT 的节点边际电价体系中，节点边际电价包含两个部分：系统电量的边际价格（相当于系统边际机组的成本）和系统中的输电线路的阻塞价格成分（congestion component）。系统中所有的节点在某一时刻的节点边际电价均由单次的安全约束经济调度（SCED）运行得到。SCED 一般情况下约每 5min 运行一次，所以节点边际电价（LMP）也是以 5min 为时间间隔。

如果系统中的所有输电线路没有达到容量限制，则按照节点边际电价理论，所有节点的节点边际电价（LMP）将相同，仅反映全系统增加单位负荷的增量成本（等于边际机组的边际成本）。在这种情况下，该机组增发电量将能够输送并供给系统中任何节点的增量负荷。

当系统中的潮流已经达到了传输线路的容量限制时，系统中各节点的节点边际电价（LMP）将会不同，而节点边际电价的高低取决于该节点的注入功率是否会缓解或者恶化输电线路的阻塞情况。一般情况下，若某节点的注入功率能缓解系统中的阻塞情况，则该节点的节点边际电价将较高。反之，该节点的节点边际电价将会较低。由于实际的网络中可能存在多条输电线路的阻塞，并且实际的安全约束经济调度（SCED）中需要考虑更多的因素，节点边际电价的相互关系较为复杂。

（2）结算点价格（settlement point prices，SPP）。结算点价格（SPP）是以节点边际电价（LMP）为基础计算，根据现货市场的结算需要所计算的一组价格。结算点价格（SPP）与节点边际电价（LMP）的不同之处主要有以下几点：① 结算点价格（SPP）是以 15min 作为计算时间间隔，而节点边际电价（LMP）计算时间间隔为 5min。② 节点边际电价（LMP），一般每个节点都会有对应的物理节点，

而结算点价格（SPP）中的结算点有时只有金融的意义，例如代表某个区域的价格水平。③ 尽管结算点价格是基于节点边际电价进行计算的，但是根据结算点价格所对应的结算点功能的差异，节点边际电价（LMP）加权的方式区别很大。

下面分别介绍三种典型的结算点价格（SPP）的含义及其计算方法。

1）发电机节点价格（resource node price），主要用于发电机组在现货市场中的价格结算。一般来说，发电机节点价格基于的结算点与发电机组所在的发电节点往往是一致的。在这种情况下，最终发电机节点价格与该机组在某个节点边际电价（LMP）时间间隔中的发电量，以及每个节点边际电价（LMP）计算对应的时间长度（5min）相关。当多个发电机组共用一个结算点时，发电机节点价格的权重与每个发电机组在同一个节点边际电价（LMP）计算时间间隔内的发电量正相关。

2）负荷区域价格（load zone price），曾被广泛应用于电力市场中输电阻塞权（transmission congestion right，TCR）、日前辅助服务容量市场、机组采用统一的区域潮流转移因子计算。负荷区域（load zone）定义为一组基于地理位置的电气节点集合。与发电机节点价格不同，目前的 ERCOT 市场中负荷区域价格只有 8 个结算点：4 个主要的结算点（北部地区、西部地区、南部地区、休斯顿地区）和其他地区性结算点（AEN、CPS、LCRA 和 RAYBN）。其中，现货市场中绝大部分负荷的结算价格都基于 4 个主要的结算点的价格。

负荷区域（Load Zone）的定义有如下特点：① 负荷区域不互相包含。② 每个存在负荷的电气节点有且仅有一个负荷区域与之对应。③ 以地域为边界的地区性结算点，往往是因为德州电力市场发展的历史原因而保留的。负荷区域价格的计算方式是按照该区域内所有节点的节点价格加权形成的。权重主要受节点边际电价（LMP）的计算时间间隔，以及在时间间隔内每个节点的负荷总量所影响。

同一区域内的所有负荷只有一个对应的区域价格。负荷区域价格（load zone price）自德州之前的区域市场（zonal market）时期便被应用，目前在更新的节点市场（nodal market）中主要作为区域性价格指标。

3）枢纽分区价格（hub price），主要用于现货市场中的各种金融结算。枢纽分区（hub）定义为分配给同一个枢纽的 345kV 的枢纽母线的集合，枢纽分区结算点价格是这些 345kV 母线节点边际电价（LMP）的简单平均。枢纽分区价格主要是为了在现货市场交易中方便能源交易商进行交易、方便金融衍生品结算，以及规避风险的目的而设置的。结算点价格不仅可以用于现货市场的价格结算，也可以用于中长期的金融衍生品交易、输电权拍卖等。目前，德州市场中枢纽分区的数量较少，主要为 4 个主要的枢纽分区点（北部地区、西部地区、南部地区、休斯顿地区）、Panhandle 地区，以及两个全局性的枢纽分区点（HB_BUSAVG 和 HB_HBAVG）。

3.2.4.2　可靠性机组组合

可靠性机组组合（reliability unit commitment，RUC）的主要目的是保证系统里有足够的在线发电容量来满足系统的负荷预测，属于电网调度的主要工作范畴。可靠性机组组合也采用运行网络安全校核（network security analysis，NSA）来监测和保证输电网络的安全。日前市场中的机组组合有可能不能满足实时的电量和辅助服务要求，因此需要进一步运行可靠性机组组合来购买足够的发电机容量以满足负荷预测和辅助服务要求，可靠性机组组合以小时为单位。可靠性机组组合是一种增量集中机组组合，ERCOT 绝大多数机组都是自开机（self-commit），授权计划实体（QSE）通过提交当前运行计划（COP）来反映每个机组的每个小时的开机状态。如果存在在线机组影响系统安全运行，系统调度员也可以在可靠性机组组合（RUC）中通过手动调度要求在线机组关机（decommit）。

3.2.4.3 电费结算

德州电力市场（ERCOT）结算业务分为日前电力市场结算和实时电力市场结算两个部分，其中日前结算相对简单，在运行日结束后两天（＋2 日）即可完成相关工作。实时电力市场结算相对复杂，包括运行日结束后 5 天（＋5 日）的结算预发布，运行日结束后 55 天（＋55 日）的结算正式发布，运行日结束后 180 天（＋180 日）的电费正式发行。具体实时电力市场结算时序如图 3−19 所示。

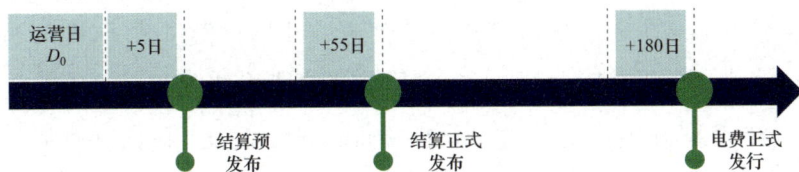

图 3−19 实时电力市场结算时序

实时市场按照 15min 进行结算，采用双结算系统（two-settlement system），根据实时市场和日前市场出清量之间的偏差量实时结算点价格进行结算，对日前市场电能出清量按照日前市场结算点价格进行结算。双结算系统可以让追求利益最大化的发电商在实时市场的参与策略不受日前市场交易或双边合同的影响，鼓励发电商全电量报价参与实时市场，提高实时市场的运行效率。

授权计划实体（QSE）在某一结算点的实时净供电（net supply）可以计算如下，所有变量单位都是电能兆瓦时（MWh）。如果实时净供电大于零，那在此结算点就是净供电，如果实时净供电小于零，那在此结算点就是实时净购电（net obligation），其值为实时净供电的绝对值，即

实时净供电＝实时供电－实时购电－（日前供电－日前购电）
－（双边合同供电－双边合同购电）

实时市场结算的基本原则：如果授权计划实体（QSE）在某个结算点是净供电（net supply），则按照实时结算点价格付款（payment）

给授权计划实体（QSE）；如果授权计划实体（QSE）在某个结算点是净购电（net obligation），就会按照实时结算点价格向授权计划实体（QSE）索款（charge）。

可靠性机组组合结算可分为以下两类：

（1）可靠性机组组合（RUC）开机补偿付款（RUC make-whole payment）。对每个可靠性机组组合（RUC）指令开机的机组，结算时会计算这个机组的启动成本和运行最小发电出力成本之和，称为发电机组的保障成本。如果机组在实时发电根据实时市场价格结算的收益小于这个保障成本，ERCOT会通过开机补偿付款（make-whole payment）给授权计划实体（QSE）来补偿成本和收益之间的差值。ERCOT会把开机补偿付款（make-whole payment）按比例对那些容量不足引起RUC指令开机的可靠性机组组合（RUC）收费，如果这些容量不足收费还不能支付开机补偿付款（make-whole payment），ERCOT会把不足的差值按照授权计划实体（QSE）的负荷大小按比例对授权计划实体（QSE）进行收费。

（2）可靠性机组组合（RUC）追回利润索款（RUC clawback charge）。如果机组在实时的收益超过了保障成本，ERCOT会追回部分利润（clawback），追回利润的目的是鼓励授权计划实体（QSE）自启动（self-commit）来参与市场。ERCOT通过追回利润（clawback）业务得到的追索款项，根据授权计划实体（QSE）负荷的大小按比例分配给授权计划实体（QSE）。

3.2.5　美国电力批发市场

3.2.5.1　德州电力批发市场

德州电力市场（ERCOT）主要包括以下4个部分：金融输电权市场（congestion revenue right auction，CRR）、日前市场（day-ahead market，DAM）、可靠性机组组合（reliability unit commitment，RUC）强制交易、实时市场（real-time market，RTM）。

（1）德州电力批发市场的特点。德州电力批发市场的运行分为
4个阶段：日前阶段、调整时段、实时前阶段及实时运行阶段。日前
阶段指运行前一日的0:00点到下午18点；调整时段指运行前一日的
下午18点到运行日某个运行时段的前一个小时。

实时运行主要有两个目的：一是可靠性管理，平衡系统的发电
和负荷并保证输电系统不越限；二是在满足可靠性约束条件下对发
电机进行最优调度从而最小化系统的生产成本。

安全约束经济调度（security constrained economic dispatch，
SCED）每5min自动运行一次。安全约束经济调度（SCED）5min
的调度基点会传递给能量管理系统（energy management system，
EMS），能量管理系统（EMS）的负荷频率控制（load frequency control，
LFC）模块每4s运行一次，根据实时频率和设定频率（60 Hz）的偏
差，在安全约束经济调度（SCED）5min调度基点的基础上执行调频
备用操作（regulation reserve serves）来平衡实时的发电和负荷。

（2）德州电力批发市场的运行时序（见图3-20）。运行日前一
天的上午6点之前，ERCOT公布最新的输电系统情况、负荷预测、
辅助服务计划、辅助服务摊派计划、强制要求提交的平衡能量减服
务的百分比、输电损耗因子和配电损耗因子。在每日早上6点之前，
ERCOT还需公布以下信息以供各市场主体参考：对ERCOT次日运
行情况的预测，包括传输线路和设备故障或离线检修；区域间主要
传输线路的总传输能力；ERCOT预测次日运行情况使用的天气预报
等。德州电力ERCOT日前阶段运营时序如图3-20所示。德州电力
ERCOT采用调度和交易合一的工作模式，交易工作组负责D_0-1日
早上6点完成日前市场相关交易信息发布。上午10点交易工作组组
织日前市场开市，至下午1:30发布出清结果公示。调度工作组于
D_0-1日下午2:30开市，根据日前交易出清结果，组织未成交机组
和负荷的调整申报。在此期间调度工作组开展日可靠性机组组合校
核和时前可靠性机组组合校核。小时前可靠性机组组合连续安全校

核、未出清部分电量的连续调整申报，机组开机、发电功率计划调整申报不断滚动迭代，直至运行日 D_0 日前 60min 为止。为运行日每 5min 滚动开市的实时市场做准备。

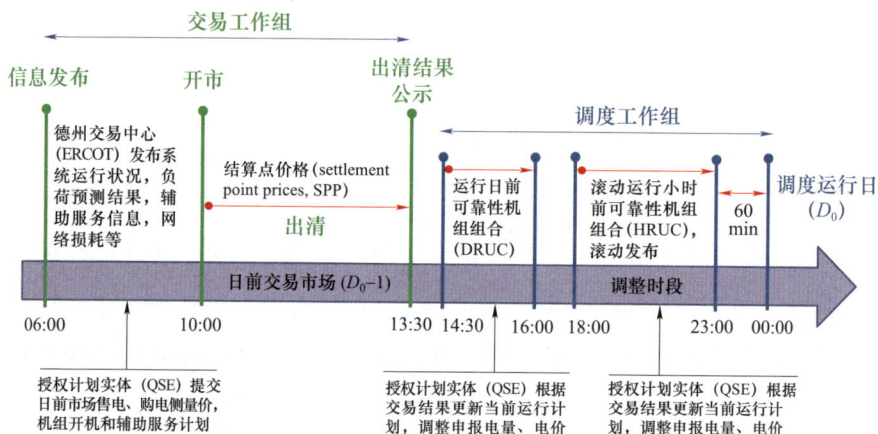

图 3-20 德州电力 ERCOT 日前阶段运营时序

3.2.5.2 日前市场

美国德州现货市场主要分为日前市场、实时市场（实时运行）。

ERCOT 日前市场（day-ahead market，DAM）是在日前集中出清的金融结算性市场（financial market），调度工作组不需要安排发电机物理执行，其结果为电费结算依据。日前市场的主要目的是为下一个运行日（operating day）安排电能和辅助服务，提供价格确定性和发现价格，让市场参与者可以规避、对冲实时市场价格波动的风险。日前市场的参与是自愿性的，授权计划实体（QSE）不被要求强制参加，发电机和负荷也不需要强制参与报价。日前市场中不仅考虑发电资源的各种物理约束，同时考虑网络安全校核（network security analysis，NSA）。美国德州现货市场与实时运行衔接时间轴如图 3-21 所示。

（1）日前市场。ERCOT 日前市场（day-ahead market，DAM）是一个自愿的、具有财务约束力的远期能源市场。日前市场（DAM）

匹配自愿的买家和卖家，受网络安全和其他限制的约束，考虑电能、辅助服务和某些阻塞收入权等因素共同优化。需要注意的是，德州的日前市场除了辅助服务以外并不具有物理的约束力。买家和卖家并不需要具备物理上的执行条件就可以参与到市场交易中。在日前市场和实时市场出清量的差额将根据实时市场的价格进行结算。

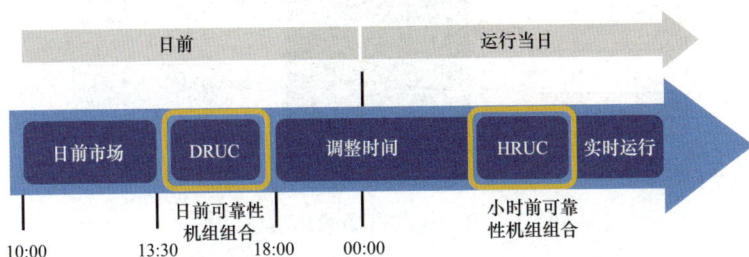

图 3-21　美国德州现货市场与实时运行衔接时间轴❶

　　日前市场（DAM）以最大化社会福利（social welfare）为优化目标，联合优化售电报价（energy offers）、购电报价（energy bids）、辅助服务出售报价（ancillary services offers，AS offers）等。日前市场出清软件（clearing engine）是安全约束下的机组组合（security constrained unit commitment，SCUC）。安全约束下的机组组合（SCUC）包含两部分：一部分是机组组合（unit commitment，UC）；另外一部分是网络安全校核（network security analysis，NSA）。这两部分互相迭代求解直到满足收敛条件，最终结果即为出清结果。机组组合（UC）优化算法是混合整数优化（mixed integer programming，MIP）。

　　日前市场的市场出清模型如图 3-22 所示。模型的输入量为市场中的购售电报价，以及电网的物理模型，输出结果是每小时的出清电量、辅助服务的出清量，以及相对应的出清价格。日前市场的出清时间一般在实时运行前一天的上午 10:00 开始（也就是俗称的

---

❶ https：//www.ercot.com/。

$D-1$ 日）。一般情况下，日前市场的出清计算会在下午 1:30 前结束，之后将出清的结果公布在相关的网站供市场参与者查看。

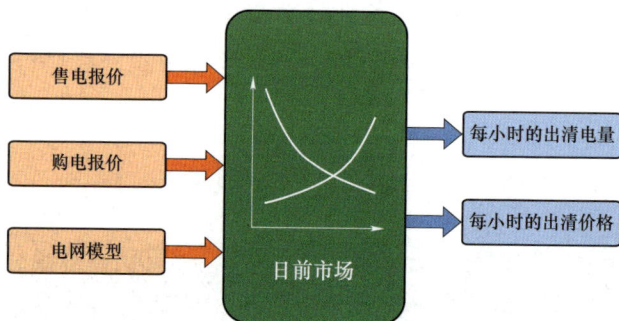

图 3-22　日前市场的出清机制[1]

（2）日前市场的机组报价。日前市场中的发电机组（物理机组）需要提供报价的 3 个部分：启动价格、最小电量价格和分段线性报价曲线，三种曲线的示意图如图 3-23 所示。如果报价曲线有部分缺失，ERCOT 会根据一定规则将报价补充完整。机组报价的下限为 -$250/MWh，上限 $9000/MWh。

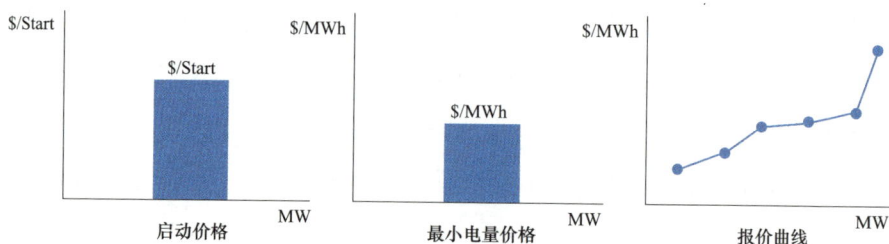

图 3-23　日前市场中的机组报价曲线 [1]

（3）日前市场的电量报价。与发电侧物理申报机组启动价格和最小电量价格不同，日前市场中的电量交易只提供购电/售电的报价曲线（见图 3-24）。购售电报价可以在任何的结算点进行报价。需

---

[1] https：//www.ercot.com/美国德州电力交易中心官网。

要注意的是，因为日前市场是纯交易市场，所以在日前市场中交易只是结算合约，在实时市场结算的时候并不存在物理上的购售电义务（调度、发电机并不跟踪执行日前市场交易结果）。

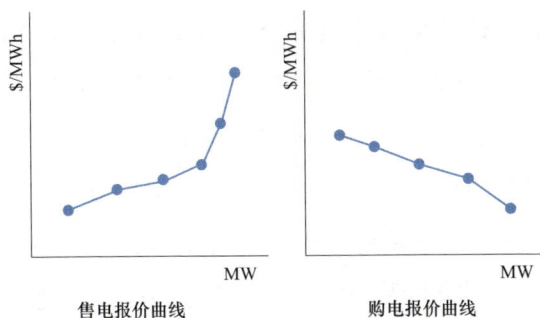

图 3-24　日前市场中的购售电报价曲线[1]

（4）辅助服务的申报和出清。德州电力市场的辅助服务是在日前市场中确定，在现货市场中执行。辅助服务的申报必须由实际的物理机组进行。在日前市场中出清的辅助服务种类主要是向上调频、向下调频、响应备用，以及非旋转备用。机组的报价曲线是按照每种服务分开报价（分段阶梯）、所有的辅助服务和电量同时出清的模式。在出清的过程中，需要满足辅助服务和电量的耦合关系。除了考虑辅助服务和电量的报价价格之外，仍然需要满足机组中标的出清容量之和不会超过机组的总容量。日前市场辅助服务的报价方式如图 3-25 所示。

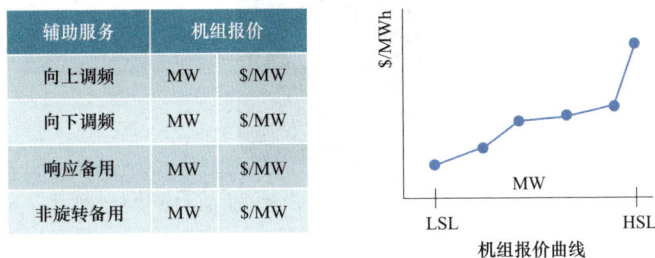

辅助服务	机组报价	
向上调频	MW	$/MW
向下调频	MW	$/MW
响应备用	MW	$/MW
非旋转备用	MW	$/MW

图 3-25 日前市场辅助服务的报价方式 [1]

---

[1] https：//www.ercot.com/美国德州电力交易中心官网。

（5）调整时间以及机组组合分析。在日前市场之后，调度部门将会在现货市场前的调整时间内进行一次日前机组组合分析和若干次小时前的机组组合分析。机组组合分析的主要目的是检查发电侧提交的机组运行计划是否满足未来一天内的实时运行。日前可靠性机组组合（day-ahead reliability unit commitment，DRUC）运行时间一般为前一天日前市场结束后，校核第二天 24:00 的完整情况；而小时前可靠性机组组合分析（hourly reliability unit commitment，HRUC）考察的时间较短，为下一个小时直到运行当日 24:00 的情况。调度台根据机组组合分析的结果通知机组是否需要改变当前或者第二天某个时刻的运行状态，以保证电力系统的充裕度和稳定运行。

机组组合的运行原理如图 3－26 所示。可靠性机组组合（RUC）系统输入的参数主要是各机组在日前市场中已有的报价参数、当前机组运行计划、未来时间段内电网状态的预测数据，以及电网的物理模型。输出的结果是机组在未来某个时刻的运行状态是否需要变更。与日前市场和实时市场不同，机组组合的输出结果不包括出清价格和出清电量等内容。

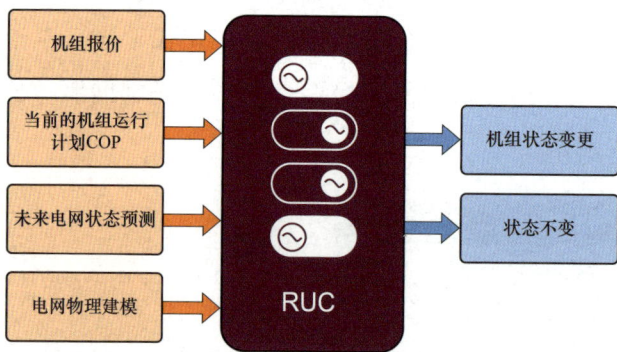

图 3－26　机组组合分析（HRUC 以及 DRUC）原理

在结算方面，被 DRUC 或者 HRUC 调用并且在调用时刻上线的机组可以选择直接参与实时市场自负盈亏，或者选择在实时市场中

得到相应的补偿。机组的结算选择需要在上线前做出决定。如果选择直接参与市场，那么机组的结算是以本时间段内的现货市场出清电量和辅助服务收益结算；如果选择补偿机制，那么机组会得到此次运行的成本价格（包括启动成本、最小电量成本和电量增量成本），多退少补。

3.2.5.3 实时市场

德州实时市场的主要目的是在实时运行中保障电网的可靠性。具体而言，主要的运行目标包括使得电网中的供需平衡，以及保证所有的传输线路的潮流不超过传输上限。在此之上，实时市场的目标是使得电网的实时运行成本最小化。

实时市场的出清模型如图 3-27 所示。实时市场的输入参数主要是报价信息（主要是供给侧，也包括需求侧的可控负荷和储能等）、电网中的限制条件及其转移因数、可调度的总发电量，以及机组的发电功率限制。输出的结果是下一个 5min 的调度结果（每个发电机的运行点）和下一个 5min 内的实时电价。而出清的机制则是利用安全约束经济调度（SCED）进行运行成本的最小化计算。需要注意的是，一般的负荷不参与实时市场的报价；需求侧的需求量由短期负荷预测决定。

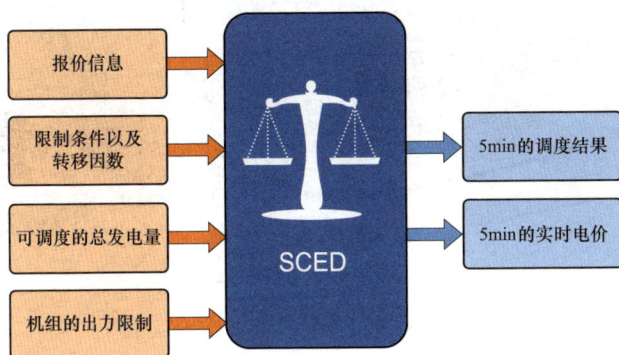

图 3-27　实时市场的出清模型

在德州的实时市场中，安全约束经济调度是两步出清模式（称为 texas two-step），即竞争性网络约束（competitive constraints）和非竞争性网络约束（non-competitive constraints）。竞争性网络约束是指此网络约束通过规定测试证明不受市场力影响，即没有授权计划实体（QSE）的发电机对这个约束有较大影响；非竞争性约束是指考虑存在受市场力影响的约束，即存在授权计划实体（QSE）的发电机对此时网络约束有较大影响。

两步出清模式的示意图如图 3-28 所示。第一步，只考虑系统中的竞争性约束，考虑所有机组完整的报价曲线，做安全经济调度，得到市场中每个节点的节点边际电价，作为基准节点边际电价。第二步，运行安全约束经济调度（SCED）来产生基准发电功率（base point）、影子价格（shadow price）和节点边际电价（LMP），在第二步中安全约束经济调度（SCED）同时需满足竞争性网络约束和非竞争性网络约束。

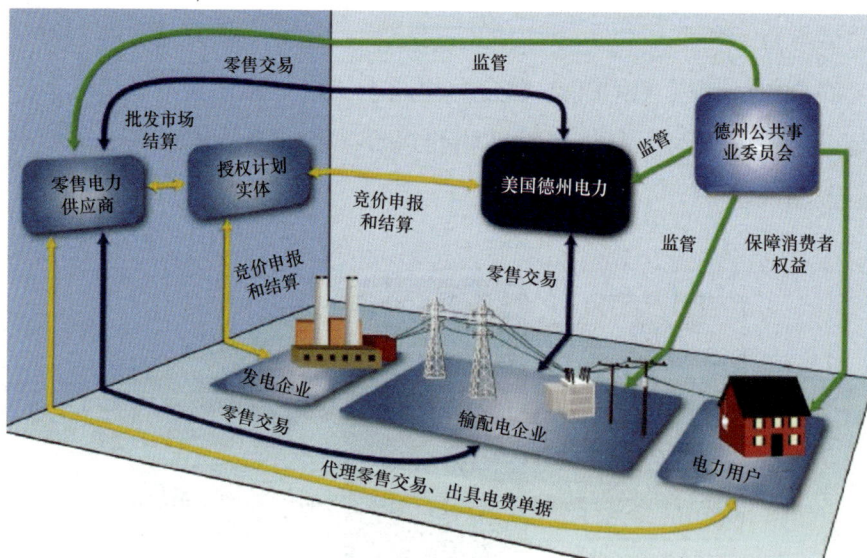

图 3-28 德州零售市场的市场化范围[1]

---

[1]《德州 惠海龙 个人报告》。

3.2.5.4　ERCOT需求侧响应

ERCOT市场上交易的需求侧响应，根据响应速度和资源性质分为四种：① 负荷电源（load resources）。容量总计1153MW，包括不可控负荷电源（non-controllable load resource，NCLR）、可控负荷电源（controllable load resource，CLR）、可控负荷参与安全约束经济调度（SCED）。② 紧急响应服务（emergency response service，ERS）。容量总计880MW，种类包括10min紧急响应服务（ERS）、30min紧急响应服务（ERS）、天气敏感（weather sensitive）紧急响应服务（ERS）。③ 输配电供应商负荷管理计划（TDSP load management programs）。容量总计220 MW。④ 自愿负荷响应（voluntary load response）。

3.2.6　ERCOT区域内的电力零售市场

零售电力供应商（retail electric provider，REP）向德克萨斯州地区的零售客户销售电能。输配电企业（transmission and distribution service providers，TDSPs or TDUs）向零售电力供应商和ERCOT开展零售交易。德州完全市场化的零售区域涵盖了大部分大型城市（例如休斯顿、达拉斯），以及大多数的人口，规模较大的电力零售商超过70家。在市场化的区域内，零售电力供应商（REP）可以进行自由地竞争。它们的竞争对象是其他的电力零售商，或者是具有政府背景的电力合作社。

在竞争性市场中，无论是大型的工商业用户还是小到家庭用户都可以自由选择使用的竞争性零售商，也可以选择合约到期后从一个零售商转到另外一个零售商。如果在合约期内转移零售商，可能需要根据零售协议支付给原零售商一些补偿费用。零售商主要提供的是商品交易服务而不是物理输配电。如果用户遇到了停电等突发状况，需要联系当地的输配电公司解决问题。零售市场电能表计每15min自动采集一次，电力用户可以登录德州智能电表门户网在 2

天后查看到自己的用电情况。图 3-29 所示为德州电力零售与智能电表数据采集示意图。

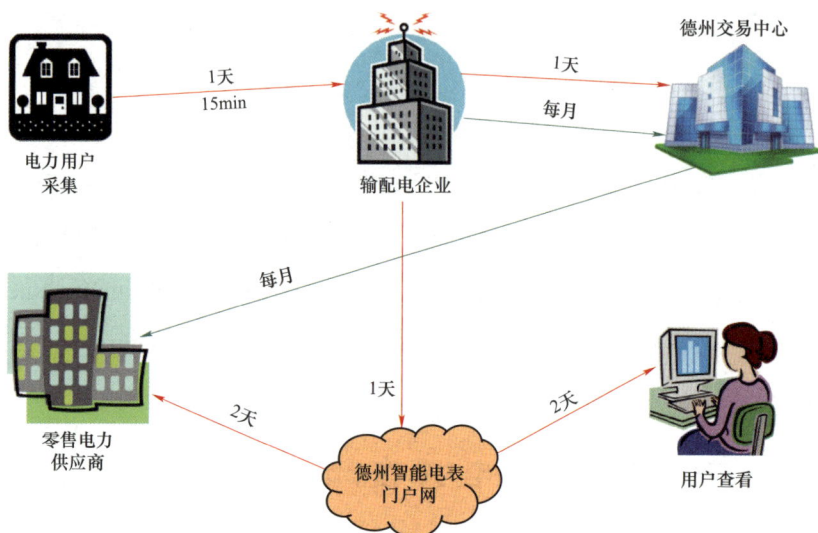

图 3-29 德州电力零售与智能电表数据采集示意图[1]

除了竞争性零售商自发搭建的零售平台之外，由德州政府建立的电力零售套餐选择平台 power to choose 是德州用户最常使用的购电平台，德州公用事业委员会还搭建了官方、公正的电力零售比价网站（https：//www.powertochoose.org）。在平台上，用户输入家庭住址所在的邮编就可以浏览数十家电力零售商所提供的数百个不同的电力零售套餐。这些套餐主要分为以下 4 类：① 固定电价套餐；② 峰谷电价套餐；③ 市场指数套餐；④ 实时市场价格套餐。用户可以在网页中直观地通过数据看到在套餐的特色、不同的月用电量情况下的平均价格，以及零售商的信誉等信息。图 3-30 所示为零售市场比价网站 power to choose 示例。

---

[1] 《德州 惠海龙 个人报告》。

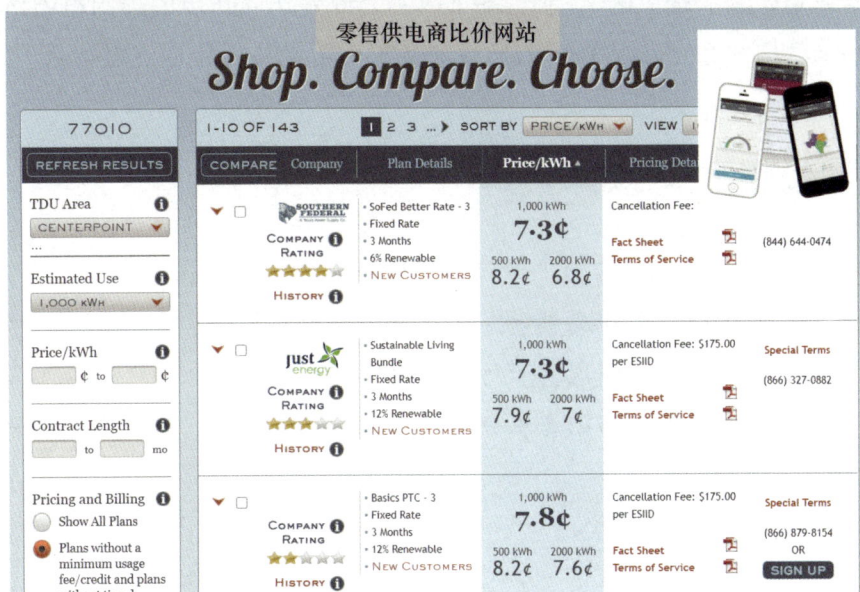

图 3-30　零售市场比价网站 power to choose 示例[1]

3.3　本　章　小　结

本章具体介绍了美国 PJM 和美国德州（ERCOT）电力市场的电

---

[1] https：//www.powertochoose.org。

网组织架构、批发市场、零售市场和结算模式等。美国电力交易机构（含结算业务）和电力调度机构多为合署办公（独立于电网企业），是同一个独立系统运营商（independent system operator，ISO）或区域输电组织（regional transmission organization，RTO）的两个工作组（部门），因此美国的调度、交易工作可以实现同一系统平台、紧密的信息交互和工作的高度协同。美国电力市场可以做到小时级的电网运行安全校核和每 5min 滚动开市 1 次。开展了以降低交易员、调度员总数量，运营成本总额为目的的多州交易、调度机构的渐进式合并与融合。美国电力市场与欧洲电力市场、我国电力市场均不相同，现货交易是建立在交易、调度合一的工作模式下，交易和调度专业是"流水线上的两端"。本章内容为读者建立初步的美国电力市场运作模式和市场结构，为后文理解国内市场相关知识点做铺垫。

思考题

1. PJM 市场中长期市场的主要目标是什么？
2. 电价有几个组成部分？简述每种类型的特征。
3. 简要描述德州现货市场的时间轴。
4. 德州零售市场的套餐分为哪几类？

4　欧洲电力市场交易运营

4.1　英国电力市场

4.1.1　英国电力市场概况

4.1.1.1　改革历程

如图 4-1 所示,英国电力市场先后经历了 Pool 模式、NETA 模式、BETTA 模式三种不同的市场组织模式,BETTA 模式为目前模式。

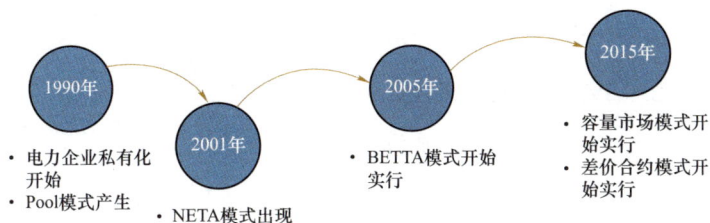

图 4-1　英国电力市场化改革概览

(1) Pool 模式下的单边交易。Pool 模式下的市场结构如图 4-2 所示。Pool 模式本质上是一个发电侧参与的单边市场。

该模式下,英国电力市场的组织流程包括交易、执行中、执行后三个阶段。

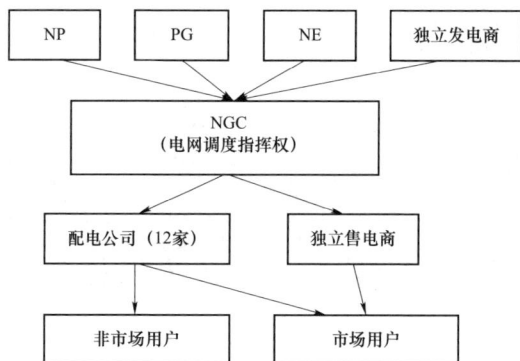

图 4-2 英国 Pool 模式改革

1）交易阶段，根据发电企业申报的价格、机组运行参数和用电量、风电等预测数据，调度机构编制无约束供电计划（u-schedule）。由该计划可计算系统边际价格（system marginal price，SMP）和电力联营体购电价格（pool purchase price，PPP）。

2）执行中阶段，调度机构根据实际负荷水平、风电水平，参照 u-schedule 调用发电机组，编制实际修正后的供电计划（revised u-schedule）。

3）执行后阶段，根据实际执行所产生的补偿费用（uplift），计算联营体电力销售价格（pool selling price，PSP）。

（2）NETA（BETTA）模式的双边交易。Pool 模式下，发电侧放开的市场交易结构造成电力市场逐步转变为"卖方市场"。以 1995—1996 年市场运行情况为例，英国电力市场中电力联营体购电价格 PPP 在 78%的情况下由 PG 和 NP 下辖的发电厂决定。电力价格不断上涨，招致用户的极度不满。

为此，英国于 2001 年采用了新的电力体制（NETA 模式）。2005 年又将此模式推广到包括苏格兰区域在内的地方，从而形成了全英国统一的电力市场。NETA 模式的最大特点是以中长期的双边交易为主，以平衡机制和事后不平衡结算为辅。有 95%~98%的电力交易是在中长期合约市场上完成的，电网实时平衡和系统安全则是由调度 NGESO 通过平衡机制来实现的。图 4-3 所示为英国 NETA 模式下市场运行机制。

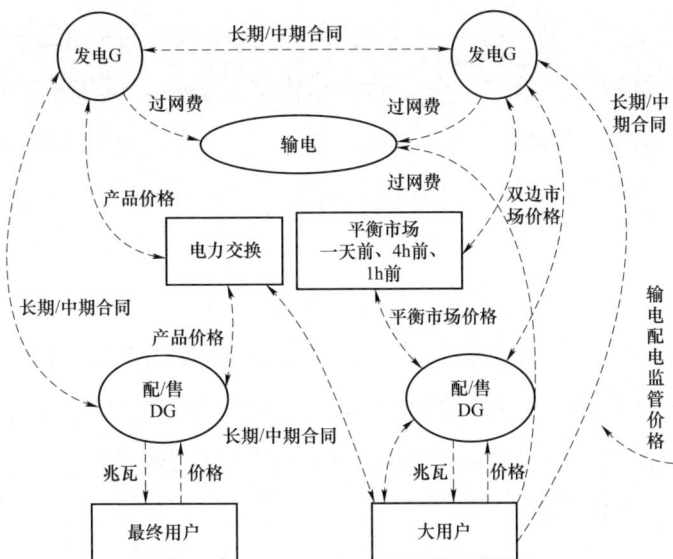

图 4-3 英国 NETA 模式下市场运行机制

与 Pool 模式相比，NETA 模式的主要变化体现在：

1）市场需求者参与市场定价，由发电侧单边市场转向双边交易市场。

2）双边合同成为市场的主要部分，年、月、日的期货交易均是双边合同，短期的现货交易依托电力交易所实现。

3）平衡机制主要用于调整额外的供求变化。

NETA 模式在英国取得了巨大的成功。为此，英国政府在其基础上进一步扩大，将其推广至苏格兰地区，开始实施 BETTA 模式。BETTA 模式是以 NETA 模式为基础，建立全国统一的电力交易、平衡和结算系统，统一了输电定价方法和电网使用权合同，制定了《英国电力平衡与结算规范》和《联络线与系统使用规范》，在全国范围内实行单一的交易、平衡和结算机制，使电力市场的扩展、运行、管理、监管更为容易，运营成本更低。

4.1.1.2 市场结构

在 NETA（BETTA）模式下，英国的电力市场交易模式由批发市场、平衡机制和实时平衡构成。

（1）批发市场。全社会总电量的绝大部分在批发市场中通过发电商、售电商、大用户三个主体市场化交易完成，据统计约占97%。

（2）平衡市场。实际发电前 1h 内，仍有约 3%的电量需要由系统运营商的调度机构进行撮合交易，实现微调，以保证系统电量平衡。

综上可知，英国电网的电量平衡主要通过市场机制来调节，但仍有约 3%的电量需要由系统运营商的调度机构通过平衡机制和实时平衡进行微调，以保证系统平衡。近年，英国电力市场发电侧 10 家最大的发电公司占据英国超过 78%的市场份额。

4.1.1.3　电能市场

英国电力市场中的电能市场交易包括市场交易和平衡机制两个部分。其中，市场交易的运作按照时间尺度的不同，又可分为中长期双边合约和短期现货交易，或者称为双边合约交易和非双边合约交易。

（1）双边合约交易。中长期的双边合约主要采取双方协商、柜台外交易 OTC 的方式进行，占电力合同签订总量的 95%左右。其中场外交易远期占 90%，电力期货占 5%。双方达成双边交易后，合同信息提交给英国电力结算中心（Eelexon）。

（2）非双边合约交易。非双边的现货合同通过电力交易中心来进行，占电力合同签订电量的 10%左右。电力交易中心提供 3 种不同时间尺度的交易合同类型：拍卖、现货市场和即期付款（prompt market）市场。其中，拍卖指的是日前进行双向匿名的交易，交易范围为次日每小时的电量，撮合成功后通知买卖双方。现货市场的运营时段为实际运行前 2～7 天，可以交易 0.5～4h"整块"的电量。即期付款市场的运营时段为实际运行前 7～28 天前，可以交易 8～168h"整块"的电量。交易成功的合同由电力交易中心报送 Elexon。

4.1.2 英国电网介绍

4.1.2.1 电网基本概况

英国国土面积 24.35 万平方千米，约有 6744 万人口。英国全国电网地理位置涵盖英格兰、威尔士、北爱尔兰和苏格兰等地区，售电环节实行充分竞争。英国国家电网调度中心（NGESO）负责整个英格兰、苏格兰和威尔士电力系统的电网调度，不包括北爱尔兰。

4.1.2.2 能源组成情况

截至 2020 年底，英国电网总装机容量为 261.7TW，主要分布于英格兰和威尔士。主要电力装机结构比例为天然气 37.04%、新能源 36.24%、核电 17.42% 和煤电 1.96%。具体结构如图 4-5 所示。英国电网以减少碳排放、提升使用可再生能源的利好为发展核心，以确保能源供应的安全性和可持续性，并同时加强海外电力传输网络的监管制度，提高可再生能源的利用水平。在用电量方面，英国本土不能完全保证电量供需平衡。电力消费组成主要是居民、商业、工业、其他，比例分别为 30%、21%、34% 和 15%，其中其他消费包括电力损耗、公共管理、交通及农业等。图 4-4 所示为 2020 年英国电力能源结构。

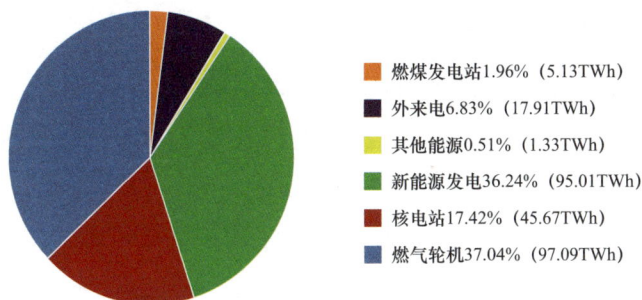

- 燃煤发电站1.96%（5.13TWh）
- 外来电6.83%（17.91TWh）
- 其他能源0.51%（1.33TWh）
- 新能源发电36.24%（95.01TWh）
- 核电站17.42%（45.67TWh）
- 燃气轮机37.04%（97.09TWh）

图 4-4 2020 年英国电力能源结构[1]

---

[1] 英国电力与天然气办公室（Ofgem）官方网站 Energy data publications。

4.1.2.3 输电线路及直流输电的发展状况

英国输电网电压等级主要为 400、275kV（苏格兰地区为 132kV），拥有超过 22 000km 的架空线，200km 以上的电缆，拥有变电站 685 座，主变压器 1160 台。英国配电网主要由 132、66、33、11、400V 电压等级构成，城市配电线路主要为电缆。

英国的电力传输网络分两种：输电网（transmission networks）和配电网（distribution networks）。这里的配电并不是指直接把电能配给用户，而是指一个分区内的小电网供电商。输电网用于长距离、高压跨区域输电，贯穿整个英国地域。这个大电网建立的时间不久，是由原有的新型电力交易模式（new electricity trading arrangements，NETA）模式下的三大区（即苏格兰、英格兰、威尔士地区）电网并网而来，在一定程度上解决了资源分布不均造成的区域性电价垄断。而配电网则是从大电网上取电，以较低的电压近距离地将电能输送给地区电网供电商和部分大客户。输电网由英国国家电网（National Grid）操作运行。国家电网负责平衡系统负荷，并根据实时数据确保系统容量能满足用户需求。而配电侧主要有 7 个公司〔SP Power Systems，SSE，CE Electric（NEDL），Central Networks，UK Power Networks，Western Power Distribution，SP Manweb，Northern Ireland Electricity〕承担了英国 14 个地区的配电业务，其中 UK Power Networks 为港商李嘉诚控股。

英国目前有 6 条高压直流线路分别连接法国、荷兰、比利时、挪威和爱尔兰，内部有 1 条直流线路连接北爱尔兰和大不列颠电网，以及 1 条交流海底线路连接马恩岛纵观英国电网，北部发电大于负荷，南部负荷大于发电，呈现北电南送的电力流格局。

4.1.3 英国电网的组织架构

目前，英国电力市场分为发电、输电、配电和售电 4 个相对独立的部分，建立了全国统一的交易、平衡和结算系统，制订了输电

定价方法和电网使用权合同。英国电力市场参与者主要包括，发电公司、输电公司、配电公司、供电（售电）公司、用户、系统运营商、电力交易机构、结算公司、电网公司、独立监管机构以及英国政府。

英国电力市场的结构包含市场管理监督机构、市场运营主体和市场参与主体 3 个方面。

4.1.3.1 市场管理监督机构

英国政府有 23 个部长级部门（ministerial departments），电力属于商业、能源和工业战略部（department for business，energy and industrial strategy，BEIS）管理。此外设有 20 个非部长级政府部门（non ministerial government departments，NMGD），其中的天然气和电力市场办公室（office of gas and electricity markets，OFGEM）负责监管运营天然气和电力网络的垄断公司。OFGEM 是一个非部长级政府部门，是一个独立的国家监管机构，得到欧盟的认可，在价格控制和执行方面做出决定，以消费者的利益为出发点，帮助行业实现环境改善，受议会监督，同时监管天然气和电力两个市场。非部长级政府部门是英国政府的一种部门，负责处理被认为不必要或不适合被政治干涉的事务。非部长级政府部门由高级公务员领导，具有一些国家履行监管或检查职能且不受政治干预，除了 OFGEM，竞争与市场管理局（competition and markets authority，CMA）、国家统计局（UK statistics authority）也属于此类非部长级政府部门。

监管机构和政府在英国电力系统中的作用也很重要。虽然英国没有国有经营性电力资产，但政府通过监管机构和中央政府相关部门管控与影响电力行业。英国电力行业由两个独立的监管机构直接监管：OFGEM（天然气和电力市场办公室）和 CMA（竞争和市场管理局），这两个监管机构的主要职责是监督电力部门在批发和零售市场的竞争，并批准和监督垄断的电力网络收费。竞争和市场管理局 CMA 是一般竞争主管机构，英国商业、能源和工业战略部（BEIS）

制定监管框架，可向监管机构发布指导意见，制定补贴和税收制度，并可以将整个行业的调查交由竞争和市场管理局负责。2020 年英国电力市场政府及监管机构工作框架如图 4 – 5 所示。

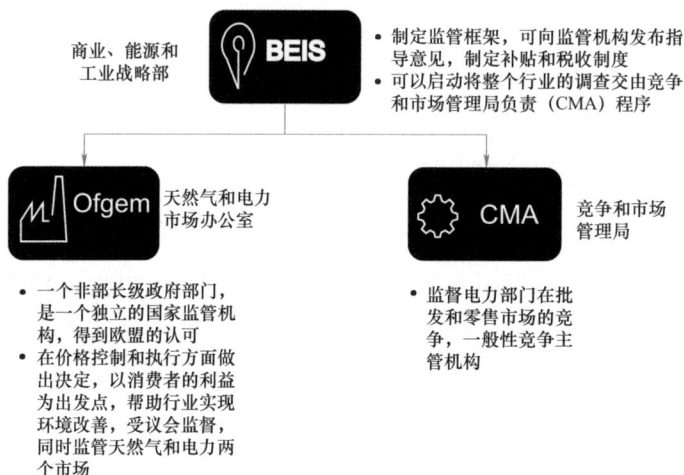

商业、能源和工业战略部 — BEIS
- 制定监管框架，可向监管机构发布指导意见，制定补贴和税收制度
- 可以启动将整个行业的调查交由竞争和市场管理局负责（CMA）程序

Ofgem — 天然气和电力市场办公室
- 一个非部长级政府部门，是一个独立的国家监管机构，得到欧盟的认可
- 在价格控制和执行方面做出决定，以消费者的利益为出发点，帮助行业实现环境改善，受议会监督，同时监管天然气和电力两个市场

CMA — 竞争和市场管理局
- 监督电力部门在批发和零售市场的竞争，一般性竞争主管机构

图 4 – 5   2020 年英国电力市场政府及监管机构工作框架[1]

4.1.3.2   市场运营主体

英国将调度、交易和结算职能分开，各司其职，建立了由国家电网公司（national grid）控制的国家电力调度机构（2019 年调度独立后由 NG ESO 调度电网运行），负责通过实时平台上的能源采购，保障全国电力供需的实时平衡，接收交易期间的增减发电功率报价和中长期平衡服务的采购，保证系统安全和供电质量。交易职能由两个电力交易所 EPEX SPOT 和 Nord Pool 提供，交易机构之间属于竞争关系，主要提供日前、日内集中撮合交易服务，不提供金融交易服务。市场成员自由选择交易所参与交易。另外，英国电力结算中心（Elexon），为市场交易提供平衡结算和计量服务。Elexon 管理电网平衡和结算规范（balancing and settlement code，BSC）。该中心于 2000 年成立（前身隶属于 national grid，后独立对所有电力企业负责）。作为平衡机制（Balancing Mechanism）的主要企业，Elexon

---

[1] https：//www.ofgem.gov.uk/。

收到 national grid（英国国网）的实时平衡信息，并负责信息的披露。Elexon 同时负责发电企业和售电企业的结算。其中，主要的结算部分为发电与售电量的平衡误差。英国将一天分为 48 个结算时段，每个时段为半小时。Elexon 的任务是将每个 0.5h 的平衡花费，系统地分摊给在该 0.5h 内有责任的发电或售电企业。随着改善供应商市场准入平等性和提高系统灵活性的需求，参与平衡机制的最低门槛从 100MW 降低到 1MW，为小型和聚合单元提供了参与电网供电的可能性。

4.1.3.3 市场参与主体

电力市场的运行分为五大环节。截至 2022 年 1 月 28 日，经过英国天然气和电力市场办公室许可的市场主体包括，输电企业（electricity transmission）共 27 家[1]，包括 national grid electricity system operator limited，scottish hydro electric transmission plc，SP Transmission Plc 等。发电企业共（electricity generation）231 家，包括 ancala energy storage limited，bhlaraidh wind farm limited，EDF energy nuclear generation limited，engie UK markets limited，northern hydropower limited 等火电、核电、风电和储能电站发电企业。配电网运营商（distribution network operators，DNO）共 15 家，拥有政府许可的独立经营行政区域（具有排他性），包括 eastern power networks plc，london power networks plc 等英国本岛 14 家，此外北爱尔兰地区还有 1 家配电网运营商。

此外还有独立配电网运营商（independent distribution network operators，IDNO）共 15 家，独立配电网运营商没有独立经营行政区域，因此可以为更广大的客户群服务。与配电网运营商（DNO）不同，当客户提出接入电网需求时，ofgem 不强制独立配电网运营商提供服务，其可以通过评估配电网设施价值（asset adoption value），投

---

[1] https://www.ofgem.gov.uk/。

资电力用户新建配网连接工程，经营模式上比传统固定区域运营的配电网运营商更灵活。第1家英国独立配电网运营商（IDNO）于2004年取得运营许可证，于2008年开始运营。

（1）发电环节。英国存在超过231家发电商，其中六大能源公司占有60%以上的市场份额，分别是EDF Energy（法国电力集团）占21%、RWE（莱茵集团）占14%、SSE（苏格兰南部电力）占9%、Drax（英国德拉克斯公司）占9%、EPH（捷克能源投资公司）占5%和Uniper（德国能源投资公司）占5%。2020年，EDF Energy公司（法国电力集团）占最大份额21%，几乎占总发电量的四分之一，如图4-6所示。然而，EDF Energy的发电组合主要是核电站。核电站的边际成本非常低，设计时不会频繁增加或减少产量。这意味着它们通常在高负载情况下作为平坦的基本负载电源运行。

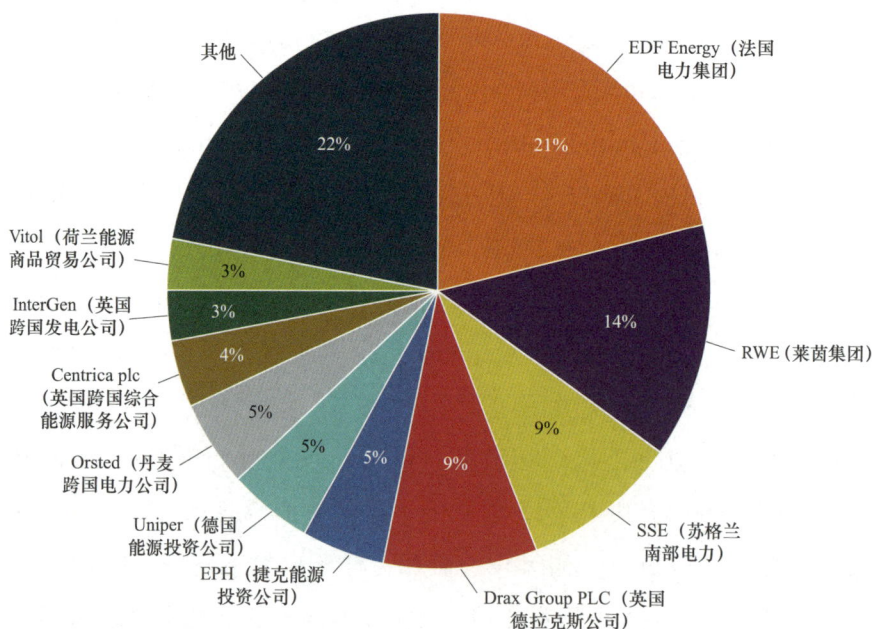

图4-6　2020年英国市场发电电量结构❶

---

❶ https：//www.ofgem.gov.uk/。

（2）输电环节。3 个输电运营商按区域划分，分别开发、运行和维护各自区域的高压输电系统，分别是国家电网电力传输公司（NGET），负责英格兰和威尔士地区；苏格兰电力传输有限公司（SPT），负责苏格兰南部区域；苏格兰水电传输有限公司（SHE），负责苏格兰北部和苏格兰岛屿群。

（3）配电环节。英国有 15 个配电网运营商（distribution network operator，DNO）按地域划分成 14 个配电区域，有 14 家持牌运营的配电网络运营商负责配电业务，分别由 6 个不同的集团拥有 electricity north west limited，northern power grid，SSE，scottish power energy networks，UK power networks 和 western power distribution。

（4）售电环节。英国拥有约 200 家电力零售商，部分发电公司也参与电力零售。售电公司占比如图 4-7 所示。

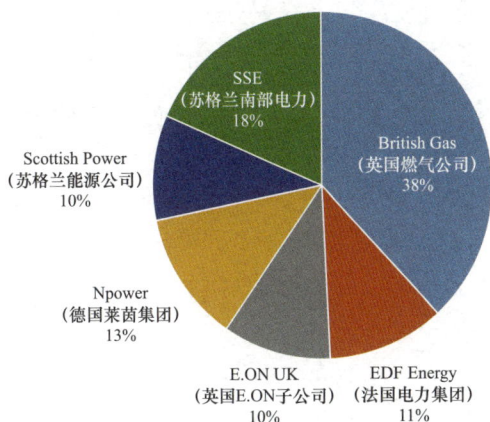

图 4-7　英国售电公司占比❶

（5）用电环节。在英国过去五年的数据看来，英国主要的终端负荷包括厂用电（9%）、工业负荷（28%）、居民负荷（33%）、商业负荷（23%）、公共行政负荷（5%）、农业负荷（1%）、运输用电

❶ https://www.ofgem.gov.uk/。

（1%）等。

在电力交易过程中，发电公司通过在批发市场向售电公司或者大用户售电获得利润，售电公司通过把在批发市场购买的电量出售给用户获得差价利润。电能在由发电厂传输到用户的过程中，要经过输电网和配电网。输电公司和配电公司根据其他市场主体接入电网的发电和用电容量来计算过网费，根据接入电网的资本投资收取并网费。各环节的供求关系如图4-8所示。

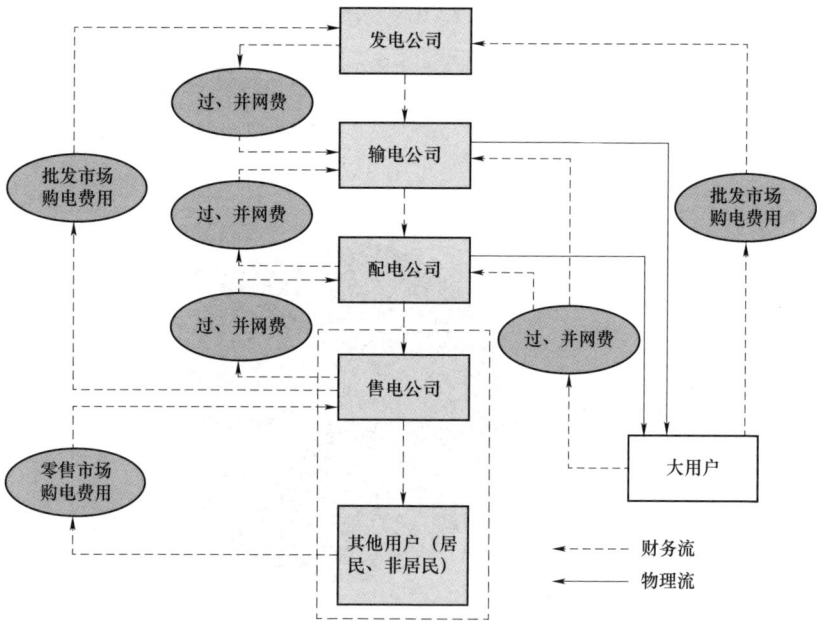

图4-8 英国电力市场供求关系

英国电力市场主要模式为双边交易，开展的交易可以分为中长期场外双边交易市场（OTC）、日前集中交易市场、实时平衡市场，以及辅助服务交易市场等。按照交易周期的时间轴，以上几种交易市场间存在图4-9所示的关系。

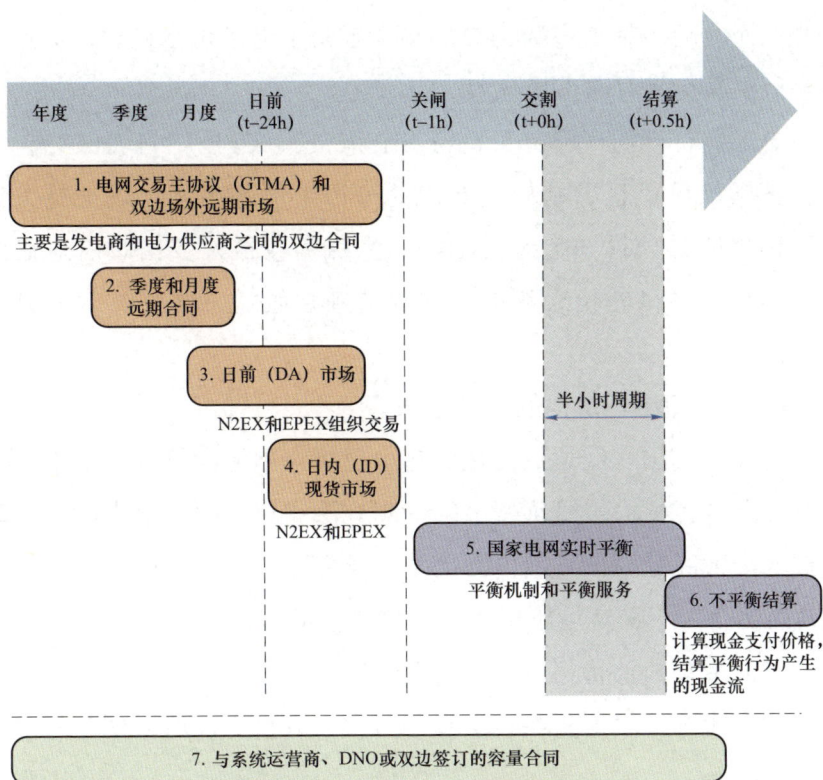

图 4-9 英国电力市场运行概况[1]

4.1.4 英国电价的构成与附加价格

4.1.4.1 现货市场价格的确定方式

英国电力现货市场由日前集中交易市场和实时平衡机制两部分构成，由 EPEX SPOT（2015 年收购 APX）和 N2EX（Nord Pool）两家电力交易所开展电力现货交易，包括拍卖交易和滚动交易。英国电力现货交易的市场出清机制较为简单，不考虑电网运行约束，也不进行安全校核，实时中的阻塞问题通过平衡机制来解决。

市场成员在日前市场关闸前申报其次日的初始发用电计划曲线。因为英国电力现货买卖价格每半小时就会随着输电系统上的状

---

[1] https://www.baringa.com/。

况变化而波动，绝大多数的市场参与者为了追求价格稳定，会通过金融衍生品交易对冲市场风险。

金融差价合约（contract for difference，CFD），于 2014 年 10 月在英国推出，目的是取代英国的可再生债务制度，以支持大规模可再生能源项目（超过 5MW）。为保障收益，英国政府对低碳发电项目大多以差价合约的方式提前锁定收益，结算时双方只需回补价差。

4.1.4.2　现货市场价格的计算方法

目前，英国已经形成发电、售电价格自由协商机制，输电价和配电价由监管机构按照价格上限管制方法进行核定，用户侧价格则由售电市场决定。在英国电力批发市场主要有双边协商价格、电力交易所价格、平衡市场价格、用户售电价格 4 种价格。

（1）双边协商价格：一般为单一制电量电价。

（2）电力交易所价格：主要是买卖双方报价，电力交易所进行清算和结算。

（3）平衡市场价格：该市场中的价格形成机制较为复杂，根据参与平衡市场的市场主体报价序列，调度机构按照经济最优原则调度发电侧或者需求侧资源，按照报价对这些资源进行付费（pay as bid，PAB），系统按照调用的资源，以及市场主体不平衡电量，制定实时不平衡电量的付费价格，由 Elexon 进行结算。这种不平衡电量的结算带有惩罚的性质，激励市场主体尽量按照交易计划发电或者用电，避免不平衡电量的产生。

（4）用户售电价由批发市场成交电价（购电价格）、输配电价、环境税、增值税和其他成本构成。

1）批发市场购电成本：售电商的购电费用，可以直接从发电商处或者从批发市场购买，一些售电商本身就是发电集团的一部分。

2）输配电价：输配电价是由监管机构负责监管控制，用户输配电价由监管机构公布。

3）环境税：英国为了促进低碳发展，通过资助项目的税收进行补偿。主要项目计划包括碳减排项目计划、社区节能项目计划、可再生能源义务等。

4）其他成本：包括智能电网的投资和维护、平衡服务费及社会普遍服务等方面的成本。

输配电价机制按照英国天然气和电力管理办公室的规定，英国国家电网公司根据其职能收取网络使用费和系统运营费。网络使用费由接网费和输电网使用费组成，系统运营费主要是网络平衡服务费。接网费是接网资产的基建和维修费加上合理利润组成的费用，由连接在该设备上的所有用户分摊。输电网使用费主要用长期边际成本方法计算出英国 12 个不同地区的用户支付的用电费，以及 16 个不同地区的发电公司需要支付的发电费用，由接入并使用电网系统的供电商和发电商支付。

4.1.5 英国电力批发市场

英国市场电能交易以基于平衡单元的自调度体系为主，实时平衡机制为辅，双边交易合同占比达到 95%，平衡机制结算电量占比 5%。在新 BATTA 模式（2010 年）下，大量的交易通过合同市场进行。包括交易双方自行签订的双边合同和其通过经纪人、电子平台签订的合同。合同的类型包括远期合同（forward contract）、期货合同（futures contract）及期权（options）。合同交易可以从若干年以前一直到交易前若干小时。英国实施了电力交易和电网调度完全分开的两套体系。电网调度的安全校核，只向报开机计划和负荷需求的用户、售电公司和发电厂进行反馈，由后者通过市场化交易自行调节。施行这一做法与电网是否存在阻塞无关，电网调度的工作是作为中央对手方通过平衡机制购得必要电力、负荷资源维持电网实时稳定运行。英国电网调度员的日常操作与国内调度员的操作类似，相比多了发电、用资源询价环节。由于国内与欧美使用的电网调度控制系统（能量管理系统 energy management system，EMS）存在技术、管理体系同源，因此电网调度流程、电力市场建设需求是相近的。

英国市场双边交易包括场外（over the counter，OTC）交易和场内标准合约交易，场内交易在电力交易机构 EPEX SPOT 和 Nord Pool（N2EX）进行。双边交易没有固定的交易周期，市场成员可以自行、灵活签订各类合同，合同签订截止时间可以一直持续到关闸（gate closure）时间，即实时前 1h。双边交易合同签订时不需要系统运营机构进行安全校核。合同履行时，双方协商形成发电/用电计划曲线，并按照平衡和结算规则（balancing and settlement code，BSC）和电网交易主要协议（grid trading master agreement，GTMA）要求，将合同交易电量和交易计划在规定时间内上报负责平衡和结算的 Elexon 公司，以及系统调度运营机构（NGESO）。为了开展标准化电力商品交易，英国电力批发市场所有的集中合同交易发生在日前，这些交易主要由 EPEX SPOT 和 Nord Pool（N2EX）两家电力交易所开展，交易方式包括日前拍卖（day-ahead auction）市场、日内市场（intraday market），均属于即期付款市场（prompt market）。短期交易市场被统称为即期交易市场（prompt market），在英国包括日前市场交易、日内市场交易。合同市场，本质上，就是在市场定义的关闸时间前，由市场供、需方自由签订的供需合同。每笔合同需要定义的事项包括供方接入点、需方接入点、开始时间、结束时间、每个交易时段的交易量，如图 4-10 所示。

（1）日前集中拍卖市场。拍卖交易指买方和卖方需要在规定的关闸时间前，通过交易平台提交买电报价或卖电报价，交易平台将所有的买卖报价汇总之后，统一计算得到市场出清结果，采用类似边际出清的价格机制进行出清。分区域按照报价进行排序，最终以社会福利最大化为计算目标产生分区成交价格。日前集中拍卖市场，是提前一天运行、开市的集中撮合的拍卖市场。

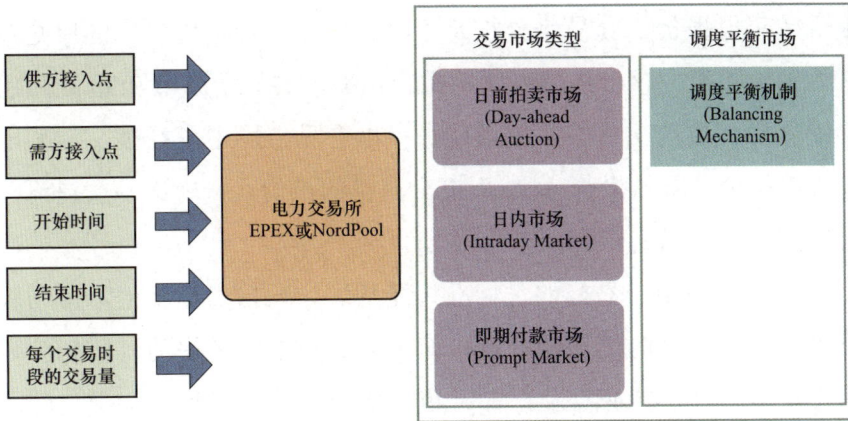

图 4-10 英国电力合同市场的结构

交易时间为上、下、午各一次，全年无休。以 EPEX SPOT 为例，上午的拍卖交易针对第二天 24 个时段（1h 为一个时段）的电力进行交易；下午的拍卖交易针对第二天 48 个时段（0.5h 为一个时段）的电力进行交易。

拍卖交易的报价形式灵活多样，主要有三种形式：① 小时报价：市场成员针对未来一天每个送电小时（delivery hour）进行报价，也可以将同一时段的电量分割成多份分段报价。其中要求发电侧报价中申报价格随容量增加而增加，用户端报价中申报价格随容量增加而减少。系统根据所有小时报价通过线性插值的方法，形成报价曲线。② 打包报价：市场成员可以将几个连续的时段组合成一个整体的"能量块"一起报价，申报时需要申报价格、每小时的容量、起止送电时间和最小接受比例。市场出清计算时，能量块所包含的时段作为一个整体进行出清。③ 时间灵活报价：市场成员可以声明将以什么价格购买或出售多少电量，只给出送电时段而不给出具体送电小时数。此外，市场成员还可以设置不同能量块之间的成交关系，例如包含关系和互斥关系。

（2）日内连续拍卖市场。连续拍卖市场开展滚动交易，滚动拍卖交易指买方和卖方一直到实际发、用电前 1h，可以随时提交卖电报价或买电报价，交易平台按照"时间优先、价格优先"的原则对买方报价和卖方报价进行持续地撮合匹配，类似于股市 9:30 之后的连续交易。滚动交易中，市场成员可以看见市场中已经提交的买电和卖电报价（匿名报价），然后提交自己的报价。日内交易从提前一天，到运行日当天开市。

滚动交易中交易标的是标准化能量块。在拍卖交易中，市场成员可以自己定义能量块的时段，但滚动交易中能量块的时段划分是由交易中心制定的标准化产品，市场成员只能针对这些标准化的时段提交买电或卖电报价。能量块的类型是长短结合的。

4.1.5.1 调度平衡机制

英国没有类似美国的实时市场，而是通过平衡机制解决电量不平衡及各种网络约束问题。实时平衡市场由调度机构组织，目的是保证电力系统实时平衡，通过市场化手段解决合同和实际间的不平衡电量。平衡机制由调度中心（national grid eso，NGESO）调度员根据系统实际运行情况进行增、减发电功率操作，由结算公司 Elexon 开展电费结算。一般通过以下两种方式实现：调度机构向发电商购买负荷增量（减量）或向售电公司和用户购买负荷减量（增量）。平衡机制中的一个重要概念是平衡单元（balancing mechanism unit，BMU），它是平衡机制中的交易单元，其发/用电量必须可以独立计量或单独控制。BMU 可以由一组发电机或负荷组成，所有 BMU 必须在关闸（gate closure）前 1h 向市场运营机构提交该交易时段的发电功率（消费）计划（final physical notification，FPN），同时需要提交最终开机方式和发电功率水平。除此之外，市场成员还要在关闸前提交合同交易情况（contract notification，CN）。CN 主要用来结算，市场成员在 FPN 的发电功率和 CN 中的发电功率可以不一样。也就是说，在合同市场签订的合同是一种金融合同，与 FPN 可以不一致。但是，如果 FPN 与 CN 中的发电功率水平一致，则可以规避市场实时价格的风险。

在每个关闸时刻到来之前，BMU 的主导成员还可以向调度机构提交其愿意提供的平衡服务的信息，即不平衡服务报价 Bid/Offer。Bid 是发电商或售电商在某个实时交易时段内减少发电机发电功率或增加负荷的报价（即买方报价），Offer 是发电商或售电商在某个实时交易时段增加发电机发电功率或减少负荷的报价（即卖方报价）。也就是说，Bid/Offer 是市场成员为了实现在偏离 FPN 规定的水平上运行，而所愿意付出的成本。平衡机制于实际运行前 1h 开始，由 NGESO 按成本最小的原则接受 BMU 增减发电功率的报价，以及调用辅助服务来完成电网的实时平衡。如图 4-11 所示，调度平衡机制采用时长为 1h 的滚动运行市场，每轮 1h 市场开市交易并成交的电量（带电力曲线），在后面的 30min 进入系统实际运行。结算公司的最长结算周期为交易结束后的 14 个月。

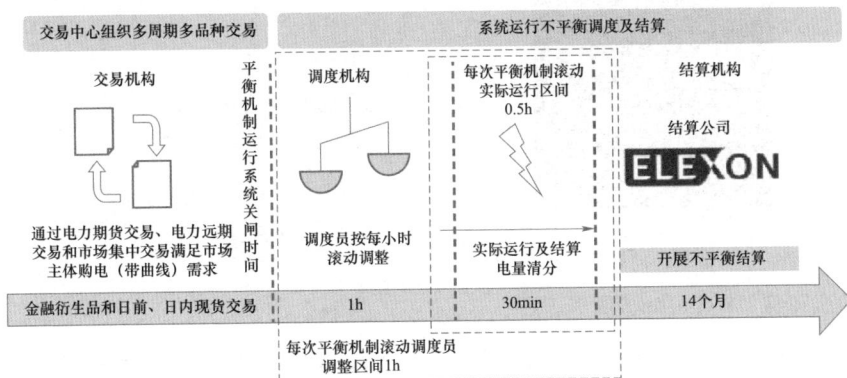

图 4-11　平衡机制及结算[1]

本质上，英国平衡机制与不平衡结算共同起到类似美国实时市场的作用，维持电力系统的实时平衡，报价投标合约（Bid/Offer Acceptances，BOAs）相当于电网公司与 BMU 签订的 forward contract，但并没有通过一个严格的拍卖市场实现，调度机构在选择 BOAs 时有较大的自主决策空间。调度机构的行为会影响系统的平衡成本，因此，英国电力市场设置了对调度机构的激励性监管机制。

---

[1] https://www.epexspot.com/en。

如图 4－12 蓝色图块所示，在平衡机制下系统会自动根据优化目标和约束条件锁定相应的发电和负荷调节资源完成自动摘牌出清。图 4－12 橙色图块的电量可供调度员实时手动调用，完成摘牌出清。

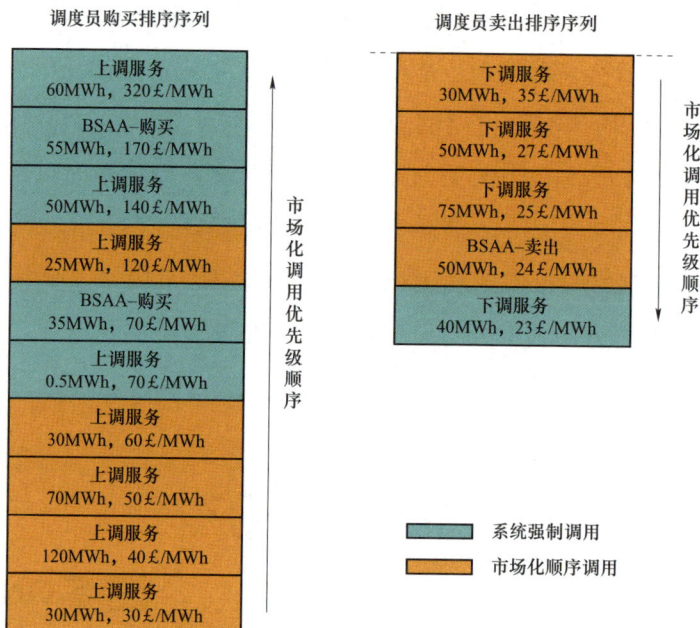

调度员购买排序序列

| 上调服务 60MWh，320£/MWh |
| BSAA-购买 55MWh，170£/MWh |
| 上调服务 50MWh，140£/MWh |
| 上调服务 25MWh，120£/MWh |
| BSAA-购买 35MWh，70£/MWh |
| 上调服务 0.5MWh，70£/MWh |
| 上调服务 30MWh，60£/MWh |
| 上调服务 70MWh，50£/MWh |
| 上调服务 120MWh，40£/MWh |
| 上调服务 30MWh，30£/MWh |

市场化调用优先级顺序

调度员卖出排序序列

| 下调服务 30MWh，35£/MWh |
| 下调服务 50MWh，27£/MWh |
| 下调服务 75MWh，25£/MWh |
| BSAA-卖出 50MWh，24£/MWh |
| 下调服务 40MWh，23£/MWh |

市场化调用优先级顺序

■ 系统强制调用
■ 市场化顺序调用

图 4－12　平衡机制下调度员操作界面

4.1.5.2　市场的结算机制

合同电量采集系统整合每 0.5h 结算周期的所有合同电量数据，一并传送至结算管理系统。对于平衡机制，在运行时段结束后，将所接受的所有上调或下调量，以及相应的 Offer 或 Bid 价格数据传送至结算管理系统。另外，用电计量系统和发电计量系统将该运行时段用户或发电商的实际发、用电曲线进行采集并传送至结算管理系统。结算管理系统利用收到的信息与数据对 SO 购买的不平衡电量的费用进行计算，将得出的费用传送至资金管理系统进行信息通知与结算。

不平衡电量的结算：每 0.5h 的运行周期后，根据 SO 接受 BMU 的上调或下调量，以及相应的 Offer 或 Bid 的价格，可以计算出平衡机制的现金流，采取按报价支付方式对 BMU 的平衡调整量进行结算。实际运行结束后，可能出现实际生产或使用电量与交易电量不相等的情况，由 Elexon 进行不平衡结算。不平衡电量等于计量电量减去合同电量和平衡调整量。不平衡电量的结算价格采用两部制，分别为系统买入价 Pb 和系统卖出价 Ps。发电商超发电或售电商少用电时的不平衡电量按系统卖出价 Ps 结算，Ps 是被接受的平衡下调量价格的加权平均值；发电商少发电或供电商多用电时的不平衡电量按系统买入价 Pb 结算，Pb 是被接受的平衡上调量价格的加权平均值。英国电力批发市场数据信息流如图 4-13 所示。

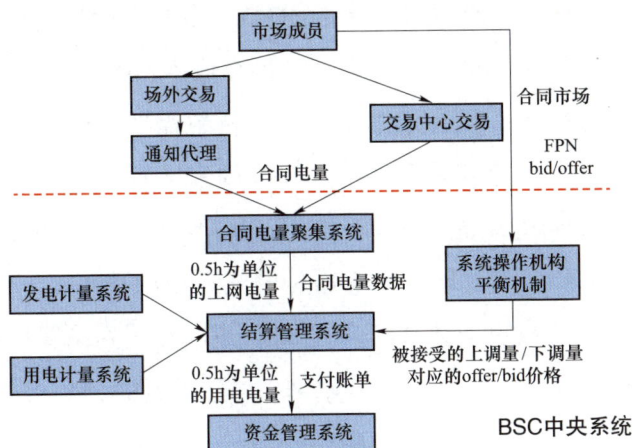

图 4-13　英国电力批发市场数据信息流

4.1.5.3　辅助服务市场

平衡机制是通过组织准实时的短时交易（0.5h 为交易周期）实现的，而其他非电能量交易的平衡手段则可以纳入辅助服务范畴。英国的辅助服务全部类型有 22 种，但多数仅在一些特殊情况下被调用，常用的服务品种有频率响应、快速备用、运行备用、短期运行备用、平衡机制启动、基荷调整、无功服务等。英国国家电网通过平衡机制、招标和双边合同等方式获取辅助服务。

辅助服务分为强制性和商业性辅助服务。强制性辅助服务要求所有发电商必须提供，如无功补偿、频率响应等；商业化辅助服务则通过与发电商签订交易合同实现，包括黑启动、快速备用、热备用等。

双边合同的执行偏差需要国家电网兜底，以确保系统整体供需保持平衡，而国家电网在维持系统平衡过程中所扮演角色是经过政府授权的，具体措施主要在平衡与结算规则里规定。类似于电能量交易，发电商也能通过谈判和竞价等形式卖出各类服务，一般而言，发电商出售辅助服务时通常会得到容量费用和使用费用两笔费用。例如，英国的短期系统运行备用（short term operating reserve，STOR）服务补偿费用由备用容量成本和能量费用两个部分组成。备用容量成本指服务提供商在合同规定中的 STOR 服务可用性窗口内向英国国家电网提供备用容量的设备投资和机会成本，两者共同组成 STOR 服务的可用性费用；机会成本是指由于机组需要预留容量，而牺牲部分参与电量市场获利机会，造成损失的发电利润。当英国国家电网实际使用 STOR 服务容量时，除了备用容量成本，还需要支付提供商的电能生产成本，即 STOR 服务的能量使用费用。

辅助服务的最短持续时间为 0.5h，并以此作为结算周期。市场成员之间签约并在每个结算周期之前 1h 将合同约定执行的详细信息报送英国国家电网。这些信息包括供需关系、预计发用电功率，以及买卖报价等。然后，基于综合报价信息，英国国家电网就可以调用各种服务。

综上所述，英国电力市场对有功平衡的服务，按响应时间、持续时间、最小容量、在线离线状态，根据系统运行的具体需要和相关资源的技术性能，产生一系列产品类型的组合，并根据装机结构、负荷特性、供需形势等条件的变化随时进行调整。

4.1.6 英国电力零售市场

4.1.6.1 零售市场

从 1989 年起，基于逐步完善推进的法规政策，英国实施的 4 阶段电力市场改革从英格兰威尔士地区电网逐步扩大到苏格兰及北爱尔兰电网，在发电、输电、配电和售电 4 个环节全方位引入了私有化和竞争，并由电力与天然气办公室（OFGEM）进行市场监管。从垂直一体化的电力体制发展到售电市场全面放开，英国最开始仅放开大工业用户，英国零售电力市场通过取消零售"供应"价格管制，以分阶段方式逐步实行开放：1990 年起，1MW 以上的电力用户可以选择供应商；1994 年起，所有 100kW 以上的电力用户都可以自由选择供应商（即所有 0.5h 计量用户）；1998—1999 年，所有用户（即非 0.5h 计量用户）都可以选择供应商。截至 2018 年底，英国拥有 59 家售电公司，其中前 6 大电力零售商所占市场份额超过 80%（见表 4-1），同时也是英国前 6 大发电商，分别是 British Gas，SSE，EDF Energy，E.ON UK，RWEnpower 和 Scottish Power。各家的市场份额大致维持在 11%～25%之间。除了 6 家大型供应商外，英国的电力零售商还包括 5 家中型供应商和其他小型供应商。

表 4-1　　　　　　　　　英国前六大电力零售商概况

名称	公司简介	市场份额（%）
British Gas	英国第一大电力零售商，在英国装机超过 600 万 kW	21
SSE	英国第二大电力零售商，在英国装机超过 640 万 kW	14
EDF Energy	英国最大电力生产商，在英国装机超过 1400 万 kW	12
E.ON UK	欧洲发电巨头，在英国装机超过 1300 万 kW	13
RWEnpower	母公司为德国莱茵集团，在英国装机超过 1300 万 kW	10
Scottish Power	西班牙第二大电力公司，全球最大风电运营商，在英国装机超过 700 万 kW	14

4.1.6.2　零售商参与市场的方式

自电力零售市场全面自由化在 1999 年引入到英国后，不论是民用还是非民用客户均能够自由地选择电力供应商。与发电、输电和配电公司不同的是，电力供应商被定义为支付配电网络费用并从电力批发市场中购买电力，再以一定价格出售给自己顾客的商业实体。

它的具体职能包括：与发电公司签订合同来购买电力，与配电公司签订合同来输送所购电力，与用户签订合同来规定收费机制和服务内容等条款。零售商不参与向消费者的实物供电。他们的角色是纯粹的金融和商业角色：他们负责在批发市场中采购能源，通过各种税费将其出售给客户，并执行计量和计费功能。

在电力市场化交易中，发电公司以批发价格形式通过输电网向售电公司或者大用户出售电力；售电公司再把一级批发市场购买的电量通过各种电压等级的配电网出售给每一家用电客户，差额利润通过之间产生的差价获得。

4.1.6.3 零售电价的定价方式

用户的用电价格由每度电的单价（unit rate）和每日固定费用（standing charge，可以为零）两部分组成。其中，固定费用一般涵盖了电力供应商提供和维护电表，以及接入电网的费用。非家庭用户的价格一般更具灵活性。用户可以与电力供应商协商签订用电合同。虽然单位电价相对家庭用户较低，部分非家庭用户会被强制安装智能电表。这些电表将提供 0.5h 为单位的计量数据，电力供应商会选择在高峰期限制最高用电量甚至是对超额用电进行惩罚性罚款。

除了标准的单位电价外，部分安装了分时电价电表的用户还可以选择 Economy7 或者 Economy10 等分时电价套餐。Economy7 的分时电价仍是峰谷电价，即白天电价高、晚上电价低。名称里的数字 7，代表了以小时为单位波谷时间长度。分时电价的时间段会根据地区，以及冬令时或夏令时而不同。以 Economy7 为例，7h 的波谷电价一般在 22:00～8:30 之间。

零售电价影响因素主要有 3 类：① 地区电价。英国本岛电力供应一共分为 14 个地区，同一电力供应商在不同地区的零售电价不同。此外北爱尔兰是单独 1 个供电区。② 计价方式。不同的公司有不同的计价方式，其中 British Gas 的计价方式包括单一费率计价和双费

率日价，Scottish Power 公司的计价方式包括标准日价、分时计价，其中又包括 Economy 7，Evening & Weekend，Evening & Weekend Economy 7，White Meter 6，Off Peak。③ 电费支付方式。主要包括直接扣款、现金或支票付款、按用量付费。

英国零售电价套餐的定价模式为两部制电价和分时电价，销售电价结构包括容量费用和电量费用。OFGEM 市场调研的结果显示，过于复杂的电价机制和缺乏合格的售电公司，都将大大影响市场中的竞争性。为此，英国售电公司提供的套餐合同方案以固定电价套餐和可变电价套餐为主，在每种模式下，售电公司又可以制定不同形式的电价。英国的零售电价套餐体系如图 4-14 所示。

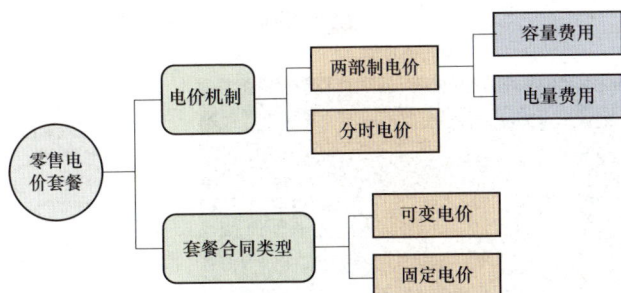

图 4-14 英国零售电价套餐体系

零售售电公司在现货和远期市场上签订电力批发合同，通过金融合同对冲物理合同风险，采集计量用户电量消费，通过做宣传、广告以争取更多用户，为用户提供电气设备测试、监控等增值服务。零售售电公司对电力进行全价收费，向电网公司支付受监管的输配电费用，承担、管控终端用户不付款的经济风险，履行提高能源效率和其他社会责任。零售售电公司在市场上提供一系列固定、上限、绿色和社会保障价格。存在问题是一旦出现终端用户不能缴纳费用，该终端用户难以再转到其他零售售电公司，对其所属的零售售电公司带来持续损失。智能电表的安装可以促进零售市场竞争，缩短用户在不同零售商间切换的时间，以及切换的准确性。未来在绿电、绿证、碳排放、用户级互动电力交易等领域，提供辅助决策、数字化服务是零售售电公司发展的重点。

4.1.6.4　典型售电公司

Bubble Energy Ltd. 是英国的一家能源供应公司（售电公司），不拥有配电网资产，同时经营零售天然气业务。英国售电公司的组成和运营模式，与国内售电公司相似，更注重于 100%的新能源消纳。通过比价网，以及现有客户的推荐折扣码承揽潜在用户，如图 4－15 所示。售电公司向不同的电力用户提供多种典型售电电价、电量、特色服务套餐招揽客户。

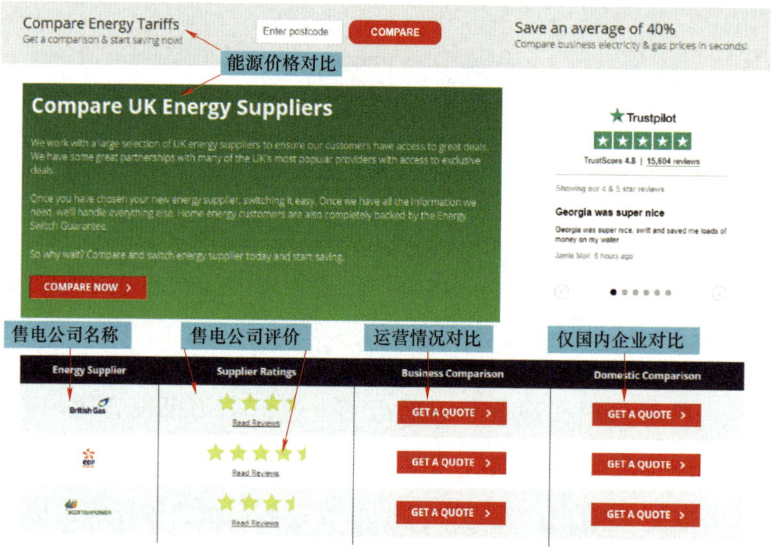

图 4－15　英国第三方售电公司比价网❶

截至 2021 年 11 月，Bubble Energy Ltd. 在英国能源市场的份额为 5%～6%，被认为是全国第七大售电公司，其网站主页（https://bulb.co.uk）如图 4－16 所示。

---

❶ https：//bulb.co.uk/。

图 4−16 Bubble Energy Ltd.售电公司网站

该公司主要通过移动终端、电子邮件、电话、网络开展生意承揽和服务。图 4−17 所示为 Bubble Energy Ltd. 售电公司 App 界面。

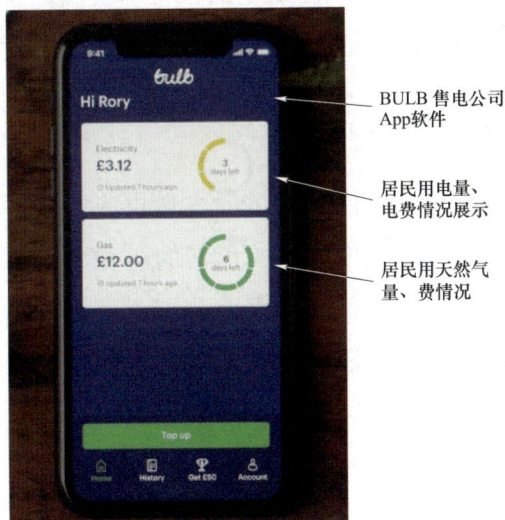

图 4−17 Bubble Energy Ltd. 售电公司 App 界面

通过网络，Bubble Energy Ltd. 在售电业务上主要为居民用户提供电费支付和账单服务（包括个性化节能降费建议和电动汽车充电节费建议）、家庭用能情况分析、碳足迹计算、家庭账户设置和会员补贴发放 5 大功能，如图 4−18 所示。

图 4-18　售电公司服务种类

2021年11月24日，由于天然气价格上涨导致 Bubble Energy Ltd. 出现严重的财务问题。该公司几经寻求解困，但在投资者拒绝提供进一步资金后，目前已被 OFGEM 纳入特殊管制。管制后在政府主导下 Bubble Energy Ltd. 售电公司被重新注入资金，目前运营正常。

4.1.7　英国电力容量市场

容量市场为全市场机制，通过向容量供应商提供稳定的合同支付，以换取稳定、可靠的电力供应承诺的一种激励机制。若参与者在市场需要时未按协议交付约定电力，则会受到惩罚。容量市场协议通过竞争性竞标流程获取，所有非可再生能源电厂都有资格获得此协议。容量市场的引入，使发电商提供发电量和容量都能够获得收益。英国国家电网公司作为容量市场的主体，对电网需求进行评估，组织容量的拍卖，并购买相应容量。容量市场可分为以下 6 个运营阶段：

（1）容量定额：由系统运营者（SO）根据 3h/年负荷预测损失的可靠性指标确定容量交易额度的过程。

（2）资格预审：英国容量市场坚持"技术中立"，符合市场申请资格的容量包含供给容量和需求端响应容量两部分。供给容量根据

建设类型分为已有、翻修和新建容量。

（3）拍卖：中央拍卖会在交付前四年举行，以确定容量价格和哪些供应商有资格签署容量协议。交付前一年进一步拍卖以支持需求端响应。

（4）交易：容量供应商可以通过在私人市场交易，在拍卖和交付之间，以及交货年限内调整其容量。

（5）交付：容量供应商承诺在需要时提供交付电能，超出协约的额外供给和未能交付的不足电能将受到相应的奖励和惩罚。每个交付年度起始日期为 10 月 1 日至次年 9 月 30 日。

（6）支付：容量协议费用由售电商承担，依据其交付年在电能市场中所占份额进行结算。付款通过政府持有的电力结算公司提供。

4.2 北欧电力市场

4.2.1 北欧电力市场概况

北欧地区主要指挪威（Norway）、丹麦（Denmark）、瑞典（Sweden）和芬兰（Finland）四个国家。冰岛也属于该地区，但由于其为离岛一般不作考虑。四个国家电力系统联系紧密，已经形成统一的大电网，并且和周围邻近欧洲国家也有联络线相连。北欧四国之所以能形成统一电力市场，与其电源的互补性密切相关。挪威绝大部分为水电，水电覆盖 99% 负荷。瑞典和芬兰的能源构成中核电占比较大，其次为水电。在瑞典其他能源类型中，生物质能发电及石油发电占了很高比例达到 45.8%。在丹麦原先大部分为火电，但随着可再生能源的利用，风电的比例在持续提高，占到总额的近一半。

北欧四国电力系统运营有很强的合作机制和融合程度，主要分为：基荷部分交易通过长周期的金融市场合同在日前完成金融性交割。由于用电波动性带来的变动部分，在交易中心运营的现货交易市场中提前一天完成交易，如图 4-19 中蓝色部分所示。在调度实时运行中，由于实际电力生产与提前一天交易结果的差异部分，由调度员运用自动系统和手动调节来实现电网发用的实时平衡。具体由调度机构（提前 30~40min）通过平衡市场和调节市场采购备用容量（上调或下调备用容量），以及最终发电时刻的负荷频率控3333动调节达到实时平衡。

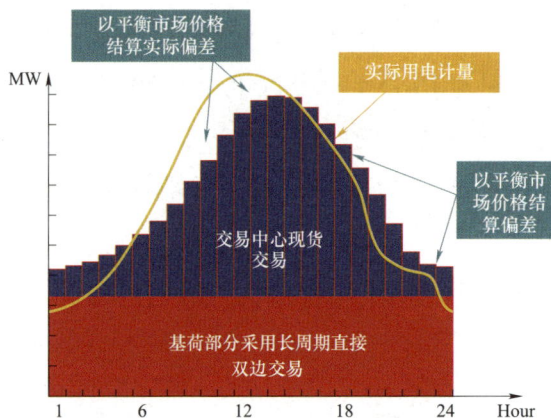

图 4-19　北欧电力系统运行构成❶

北欧 Nord Pool 电力交易公司每日结算约 570 笔金融交易。大部分交易（70%）单笔成交额低于 10 万欧元。仅 8%~10%的单笔成交额处于高水平超过 100 万欧元。平均每天总结算 1 亿欧元。北欧 Nord Pool 电力交易公司开展结算业务，有 323 家电费结算会员，与 50 家银行建立现金支付业务，支持 5 种货币交易。

4.2.1.1　北欧电力市场构成

北欧电力市场主要由金融市场、现货市场、实时市场和零售市场构成，其中金融市场中主要进行远期合同（forward）、期货（futures）、期权（options）、差价合约（contract for difference，CFD）和双边合同等产品的交易，远期合同、期货、期权和价区差价合约

❶ https://www.nordpoolgroup.com/。

在纳斯达克交易所中进行；现货市场由 Nord Pool 交易公司运营，其
股东为各国的输电系统运营商（transmission system operator，TSO），
现货市场分为日前拍卖市场（NordPool spot market，Elspot market）
采用集中竞价边际出清，和日内按小时连续挂牌市场（electricity
balance adjustment system，Elbas）系统。北欧电力市场构成如图 4－20
所示。实时市场则由各国调度机构 TSO 组织运营，在北欧又称为调
节市场（regulation power market，RPM）；零售市场则面向广大终端
用户，使其可以自由选择供电商或者零售商。Elbas 系统为连续交易，
在挪威（Norway）地区 Elbas 开市直到运行日提前 2h 闭市，在丹麦
（Denmark）、瑞典（Sweden）、芬兰（Finland）、爱沙尼亚（Estonia）
开市直到运行日提前 1h 闭市，在德国（Germany）提前 0.5h 闭市，
在比利时（Belgium）、荷兰（Holland）提前 5min 闭市。

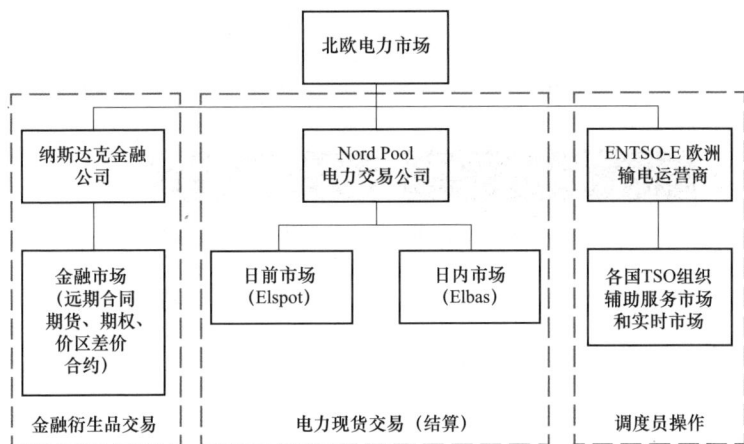

图 4－20 北欧电力市场构成

图 4－21 中的物理性市场和物理性合约，是指 Nord Pool 会将出
清结果发送给相关调度机构执行，主要满足一体化程度高的北欧国
家需求（英国调度不执行该交易出清结果）。北欧市场强调两个平衡：
一是电力市场交易的平衡通过引入平衡责任方（balance responsible
party，BRP），在日前市场、日内市场上实现电力交易的平衡和无偏

差，类似于英国的平衡单元；二是调度员通过实时市场和调频辅助服务市场支撑调度员操作指令，实现系统发用电的实时物理平衡。市场交易的无偏差平衡，即计划发、用电量与实际交易成交电量的一致，减小了系统未来 24h 可能的物理偏差，促进了调度运行的物理平衡。

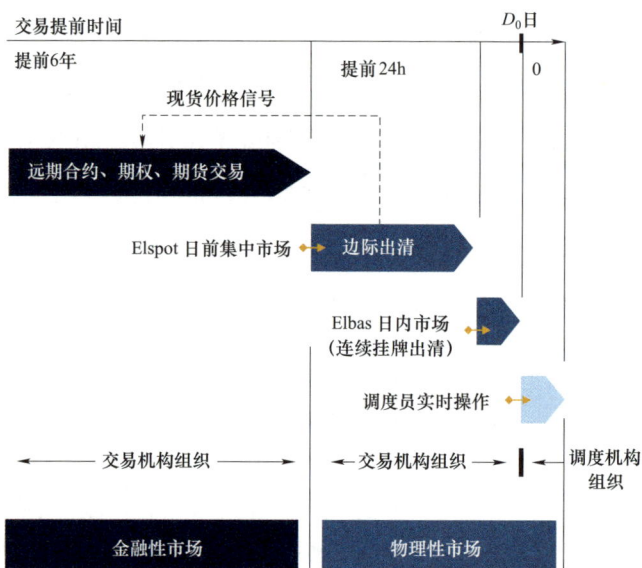

图 4-21　Nord Pool 电力市场交易时序[1]

（1）市场成员。北欧电力市场中市场成员主要分为三类：市场交易机构、输电系统运营商和市场主体。

北欧电力市场中，由北欧电力交易公司（nord pool ASA）作为市场组织者，其下又分为北欧电力现货交易所（nord pool spot AS）、北欧电力金融市场、北欧电力清算所（nord pool clearing ASA）、北欧电力市场咨询公司（nord pool consulting AS）及北欧电力芬兰公司（nord pool finland Oy），其中北欧电力芬兰公司负责平衡业务。而经过十几年的发展，nord pool 目前现货日前市场和日内市场均在 nord

---

[1] https://www.nordpoolgroup.com/。

pool spot 市场中交易。nord pool 金融、清算及咨询业务均被 NASDAQ OMX Commodities（属于美国纳斯达克证券市场集团，NASDAQ）于 2010 年 3 月 17 日收购。

与北欧电力市场建设、运营管理相关的背景环境分为四级。一是欧盟（european union，EU），负责 28 个成员国的政治和市场政策；二是欧洲调度机构，由欧盟授权成立欧洲输电系统运营商（european network of transmission system operators，ENTSO-E）来统一管理，包括来自 35 个欧洲国家的 39 个输电系统运营商（TSO），欧洲输电系统运营商（ENTSO-E）运营目标是进一步推进欧洲市场化改革，保障跨国市场和跨国调度的有序运营；三是 5 大区域调度机构，北欧区域电网安全协调员组织〔（nordic）regional security coorinator，(N) RSC〕，分析协调北欧四国电网安全运行；四是本国调度机构，北欧电力实时市场由各国输电系统运营商（TSO）具体负责，保证电力的实时平衡。

电力市场主体包括发电企业、输电网运营商、配电网运营商、售电公司（负荷聚合商）、独立售电公司和电力用户。发电侧和零售侧开放竞争，输配电业务仍为输配电公司垄断经营，在用户接入工程侧成立竞争性独立售电公司。电网运营商分为三级：国家电网公司、区域电网公司和本地电网公司。国家电网公司即为各国 TSO，负责全国电力系统的安全和平衡；区域电网和本地电网公司主要负责实现对用户的配电，也称为配电网运营商（distribution system operator，DSO）。交易商一般是没有发电机组的中间商，通过合理的购电策略购得电量并出售给零售商，他们的存在增加了市场的活跃度。还有一类特殊的市场主体平衡责任方（balance responsible party，BRP），主要由发、用电企业，售电公司组成，需要负责通过开展市场交易、自调度对其自身的发用电量实现市场平衡（以支撑大电网整体运行功率平衡），但不需要平衡责任方物理执行，仅类似于国内市场发、用电偏差。市场成员相互关系如图 4-22 所示。

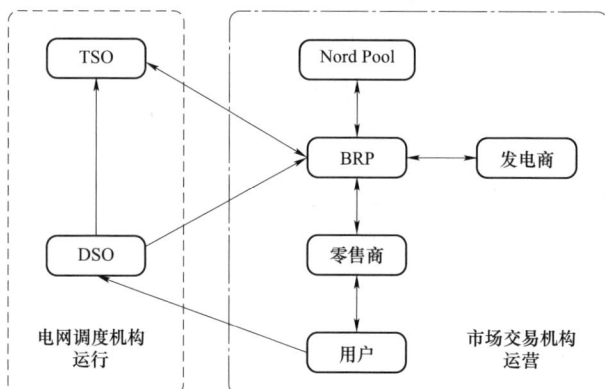

图 4-22　市场成员相互关系

（2）市场机制。北欧的电力市场交易机制由金融交易、现货交易、辅助服务和实时交易组成，其电力市场模型采用区域定价模型。

1）金融交易。金融交易产品主要为远期合同、期货合同、期权合同、价区差价合约，它们的交易场所为纳斯达克交易所，此外还有通过场外交易签订的双边合同。需要物理执行的远期、期货和双边合同会在现货市场申报，然后统一出清。和其他电力市场一样，金融交易的主要目的是对电力交易价格的套期保值和风险管理。

期货（futures）和远期合同（forwards 或 forward contract），均为对未来数年内的电能交易，无需进行物理交割，只需要在合同规定时间内进行现金结算。期货可以日、周和几周为单位，远期合同可以月、季和年为单位，最长交易区间可达 6 年。合同参考价格为现货市场的系统价格。

期权合同于 1999 年引入北欧电力金融市场，作为规避风险的金融工具之一。当期权的买方向卖方支付一定金额后，即获得在某一约定时段以一定价格购买或出售一定数量期货合约的权利。期权的买方行使权利时，卖方必须按期权合约规定的内容履行义务。相反，买方可以放弃行使权利，此时买方只是损失权利金，同时，卖方则赚取权利金。在北欧期权分为买入期权和卖出期权两种，其附属合同均为远期合同。

价区差价合约于 2000 年引入北欧电力市场,主要目的是为规避因出现阻塞而导致分区电价不等于系统电价的风险,相当于一种以系统电价和分区电价的差价为参考价格的期货合同。期货合同是以系统电价结算的,而发电商的收入和用户的支出则按照其所在价区的分区电价结算,如果发电商和用户不在同一个价区,又如果由于阻塞使得两个价区的分区电价不同,那么他们将会面临金融风险,因此引入了价区差价合约以规避这一风险。

2)现货交易。现货交易分为日前市场和日内市场。二者交易均在 Nord Pool 中进行,成交的均为物理合同。其中日前市场交易地区为北欧四国、波罗的海沿岸三国和英国,日内市场除上述国家外还有德国参与。在市场中不同国家分为不同的区域,在有的国家内部也进行了分区,这主要是由于这些区域间经常出现阻塞。

日前市场 Elspot 系统:该市场将每一天分为 24 个竞价时段,每小时为一个竞价时段。市场参与者可以在前一天对第二天的传输电量进行报价,既可以对各个小时灵活报价也可以对一段时间整体报价,之后 Nord Pool 将所有上报的售电报价和购电报价汇总,二者曲线的交点则为系统电价。当整个系统内不存在阻塞时,Elspot 的所有交易地区均以该电价进行结算。若某联络线上交易容量超过传输线所能传输的最大容量,则在出现阻塞的地方划分区域实行分区电价,进行新一轮的价格计算,并且进行对销贸易(counter trading)来消除阻塞,其成本由 TSO 来承担并作为电网需加强的信号,最终该区域电价和系统电价会出现差异。Nord Pool 北欧电力市场交易时序如图 4-23 所示。

日内市场 Elbas 系统:日内市场是日前市场的补充市场,90%以上的电量会在日前市场出清。一般认为如果日内市场占出清份额过大,会造成价格剧烈波动,最终导致市场不稳定。由于日前市场中的交易至最终电力传输实际发生的最长间隔可达到 36h,不利于实际电力平衡,因此日内市场的主要作用即为在日前市场关闭后，使交易者可以在实际传输发生时刻的 1h 之前继续对交易电量进行调整和修改。竞价仍然以小时为单位，市场参与者通过实时电子交易系统进行报价，由系统自动处理来保证联络线上不发生阻塞。

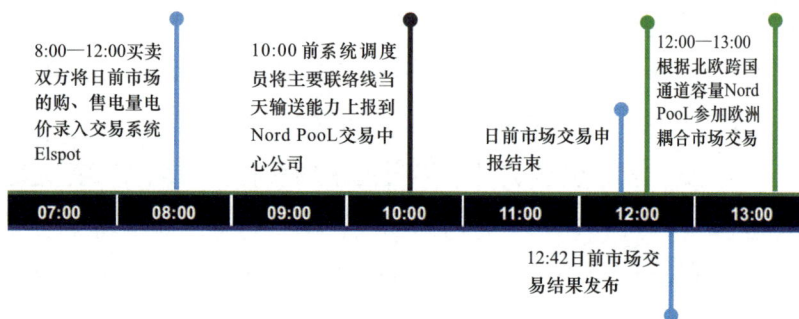

图 4-23　Nord Pool 北欧电力市场交易时序❶

3）辅助服务交易。为保证电能质量和安全，输电系统运营商（TSO）的调度中心需要进行辅助服务市场交易，采购大电网稳定运行所需的备用资源。

辅助服务交易形式大致分为两种：一种是通过组织市场竞价获得，市场形态包括日前市场、小时市场、年市场等；另一种是通过双边协商交易获得。其结算方式根据其服务产品种类不同也随之不同。

辅助服务产品主要包括调频、调峰、调压、各种备用、黑启动等，其中调频和备用是最主要的两种服务，市场也较为成熟。而其余几种服务市场手段相对不成熟，但是北欧地区仍在积极努力将各种辅助服务产品纳入市场。

北欧 Nord Pool 交易中心主要交易品种运营时序如图 4-24 所示。其辅助服务市场交易品种主要包括：一是频率稳定备用（frequency containment reserves，FCR），对应国内一次调频备用，采用系统自动调节，主要用于将频率稳定在 50Hz 左右。或称正常频率

❶ https：//www.nordpoolgroup.com/。

受损备用（frekvensstyrt normaldriftsreserve，FNR or FCR – N，挪威语），包括频率控制的正常运行备用等。瑞典和挪威主要由水电提供这一级备用。所有满足备用市场准入标准的电源都可以参与，包括风光发电资源；二是调频恢复备用（frequency restoration reserves，FRR），对应国内二次调频备用，采用系统自动调节如自动发电控制（automatic generation control，AGC）或负荷频率控制（load frequency control，LFC）；三是发电功率替代备用（replacement reserves，RR），对应国内三次调频，由调度员手动调节，为发电备用调节市场的主要交易品种；四是发电备用期权市场（reserves options market，RKOM），主要在挪威地区交易，采用季度和周开市。

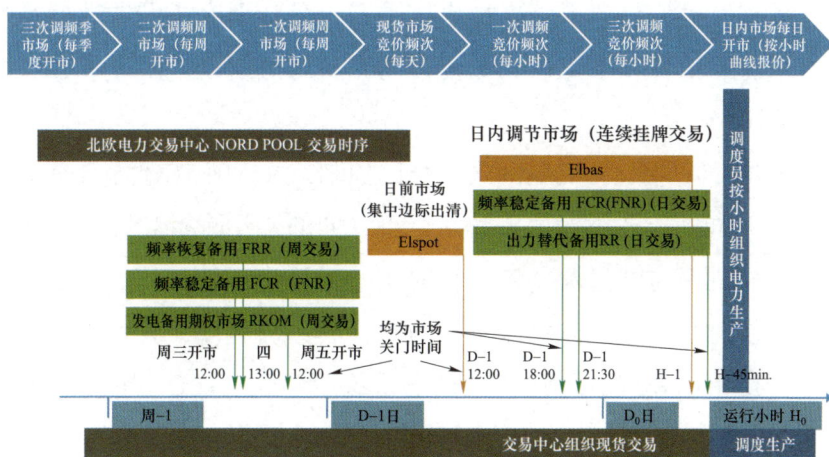

图 4-24 北欧 Nord Pool 交易中心主要交易品种运营时序[1]

北欧辅助服务调度 TSO 根据提供给运营商的信息来平衡系统。每个输电系统运营商（TSO）都有自己的实时监控系统（supervisory control and data acquisition，SCADA）和规划系统。调度员在实时调节系统运行过程中，首先需要计划数据与实时测量数据，为调节系统偏差操作提供有价值且即时的信息。北欧运营平衡过程可以视为长期过程，从多年前开始与备用供应商签订长期容量合同，其次是

[1] https://www.nordpoolgroup.com/.

长期到短期停电计划，输电通道互连能力规划，最终达到电力预测与实际电网运行的平衡和稳定。目前正在向短期采购发展，目的是精准采购，降低备用采购成本，如二次调频备用变成日采购。

4）平衡市场（balancing market）交易。平衡市场（balancing market）也称为调节市场（regulation market）。

因为存在各种不确定性和偶然性，实际传输的电量和计划电量不可能完全相同，而电力系统是一个实时平衡的系统，所以操作计划和实际传输之间必然存在差异，为解决该差异实现电力平衡，需引入平衡市场，发挥系统备用交易作用。其主要作用以输电系统运营商（TSO）的调度工作组作为中央对手方，满足实时系统旋转备用、系统发供偏差调节调度操作需求。一是为调度员提供进行实时电力平衡的工具和手段；二是为市场交易成员的不平衡电量提供结算电价。

2002 年以前，北欧地区采用分区控制，由各国 TSO 各自负责实时平衡。2002 年各国输电系统运营商（TSO）开始相互协调，逐渐向单一控制区方式过渡，将所有的实时报价进行全网统一排序，共同进行实时平衡，并且采用统一的定价和结算手段。平衡市场采用滚动开闭市的模式。北欧 4 国输电系统运营商（TSO）主导的统一平衡市场，目前是每小时滚动开市，正在向 15min 滚动开市市场发展。在每一轮次的平衡市场关闭之前，发电企业和相关市场成员上报并修改发电功率或发电功率计划和报价，关闸后不得再变动。一个轮次的平衡市场关闸后，调度员根据系统调节需要，以最经济的方式通过能量控制系统或者手动下达增减发电功率指令，一般情况下调度员操作指令最晚需提前 15～20min 下达。相关调用信息发送至结算公司开展现金结算。图 4-25 所示为运行平衡日市场运行示例。

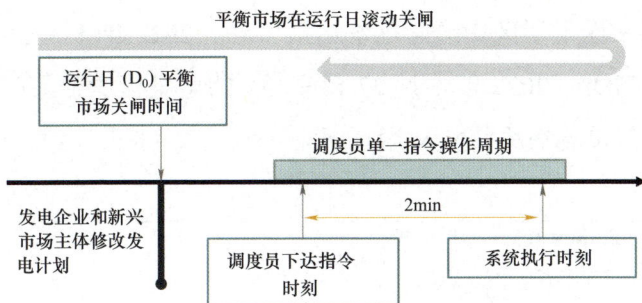

图 4-25 运行日平衡市场运行示例❶

平衡市场和辅助服务市场密切联系。当系统频率波动超过（50±0.5）Hz 时，由输电系统运营商（TSO）调用实时市场容量，或者通过辅助服务市场来维持频率稳定。两者均为平衡调度的重要手段。平衡市场属于三次调频，输电系统运营商（TSO）主要负责系统功率的偏差调节。频率的稳定依靠提供备用调节服务的系统自动调节完成。

4.2.1.2 市场交易时序

图 4-26 所示为由 Nord Pool 交易公司运营的北欧批发市场中各类交易的交易顺序。

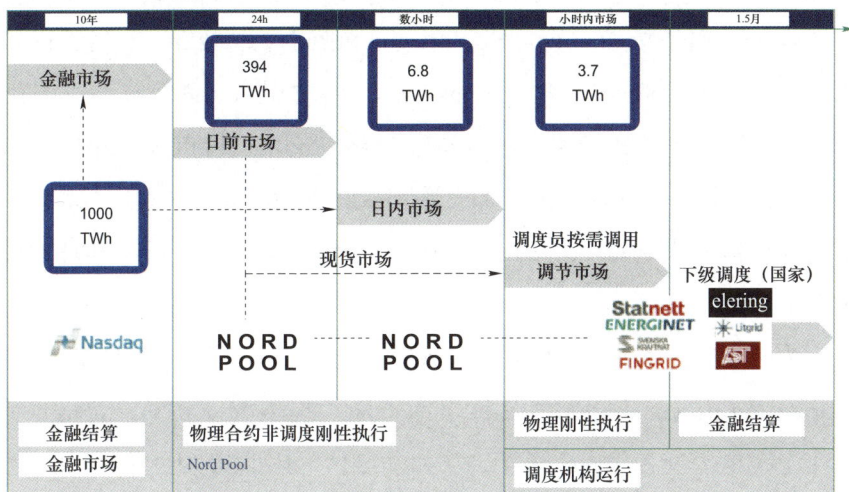

图 4-26 Nord Pool 跨国市场运营时序概况

---

❶ https://www.nordpoolgroup.com/。

145

日前市场采用区域边际电价出清方法，2022 年 1 月 28 日 Nord Pool 日前市场（2022 年 1 月 27 日交易）的电量出清结果如图 4−27 所示。日前市场在系统实际运行日前一天（$D-1$ 日）12:00 闭市。

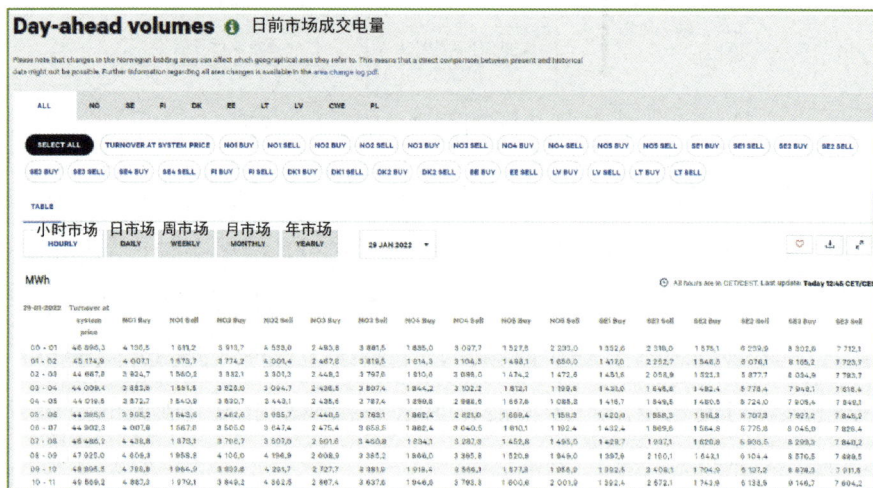

Day-ahead volumes ❶ 日前市场成交电量

Please note that changes in the Norwegian bidding areas can affect which geographical area they refer to. This means that a direct comparison between present and historical data might not be possible. Further information regarding all area changes is available in the area change log pdf.

ALL NO SE FI DK EE LT LV CWE PL

SELECT ALL TURNOVER AT SYSTEM PRICE NO1 BUY NO1 SELL NO2 BUY NO2 SELL NO3 BUY NO3 SELL NO4 BUY NO4 SELL NO5 BUY NO5 SELL SE1 BUY SE1 SELL SE2 BUY SE2 SELL

SE3 BUY SE3 SELL SE4 BUY SE4 SELL FI BUY FI SELL DK1 BUY DK1 SELL DK2 BUY DK2 SELL SE BUY EE SELL LV BUY LV SELL LT BUY LT SELL

TABLE

小时市场 HOURLY 日市场 DAILY 周市场 WEEKLY 月市场 MONTHLY 年市场 YEARLY   29 JAN 2022 ▾

MWh

29-01-2022	Turnover at system price	NO1 Buy	NO1 Sell	NO2 Buy	NO2 Sell	NO3 Buy	NO3 Sell	NO4 Buy	NO4 Sell	NO5 Buy	NO5 Sell	SE1 Buy	SE1 Sell	SE2 Buy	SE2 Sell	SE3 Buy	SE3 Sell
00 - 01	46 896.3	4 100.5	1 819.2	4 539.0	2 483.8	3 881.5	1 635.0	3 097.7	1 527.5	2 230.0	1 352.6	2 519.0	1 575.1	6 259.9	8 302.6	7 712.1
01 - 02	45 474.9	4 067.1	1 573.7	3 774.2	2 467.6	3 819.5	1 814.3	3 104.5	1 498.1	1 650.0	1 412.0	2 252.7	1 548.3	6 076.1	8 105.2	7 725.7
02 - 03	44 667.8	3 924.7	1 580.3	3 632.1	3 301.3	3 797.6	1 810.6	3 888.0	1 472.6	1 451.8	2 058.9	1 523.1	3 877.7	8 054.9	7 783.7	
03 - 04	44 009.4	3 882.8	1 591.8	3 628.0	3 096.7	2 426.8	3 807.4	1 844.2	2 102.2	1 812.1	1 799.6	1 435.0	1 645.6	1 492.4	8 778.4	7 848.3
04 - 05	44 019.8	3 872.7	1 540.9	3 690.7	3 443.1	2 428.6	2 787.4	1 298.6	2 988.6	1 657.0	1 088.2	1 416.7	1 849.6	1 480.5	8 724.0	7 909.4
05 - 06	44 386.5	3 906.2	1 643.6	3 662.6	3 095.7	2 440.5	3 763.1	1 862.4	2 821.0	1 669.4	1 159.3	1 420.0	1 558.5	1 516.3	8 792.3	7 927.2
06 - 07	44 902.3	4 007.8	1 567.8	3 508.0	3 647.4	2 475.4	3 658.5	1 862.4	3 040.5	1 610.3	1 192.4	1 432.4	1 869.6	5 726.8	8 045.0	7 835.6
07 - 08	46 486.1	4 438.8	1 573.1	3 706.7	3 507.0	2 501.6	3 460.8	1 834.1	3 282.8	1 450.8	1 495.5	1 428.7	1 937.1	1 629.8	6 906.5	8 299.3
08 - 09	47 925.0	4 606.3	1 958.8	4 106.0	4 194.9	2 008.9	3 385.2	1 966.0	3 365.8	1 520.8	1 949.0	1 597.9	2 160.1	1 643.1	6 404.4	6 376.5
09 - 10	48 895.5	4 795.9	1 964.9	3 899.6	4 291.7	2 727.7	3 381.9	1 918.4	3 506.1	1 577.8	1 056.0	1 992.5	3 408.1	1 704.9	6 127.2	8 911.5
10 - 11	49 569.2	4 883.3	1 979.1	3 849.2	4 382.5	2 867.4	3 637.5	1 946.0	3 793.3	1 800.0	2 001.9	1 992.4	2 573.1	1 743.9	6 138.9	6 146.7

图 4−27 日前市场（day-ahead market）曲线交易按区域成交电量 ❶

Nord Pool 区域电价采用的分区情况为挪威地区（NO1–NO5）、瑞典地区（SE1–SE4）、丹麦地区（DK1–DK2）、芬兰地区（FI）。

作为日前市场的补充，日内市场（intraday market）采用连续挂牌方式和按报价成交机制（pay as bid），滚动撮合，先到先得，时间优先、价格优先。2022 年 1 月 28 日 Nord Pool 当日市场（2022 年 1 月 27 日交易）的电量出清结果如图 4−28 所示。日内市场在系统实际运行日前一天（$D-1$ 日）晚 23:00 闭市，即滚动直到发电时刻前 1h 停止交易。

为平衡系统运行偏差，Nord Pool 提供了实时调节市场（regulating power market）又称平衡市场，提供 1h、0.5h、15min 等多种连续电力交易商品。图 4−29 为 2022 年 1 月 28 日 Nord Pool 实时调节市场 1h 电力成交量情况（2022 年 1 月 28 日交易）。

---

❶ https：//www.nordpoolgroup.com/。

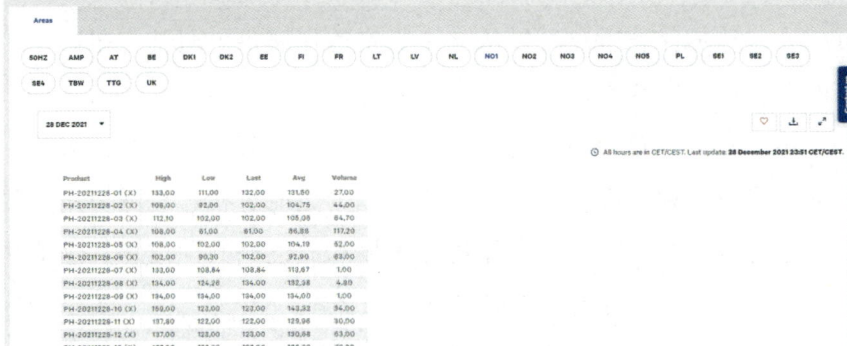

图 4-28　日内市场（Intraday Market）曲线交易按区域成交电量❶

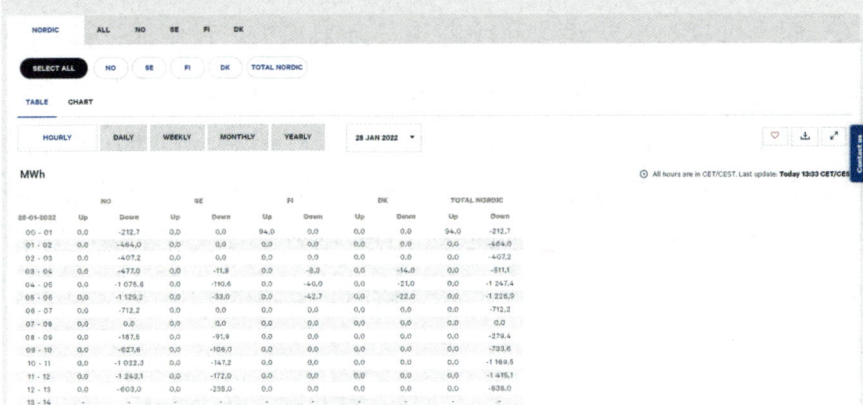

图 4-29　实时平衡市场（调节市场）每小时成交电量

（1）零售交易。北欧电力零售市场已经对所有用户开放。大用户会通过批发市场与供电商签订合约，而小用户会通过零售市场选择自己满意的零售商来进行供电。电力合同多种多样，主要可以分为可变价格合同、固定价格合同，以及保底服务合同。可变价格合同即用户电价一个月随现货市场价格变化一次；固定价格合同即用

---

❶ https://www.nordpoolgroup.com/。

147

户电价以当时电价为准不变动，一般持续 2~3 年；保底服务合同即当用户未主动选择零售商时签订的合同。总体来说分为两种类型，一种是保证用户可以以一种监管后的价格从保底供应商处购买电力；另一种是保证用户可以从一个指定的保底供电商处买电。不论哪种类型其价格均较高。

用户除与零售商签订合约，还要与电网所有者签订合约来获得使用电网的权利。最终的电费构成一般为电能价格、电网费用和税费。随着零售业的发展，电能往往可以和天然气共同出售，组成更多的产品类型，消费者拥有多样化的选择。

（2）结算。在建立电力市场的同时需要建立更加可靠的测量、通信和结算体系，以保证市场公开透明，防止市场成员虚报信息以此获利，并且准确的测量数据对之后的结算有十分重要的意义。这一职责可以由电网运营商或者第三方来承担，最终成立数据中心统一向市场成员提供数据，也为电网运营商之后的评估和结算提供基础。在北欧采用统一的电子系统进行信息的传递，尤其是对于发电计划和负荷预测，输电系统运营商（TSO）均对此从时间、形式和内容上做了详细的规定。在结算方面，北欧统一使用事后结算，并且在结算过程中尽量精简，如减少相互支付的情况代之以净支付。

Nord Pool 交易公司提供结算服务，对北欧市场（Nordic market）、波罗的海市场（baltic market）和中西欧市场（central western europe market，CWE）采用每日结算，交易费用可变模式，对英国市场采用每月结算模式。Nord Pool 根据挪威银行工作日历，向用户提供结算服务，客户需要在指定银行开具结算账户。

（3）运营经验。平衡市场中交易的电力商品与现货市场中（提前一天）交易的电力商品价格往往存在较大差异，这反映了电网系统实时运行不平衡的严重程度。一般情况下，平衡市场上调价格高于现货价格。意味着电网需要额外的电力，则应使用较高的实时上

调电价来支付调频电厂的额外发电功率和电量。如果电网实时运行需要的电力少于预计，则下调备用发电厂将用较低的下调电价回购发电功率和电量，在不发电的情况下赚取差价。市场机制为系统运营商提供了利用调频电厂平衡系统的技术手段。它还激励调频电厂参与维持系统平衡，以获得利润。

4.2.2　北欧电网介绍

4.2.2.1　电网总装机容量及新能源发展状况

2020 年，北欧日前市场的日间交易量营业额已达 995TWh。北欧电力市场的交易量包括所有买入量（市场参与者每小时买入的总量）和所有卖出量（市场参与者每小时卖出的总量）。图 4-30 所示为日前交易量发展情况。

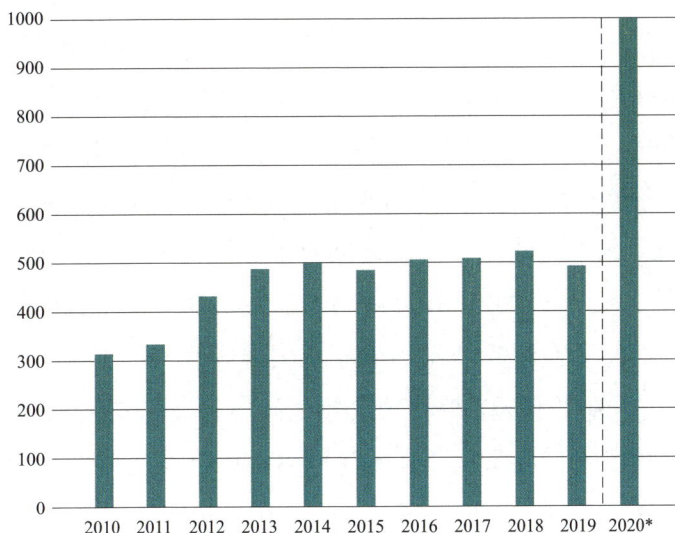

图 4-30　日前交易量发展情况[1]

在日内市场，总交易量达 26TWh。各个国家的占比如图 4-31 所示。

---

[1] https://www.nordpoolgroup.com/。

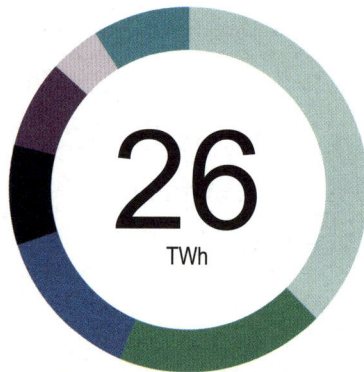

图 4-31　日内市场交易量各国占比

4.2.2.2　输电线路建设情况

　　北欧地区电网发达，目前除了冰岛外，其他北欧四国均实现了电网互联。瑞典、丹麦之间有 6 条联络线路，其中 400kV 交流线路 2 条，250kV 直流线路 2 条，132kV 以下交流线路 2 条。瑞典、挪威之间有 9 条联络线路，其中 400kV 线路 3 条，220kV 线路 2 条，其余为 130kV 线路。瑞典、芬兰之间有 5 条联络线路，其中有 400kV 交流线路 2 条，±400kV 直流线路 1 条，220kV 交流线路 2 条。此外，北欧四国与欧洲其他相邻国家也实现了联网，挪威、芬兰与俄罗斯，丹麦与荷兰直流，瑞典与波兰之间均有直流或交流联系，2023 年后丹麦和英国直流北欧国家的输电网电压等级从 110 到 420kV，有 110、132、150、220、250、300、350、400kV 和 420kV 多个电压等级。

4.3　欧洲耦合市场

　　欧盟提出建设统一欧洲电力市场的目标，以提高整体流动性、

效率和社会福利。为实现跨国电力交易统一出清，2009 年 6 月，欧洲提出区域耦合电价机制（price coupling of regions，PCR），旨在开发一个单一的电价耦合解决方案。根据相关输电网联络容量计算整个欧洲的日前市场电价。区域耦合电价机制（PCR）对所有希望加入的欧洲地区电力交易所开放。区域耦合电价机制（PCR）目前由 8 家电力交易所运营：EPEX SPOT，GME，HEnEx，Nord Pool，OMIE，OPCOM，OTE 和 TGE。涉及 25 个欧洲国家：奥地利、比利时、捷克共和国、克罗地亚、丹麦、爱沙尼亚、芬兰、法国、德国、匈牙利、意大利、爱尔兰、拉脱维亚、立陶宛、卢森堡、荷兰、挪威、波兰、葡萄牙、罗马尼亚、斯洛伐克、斯洛文尼亚、西班牙、瑞典和英国。

区域耦合电价机制（PCR）的关键要素之一是开发单一价格耦合算法，该算法被命名为泛欧混合电力市场整合算法（pan-european hybrid electricity market integration algorithm，Euphemia）。以社会福利最大化为目标，Euphemia 用于计算整个欧洲的电力潮流分配和电价，并增加计算价格和电力潮流的透明度。Euphemia 算法采用分散式数据共享和出清计算模式，不是简单的数据汇总统一出清。两个市场的耦合出清过程如图 4-32 所示。蓝色供需曲线为两个市场独自开展市场交易时的边际出清情况，售电供方（发电企业等）按申报价格从低往高排序，购电需方（售电公司等）按申报价格从高往低排序，取供需曲线的交点为统一边际成交电价。在电价耦合机制下，电力出口国由于增加了售电供给等于增加了负荷需求量，因此需求曲线往右移动成为红色需求线。电力进口国由于增加了购电量等于增加了本国的电力供给，因此供给曲线往右移动成为红色供给线。两条红色供给曲线的交点就是两个市场的耦合出清边际价格。

实际情况是在求解的时候，由于有多个市场同时交易可能形成无数个交点。但是最大化发电报价和用电报价之间的求解区域有且只有唯一解，此时对应的价格即出清（边际）价格。

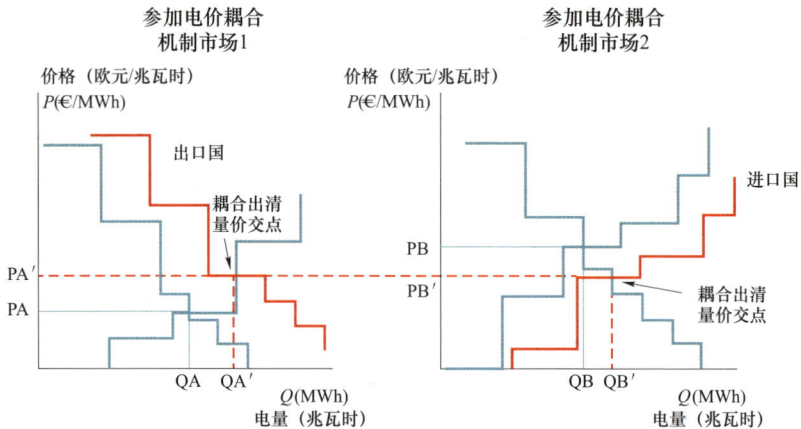

图 4-32　北欧电力市场耦合出清示意图

　　首先 2015 年，欧盟委员会（the european commission）制定并发布了统一日前耦合市场（single day-ahead coupling，SDAC）建设方案，纳入《欧洲输电网容量分配和阻塞管理框架指南》（framework guidelines for capacity allocation and congestion management，CACM）。从历史上看，2006 年 11 月至 2010 年 11 月期间，EPEX SPOT 公司（法国）整合法国、比利时和荷兰日前市场，实施三方市场耦合挂牌交易。2010 年 11 月 9 日，中西欧（包括比荷卢、法国和德国）市场完成耦合，称为中西欧（central west europe，CWE）阶段。2014 年 2 月，北部西欧国家加入统一日前耦合市场（SDAC），称为北西欧（north-western europe，NWE）阶段。Nord Pool 及其 17 个在北欧地区开展业务的电力交易公司加入统一日前耦合市场（SDAC）。2015 年，由于意大利、法国、奥地利、斯洛文尼亚加入耦合市场，日前耦合市场被称为多区域耦合（multi-regional coupling，MRC），覆盖 19 个欧洲国家，约占欧洲电力负荷的 85%。

　　日内市场（intraday market）是市场各方保持交易平衡的重要工具，因为在日前阶段和实时操作（平衡市场）之间的几个小时内，增加电量和购买电量交易需求可能会发生变化。新能源发电装机容量的增长凸显日内市场的重要性。因此，目前欧洲在建设统一日前耦合市场（SDAC）基础上，进一步推进统一日内耦合市场（single intraday coupling）建设。

4.4 本 章 小 结

本章对欧洲电力市场进行了梳理，选取了英国电力市场和北欧电力市场作为典型，分别讨论了它们的电网组织架构、电价组成、批发市场、零售市场等。英国电力市场具有欧洲市场的典型特征，将电网企业、调度机构、交易机构和结算公司相互独立运作，由于电力市场从业人员和机构多、市场繁荣、交投活跃。英国市场以平衡单元（balancing mechanism unit，BMU）的自调度为基础，电力市场交易和系统调度运行，均以发电厂、用户等组成的平衡单元为市场申报基本单元（类似于我国调度分区平衡）。不同于美国和我国电力市场，英国的日前现货市场、日内现货市场均由独立的交易机构完成，成交结果由交易机构报送给结算公司完成电费结算。调度机构在接近运行日时启动平衡机制运行，主要由调度机构作为中央对手方实时采购电网运行所需资源。平衡机制运行结束后，调度机构将实际运行产生的成交量、成交价发送给结算公司完成电费结算。

本章内容为读者建立初步的欧洲电力市场运作模式和市场结构，为理解后续章节有关国内市场相关知识点做铺垫。

思考题

1. 英国的电力市场在现行模式下，主要由哪几个市场主体构成？
2. 简单阐述英国电力现货市场不平衡电量结算的流程。
3. 简述北欧电力批发市场的电力交易的类型，分析其交易周期和交易规则。
4. 北欧电力辅助服务市场主要提供哪几类辅助服务？

5 国内电力市场交易运营

5.1 国内电力市场建设背景

5.1.1 中长期市场建设背景

我国前后经历了两轮电改，2015 年以来的第二次电改目前正在快速推进。2015 年 3 月 15 日，中共中央国务院印发《关于进一步深化电力体制改革的若干意见》（中发〔2015〕9 号），标志了新一轮电力体制改革的开始。2015 年 11 月 30 日，国家发展改革委、国家能源局印发《关于印发电力体制改革配套文件的通知》（发改经体〔2015〕2752 号），配套文件共有 6 个，其中《关于推进电力市场建设的实施意见》，要求具备条件的地区要逐步建立以中长期交易为主、现货交易为补充的市场化电力、电量平衡机制。

在核定输配电价改革方面。国家相继出台相关文件对输配电价进行改革，从 2015 年到 2018 年，建立了一套科学独立的输配电价定价机制，完成了全国 31 个省和区域电网首个三年监管周期输配电价的核定，同时对 20 余条跨省跨区专项输电工程的输配电价进行了核定，将输配电价从形成机制上与发、售电分开，实现消费者公平负担供电成本，促进电力市场交易，让所有市场主体都享有公平参与市场的机会。

在交易规则制定方面。2016年12月29日，国家发展改革委、国家能源局印发《电力中长期交易基本规则（暂行）》（发改能源〔2016〕2784号），此规则为加快推进电力市场建设，明确电力市场交易规则起到了基石作用，适用于各地区组织开展年、月、周等日以上电力直接交易、跨省跨区交易、合同电量转让交易，以及辅助服务补偿（交易）等，并从市场成员及其权责边界、交易品种和方式、价格机制、发用电计划及交易时序安排等方面均给出制度框架。

2020年7月1日，国家发改委、国家能源局联合发布了新版《电力中长期交易基本规则》（发改能源〔2020〕889号）。新版规则取消了旧版规则中要求 10kV 以上电压等级电力用户的准入条件，响应《关于全面放开经营性电力用户发用电计划的通知》（发改运行〔2019〕1105号）的要求，提出了经营性电力用户的发用电计划原则上全部放开的政策引导，针对批发和零售两类市场主体的准入程序提出具体要求，同时针对国内 8 个电力现货试点地区在试运行过程中出现的新特点与新环境，也进行了相应优化与调整。新版规则的修订，有助于深化电力市场建设，进一步指导和规范各地电力中长期交易行为，更好地适应现阶段电力中长期交易组织、实施、结算等方面的需要。

在中长期电力市场运营方面。国家能源局各派出机构会同各省电力管理等部门制订各省的电力中长期交易规则，随着输配电价的核定，各省区纷纷开展了电力中长期交易。2019年全国各交易中心组织交易电量 28 344 亿 kWh，占全社会用电量 39.2%，其中直接交易电量合计为 21 771 亿 kWh，占全社会用电量占比为 30.1%。在经过三年多的探索与实践，国内电力体制改革逐步深入，经营性用电原则上允许全部进入市场，市场交易机制日趋完善，市场价格机制逐步理顺。

经过 6 年多的发展，全国各地区基本建立起电力中长期交易市场并有效运营，当前进入到逐步发展至电力现货交易市场的新阶段，电力市场建设取得瞩目成就。其一是市场主体不断放开，从仅有发电企业参加，到发电企业与部分电力用户开展直接交易；2017年《电力中长期交易基本规则（暂行）》发布后，售电公司、独立辅助服务商作为全新的市场主体进入电力市场交易，同时放开工商业电力用户分批分档入市交易；2021年11月12日，国家发展改革委印发《关于进一步深化燃煤发电上网电价市场化改革的通知》（发改价格〔2021〕1439号文），要求各地有序推动工商业用户全部进入电力市场。其二是交易品种不断丰富，在之前跨省区电力交易、电力直接交易、发电权交易、抽水蓄能招标交易等交易品种的基础上增加了绿电交易、合同电量转让交易、发电侧和用户侧辅助服务交易等新品种，并能在中长期交易的时间周期内，按电量品种、优先层级、时序层级等形成组合或叠加多个交易品种，电力市场交易生态更为丰富，交易手段更加灵活，激发了市场主体的交易意愿，提升了通过电力市场发现电力产品的商品属性，推进电力市场不断发展进步，逐步构建符合国情、经济文化体制、资源禀赋、国家能源安全战略的电力市场体系，包括年、月、周、多日的中长期电力市场和日前、日内的现货电力市场。2020年国家电网有限公司经营区域内全社会用电量 5.8 万亿 kWh，市场化交易总电量为 2.3 万亿 kWh，市场化交易占全社会用电量 39.66%，其中直接交易电量合计为 1.81 万亿 kWh，占全社会用电量占比为 31.21%。

5.1.2 电力现货市场建设

2015年，中共中央、国务院印发《中共中央国务院关于进一步深化电力体制改革的若干意见》（中发〔2015〕9号），明确提出要加快构建有效竞争的市场结构和市场体系。12月，国家发改委、能源局印发新电改 6 个核心配套文件，配套文件进一步细化了新一轮电

力体制改革的内容，规定了电力改革关键环节的具体措施。

2017 年 8 月，国家发改委、国家能源局联合下发《关于开展电力现货市场建设试点工作的通知》（发改办能源〔2017〕号），选取南方（以广东起步）、蒙西、浙江、山西、山东、福建、四川、甘肃 8 个地区作为第一批试点，加快推动电力现货市场建设。2018 年 11 月，国家能源局综合司《关于健全完善电力现货市场试点工作机制的通知》（国能综通法改〔2018〕164 号）要求试点地区原则上应于 2019 年 6 月底前开展现货市场试点模拟试运行，其他地区要求制定现货市场建设方案。

2019 年 7 月 31 日，针对各试点单位对现货市场认识不到位、指导思想不统一、规则制定不规范等问题，国家发展改革委办公厅、国家能源局综合司印发《关于深化电力现货市场建设试点工作的意见》（发改办能源规〔2019〕828 号），从国家层面以顶层设计方式对电力现货市场市场模式、衔接机制、规范运作、系统建设等方面提出指导意见。

2021 年 4 月 26 日，为加快完善电力市场体系，进一步做好现货试点有关工作，国家发改委办公厅和国家能源局综合司联合印发《关于进一步做好电力现货市场建设试点工作的通知》（发改办体改〔2021〕339 号），以下简称《通知》。《通知》对有序开展现货试点结算试运行，积极稳妥扩大现货试点范围，明确现货试点改革探索的主要任务等内容《通知》指出第一批现货试点地区应按照积极稳妥、安全第一的原则，尽快明确 2021 年开展结算试运行计划，给与市场稳定预期。明确选择辽宁省、上海市、江苏省、安徽省、湖北省作为第二批现货试点，支持开展南方区域电力市场试点，加快研究京津冀、长三角区域电力市场建设具体方案。提出现货试点地区应在充分总结结算试运行经验和问题的基础上，持续完善规则设计，重点聚焦合理确定电力现货市场主体范围，推动用户侧参与现货市场结算，统筹开展中长期、现货与辅助服务交易，做好本地市场与省间市场的衔接，稳妥、有序地推动新能源参与电力市场，探索容量成本回收机制，建立合理费用疏导机制等主要任务。要求现货试点地区进一步加强组织保障，明确试点工作责任分工，积极开展电力现货市场模拟试运行，建立与电力现货市场相适应的信息化平台，规范电力市场运营工作，加大现货市场信息披露力度。

5.1.2.1 各现货市场试点实施方案

作为电力现货市场建设的排头兵，8 个试点地区的实际情况各有特色，其市场模式选择、市场规则设计等内容将直接为后续我国电力体制改革的推进提供典型的参考样板。其中，广东电改走在全国前列；浙江电价水平较高，企业对电价的承受能力和市场意识也较高；蒙西电网为独立运营的省级电网，是华北电网重要的送电端，但区域内电量分配矛盾突出、电力外送需求较大；甘肃是新能源、传统能源间矛盾最突出的省份之一；四川水电装机容量占比高，分丰枯两季分别设计市场机制；山西和山东的市场机制设计整体以广东为蓝本，结合本省实际情况进行小幅修改；福建与原有机制区别不大，仅放开发电侧基数电量的 10% 用于现货竞价。

（1）现货市场模式方面，广东、浙江等多数现货市场试点均采用集中式市场，蒙西和福建采用分散式市场。

（2）现货市场定价机制方面，广东、浙江等多数现货市场试点发电侧采用节点电价，四川发电侧采用统一电价，蒙西发电侧采用所有节点或区域电价的加权平均。对于市场化用户或售电公司，广东、山东、浙江、甘肃、山西和蒙西均采用系统内所有节点电价的加权平均，四川采用统一电价。试点地区在发电侧多采用节点电价，在用户侧对于市场化用户或售电公司多采用节点电价的加权平均。

（3）现货市场构成方面，广东、浙江等多数现货市场试点均采用日前市场加实时市场，而蒙西则引入日前市场、日内市场和实时市场的方式。所有试点地区均引入日前市场和实时市场，部分地区引入日内市场。

（4）现货市场报价方面，广东、浙江等多数现货市场试点均采用双边报价，蒙西则采用单边报价。广东、四川和山东虽然采用双边报价，但是要求用户只申报运行日的电力需求的量，不申报价格。

（5）交易中心与调度机构职责分工方面，广东、四川和蒙西的市场规则对此表述较为明确，广东和四川要求调度机构负责日前市场和实时市场，交易中心负责中长期交易；蒙西则是交易中心负责中长期交易组织，同时协助调度机构组织现货交易和辅助服务交易，而调度机构负责现货交易的组织运营。其他现货市场试点中调度与交易的职责分工尚未明确，提出交易中心与调度机构共同负责日前市场和实时市场的运行。

8 个试点实施方案在市场模式、市场架构、交易品种、交易组织、价格机制等方面，既保持了主体统一，又体现出个性差异，如表 5-1 所示。

表 5-1　　　　8 个电力现货市场试点市场机制对比

关键点	山西	广东	山东	浙江	甘肃	四川	福建	蒙西
电网类型	送出	受入	受入	受入	送出	送出	送出	送出
市场模式	集中式						分散式	
中长期合约	差价合约						实物合同	
市场成员	发用双边参与					丰水期双边	出发电侧单边	
不平衡资金主要来源	发用双方计划电和市场电的不匹配，以及常规市场化不平衡资金			现货供需预测偏差及中长期分解			基本可忽略，发电侧返还	
清洁能源参与	价格接受者	不参与			报量报价		不参与	报量报价
省间市场	中长期做边界+省间现货（调整）						边界	
现货空间	与供需预测不确定性和市场成员博弈有关						比例事先限定	
现货价格	反映实际供需水平						反映偏差调整意愿	

5.1.2.2　各现货市场试点试运行情况

各试点单位开展多轮结算试运行，8 家试点单位均完成整月以上长周期连续结算试运行，其中甘肃连续试运行 5 个月、山西连续试运行 2 个月，各试点单位对新能源大发展期、密集检修期、迎峰度夏期、迎峰度冬保供热期等电网运行全场景覆盖。试运行期间电网运行安全，市场运营平稳，清洁能源充分消纳，运行特点表现为：

（1）电力市场交易规模逐步扩大，现货交易规模合理，市场风险整体可控。各试点市场主体申报积极踊跃，市场参与程度较高，现货交易作为中长期直接交易的补充，充分发挥偏差电量市场平衡作用。从市场结算电量成分占比来看，除浙江外，试点地区的发电侧现货电量占比均小于 15%。由于浙江省并未计及中长期合约，与其他试点统计口径不一样，浙江现货电量占比超过 90%。

（2）市场出清价格波动基本反映了供求关系，符合市场规律。从成交价看，山西、山东因新能源大发展等原因，出清价格较低；甘肃因需求增加，出清价格高于中长期；浙江、福建出清价格接近中长期均价。峰谷价差方面，甘肃、山西在结算试运行中提高了市场主体出清限值，峰谷价差均有效加大。浙江、福建、山东峰谷价差增大反映出市场主体对价格因素关注度提高，也体现了市场的分时价格发现功能。

（3）电网运行安全、稳定。山西、甘肃、福建、四川断面和线路均未出现重载情况，其他省份在部分时段出现部分断面和线路短时重载（实际潮流超过限额 80%），均未对系统安全运行造成影响。

（4）新能源实现全额优先消纳。山西新能源以"报量不报价"方式，申报预测发电曲线参与现货市场，实现全额消纳。甘肃新能源装机容量占比较大，以"报量报价"方式参与现货市场，进一步提高新能源消纳的灵活性。由于试运行期间来风源较小，新能源实现了全额消纳。山东、浙江、福建、四川新能源发电不参与现货市场，全额消纳。

（5）技术支持系统运行情况良好，有效支撑现货市场高效运营。8 家试点单位现货技术支持系统可用率均为 100%，系统可靠收敛，

出清结算时间可以满足现货市场开展的要求。

5.1.2.3 各现货市场试点反映的问题

8 个试点电力现货市场实现了试结算期间电力连续、可靠、稳定供应，然而，试运行仍反映出诸多问题，主要表现在以下 7 个方面。

（1）省调机组运行方式与跨区直流输电系统运行方式紧密耦合，省内机组开机方式的市场出清结果直接影响跨区直流输电系统输送功率限额，影响了其他省的市场边界，需要进一步研究省间与省内市场衔接方式。

（2）个别电网新能源和外电占比较高，由于新能源不参与现货市场，在新能源大发展时期，新能源与外电电量将大于非市场化用电，由此产生不平衡资金，随着市场不平衡资金增大，将不利于后期市场持续稳定运行。

（3）此次试运行阶段电网未安排重大检修或出现故障异常情况，相关外部条件较为理想。各单位调度前、后台借助临时组建的运行支撑团队可保证市场正常运行，但部分试点单位已出现因人员配置不足导致市场组织和出清已超出规则规定时间。现货市场专职运营力量明显不足，难以满足未来连续不间断运营要求。

（4）个别省份过低的现货电价对发电企业投资回收造成压力。部分试点现货价格偏低，长期如此将引导中长期交易价格下降，影响电源投资回收，不利于提高电力系统供应保障能力。

（5）参与试运行的市场主体不全导致价格发现受限。现货价格发现功能受参与市场主体不全制约，山东等试点出现了负荷需求峰谷波动与现货价格峰谷波动倒置的极端现象。

（6）辅助服务市场建设不完善。辅助服务市场建设滞后，大多数试点未考虑备用市场、调峰市场，不利于辅助服务潜力的发掘与提升。

（7）市场机制不完善导致结算与信息披露环节暗藏风险。电力现货市场电费结算暗藏亏空风险，某试点地区第三次连续结算试运行期间，短短 4 天产生的不平衡电费资金达 9500 万元，且在现有机制下难以分摊。同时，信息披露无法达到市场主体要求，为市场主体购售决策带来了较大风险。

5.2 广 东

5.2.1 中长期电力市场运营[1]

2022 年 1 月 4 日，国家能源局南方监管局印发《关于南方（以广东起步）电力现货市场 2022 年结算试运行市场监管有关事项的通知》（以下简称"通知"），按照"1＋5"模式构建一套完整的市场规则体系。该体系包含了《广东电力市场运营规则》《广东电力市场现货电能量交易实施细则》《广东电力市场中长期电能量交易实施细则》《广东电力市场现货结算实施细则》等 6 个规则或实施细则。其中，《广东电力市场中长期电能量交易实施细则》包含 11 个章节，不仅对基本概念、术语定义、市场主体等进行了解释，还对中长期电力市场交易方式及品种、交易价格机制、交易电量约束、各类交易组织要求及流程等做出了具体规定。

5.2.1.1 市场成员

中长期电能量市场主体主要包括符合准入条件并完成准入注册的发电企业、售电公司、批发用户等，且在市场条件成熟后，引入辅助服务独立提供者等其他市场主体。现阶段，参加中长期电能量市场的发电企业主要包括广东省内省级及其以上调度并经政府准入的燃煤机组、燃气机组，以及以"点对网"专线输电方式向广东省送电的省外燃煤机组；市场条件成熟后，逐步纳入省内核电、水电、

---

[1] 本章节引自 http://nfj.nea.gov.cn/（国家能源局南方监督局）下发《关于南方（以广东起步）电力现货市场 2022 年结算试运行市场监管有关事项的通知》。

风电等发电机组；新建发电机组完成满负荷试运行后才能参加中长期电能量市场交易。参加中长期电能量市场的售电公司须与零售用户签订零售合同并提交广东交易中心（以下简称交易中心）登记备案、建立零售关系后方可参与交易。

5.2.1.2 交易品种和方式

中长期电能量交易主要采用双边协商、挂牌交易、集中竞价、滚动撮合等方式进行。

交易品种有市场合约交易、电网代购市场电量合约转让交易等品种。市场合约交易主要包括双边协商交易、集中竞争交易（采用集中竞价+滚动撮合交易方式）及挂牌交易等。电网代购市场电量合约转让交易等品种主要包括电网代购市场电量合约双边协商转让交易、电网代购市场电量合约挂牌转让交易、核电基数转让交易、关停机组电量转让交易。其中，关停机组电量转让交易仅限于提前关停机组的关停补偿电量交易，交易电量按合同结算，不作调整。

5.2.1.3 交易价格约束

综合考虑发电企业运营成本、市场用户电价承受能力等因素，对中长期电能量交易设置市场申报、成交价格上下限，各交易品种对应执行。其中，滚动撮合交易申报价格设置涨跌幅限制：

（1）首个交易日。

标的申报价格上限＝标的首日指导价×（1+涨跌停比例参数 $U\%$）

标的申报价格下限＝标的首日指导价×（1−涨跌停比例参数 $U\%$）

（2）正常交易日。

标的申报价格上限＝标的最新有效综合价格×（1+涨跌停比例参数 $U\%$）

标的申报价格下限＝标的最新有效综合价格×（1−涨跌停比例参数 $U\%$）

（3）综合价格。

$$标的综合价格 = [\Sigma（滚动撮合成交电量 \times$$
$$滚动撮合成交价格）] / 滚动撮合成交电量$$

若标的当日成交的市场主体数量或交易笔数不满足综合价格认定要求，则该综合价格认定为无效，采用上一日综合价格代替。未形成有效综合价格时，采用首日指导价代替。

5.2.1.4 交易价格机制

（1）双边协商交易。双边协商交易是指市场主体间通过自主协商形成交易结果的交易方式，由合约双方在规定时间节点前通过交易系统完成交易申报与确认，采用自定义分解曲线，经交易校核通过后生效。双边协商成交价格（含价格形成机制）由双方在合同中协商确定。

双边协商交易的合同电量应满足双方交易电量约束。合同价格采用绝对电能价格形式，满足最小变动价位，且不得超过交易价格约束。

（2）集中竞价交易。集中竞价交易采用边际出清方式形成价格。将买方申报按价格由高到低排序、卖方申报按价格由低到高排序，依次配对形成交易对。

$$交易对价差 = 买方申报价格 - 卖方申报价格$$

当交易对价差为负值时不能成交，交易对价差为正值或零时成交，价差大的交易对优先成交；交易对价差相同时，申报时间较早的优先成交，申报时间以系统记录时间为准。以最后一个成交对的买方申报价格、卖方申报价格的算数平均值作为集中竞价阶段的统一成交价格。

（3）挂牌交易。挂牌交易是指市场主体通过交易系统，将需求电量或者可提供电量的数量和价格等信息对外发布要约，由符合资格要求的另一方提出接受该要约的申请。采用自定义分解曲线，经交易校核通过后生效。挂牌交易采用一方挂牌、摘牌成交的价格

机制。

（4）滚动撮合交易。滚动撮合交易是指在规定的交易起止时间内，市场主体可以随时提交购电或者售电信息，交易系统按照价格优先、时间优先的原则进行滚动撮合成交，采用常用分解曲线，经交易校核通过后生效。

交易系统按不同标的进行即时自动匹配撮合，对于提交的买方申报，将未成交的卖方申报按价格由低到高排序，依次与之配对形成交易对。对于提交的卖方申报，将未成交的买方申报按价格由高到低排序，依次与之配对形成交易对。同理，交易对价差＝买方申报价格－卖方申报价格，当交易对价差为负值时不能成交，交易对价差为正值或零时成交，价差大的交易对优先成交；交易对价差相同时，申报时间较早的优先成交，申报时间以系统记录时间为准。

滚动撮合阶段可成交交易对的成交价格计算方法如下：

（1）前一笔交易成交价格大于等于买方申报价格时，成交价格为买方申报价格；

（2）前一笔交易成交价格小于等于卖方申报价格时，成交价格为卖方申报价格；

（3）前一笔交易成交价格小于买方申报价格且大于卖方申报价格时，成交价格为前一笔交易成交价格；

（4）集中竞价成交价格作为滚动撮合阶段第一笔交易成交价格。当集中竞价阶段未形成成交价格时，滚动撮合阶段首个可成交交易对的买方申报价格和卖方申报价格的算术平均值作为滚动撮合阶段第一笔交易成交价格。

5.2.2 现货电力市场运营

《通知》中阐述了对电力现货市场 2022 年试运行期间的规则进行组织修订，按照"边运行、边完善"原则，逐步完善广东电力市场规则体系。其中，《广东电力市场现货电能量交易实施细则》和《广东电力市场现货结算实施细则》对现阶段现货电能量模式、用电需求曲线、出清方式优化等做出了明确的规定。

5.2.2.1 日前电能量市场交易组织

（1）组织方式。现阶段，采取"发电侧报量报价、用户侧报量不报价"的模式组织日前电能量市场交易。

日前电能量市场采用全电量申报、集中优化出清的方式开展。参与市场的发电机组在日前电能量市场中申报运行日的报价信息，售电公司和批发用户在日前电能量市场中申报运行日的用电需求曲线，不申报价格。电力调度机构综合考虑统调负荷预测、母线负荷预测、外送受电曲线制约等因素，以社会福利最大化为优化目标，采用安全约束机组组合（SCUC）、安全约束经济调度（SCED）算法进行集中优化计算，出清得到运行日的机组开机组合、分时发电出力（发电功率）曲线，以及分时节点电价。售电公司和批发用户所申报的用电需求曲线即为其日前电能量市场的中标曲线。

省外以"点对网"方式向广东省送电的燃煤发电企业（包括桥口电厂、鲤鱼江电厂）参与广东现货电能量市场交易。条件具备前，综合考虑省间年度合同、省间市场化交易结果、清洁能源消纳需求，以及电网安全运行要求，省外向广东送电作为广东现货电能量市场交易的边界条件。

（2）交易时间定义。运行日（D）为执行日前电能量市场交易计划的自然日，每 15min 为一个交易出清时段，每个运行日含有 96 个交易出清时段。竞价日为运行日前一日（$D-1$），竞价日内，发电企业、售电公司和批发用户进行申报，并通过日前电能量市场出清形成运行日的交易结果。

（3）日前电能量市场出清过程。日前电能量市场的出清计算过程如下：

1）采用安全约束机组组合（SCUC）程序计算运行日的 96 点机组开机组合。

2）在运行日机组开机组合基础上，计算调频辅助服务市场的预出清结果，修改相应机组的出力（发电功率）上下限。

3）修改调频机组的出力上下限之后，采用安全约束经济调度（SCED）程序计算运行日的 96 点机组出力曲线和分时节点电价。

4）对运行日的机组开机组合、机组出力曲线进行交流潮流安全校核，若不满足交流潮流安全约束，则在计算模型中添加相应的约束条件，重新进行 1）～4）的计算过程，直至满足交流潮流安全约束，得到日前电能量市场的出清结果。

5.2.2.2 实时电能量市场交易组织

（1）组织方式。实时电能量市场以发电成本最小为优化目标，采用安全约束经济调度（SCED）算法进行集中优化计算，出清得到各发电机组需要实际执行的发电计划和实时节点电价。根据市场发展情况，逐步将省间年度合同外的电量纳入现货市场交易。

（2）交易时间定义。电力调度机构在系统实际运行前 15min 开展实时电能量市场交易出清。

（3）实时电能量市场出清过程。实时电能量市场的出清计算过程如下：

1）在实时开机组合基础上，计算调频辅助服务市场的出清结果，修改相应机组的出力（发电功率）上、下限。

2）修改调频机组的出力上、下限之后，采用安全约束经济调度（SCED）程序计算发电机组的实时出力计划。

3）对实时电能量市场优化计算时间窗口内的机组出力曲线进行交流潮流安全校核，若不满足交流潮流安全约束，则在计算模型中添加相应的约束条件，重新进行 SCED 计算，直至满足交流潮流安全约束，得到实时电能量市场的出清结果。

5.3 浙 江

5.3.1 中长期电力市场运营❶

5.3.1.1 市场成员

市场成员包括各类发电企业、售电企业、电网企业、电力用户、电力交易机构、电力调度机构等。

5.3.1.2 交易品种和方式

浙江售电市场交易分为电力批发交易和电力零售交易。电力批发交易是发电企业、售电企业、批发市场用户之间通过市场化方式进行电力交易活动的总称。电力零售交易是售电企业与零售用户开展的电力交易活动的总称。

电力批发交易可采用双边协商、集中竞价、平台挂牌等方式进行，其中电力交易双方的供需信息应在电力交易平台上发布。❷

5.3.1.3 价格机制

售电市场的交易价格由市场主体通过双边协商、集中竞价、挂牌等市场化方式形成，第三方不得干预，交易价格含环保和超低排放电价。

双边协商交易的交易价格按照双方合同约定执行；集中竞价交易价格按照边际价格统一出清确定；挂牌交易价格按照摘牌成交电价确定。交易价格分为尖峰、高峰和低谷价格三种，尖峰、高峰和低谷时段按照《浙江省电网销售电价表》中规定的分时电价时段确定。交易期间，国家如调整上网电价，各类交易价格不作调整。

发电企业与售电企业或批发市场用户的批发侧合同电量的交易

---

❶ 本节引自《浙江省中长期电力交易规则（修订版）》（浙发改能源〔2021〕427号）。

❷ 本节引自《浙江省部分行业放开中长期电力交易基本规则（试行）》（浙发改能源〔2019〕405号）。

价格即为结算价格；批发市场用户的到户结算价格由交易价格、输配电价（含线损及交叉补贴）、政府性基金及附加等构成。输配电价、相关政府性基金及附加等按国家及浙江省有关规定执行。市场用户参与售电市场交易继续执行基本电价、功率因数考核等电价政策。

单一发电企业的月度总合同成交电量（即当月全部月度交易合同电量与本年度已成交电量的当月分月电量之和，不含未执行峰谷分时价格的用户的合同电量）的谷电比例原则上不低于本年度售电市场基准谷电占比，若该发电企业月度合同成交谷电比例不足，低谷电量不足部分（以下简称低谷缺额电量）纳入该发电企业的年度售电市场总结算电量（即总合同电量与低谷缺额电量之和）。年度售电市场基准谷电占比根据年度售电市场交易工作方案执行。本年度售电市场基准谷电占比，原则上参考上一年度全行业用户峰谷比确定。

集中竞价交易中，为避免市场操纵及恶性竞争，可对报价设置上限；参与市场交易机组发电能力明显大于用电需求时，可对报价设置下限。

5.3.1.4 交易组织

（1）交易时序安排。电力批发交易品种包括年度双边协商交易、年度挂牌交易、月度双边协商交易、月度集中竞价交易、月度挂牌交易等。

原则上每年 11 月初，开展次年年度双边协商交易，在 11 月底前完成。市场主体经过双边协商，根据交易结果，签订年度双边协商交易合同。每年 12 月初，根据年度双边协商交易情况，适时组织开展年度挂牌交易，具体交易时限根据年度售电市场交易工作方案执行。

根据月度用电需求，适时组织开展月度双边协商交易、月度集中竞价交易、月度挂牌交易。其中，月度双边协商交易原则上应在每月 15 日前组织，在次月执行；月度集中竞价交易原则上应在每月

20 日前组织，在次月执行；月度挂牌交易原则上应在每月 25 日前组织，在次月执行。

（2）双边协商交易。参加双边协商交易的市场主体包括准入的发电企业、批发市场用户、售电企业。双边协商交易应约定如下：

1）年度双边协商交易意向协议，购售电双方应约定年度交易总量及全年各月尖峰、高峰和低谷时段的分解电量。

2）月度双边协商交易，购售电双方应约定月度的尖峰、高峰和低谷时段的交易电量。

3）购售电双方应约定尖峰、高峰和低谷时段的交易价格。

年度（月度）双边协商交易启动前，电力调度机构向电力交易机构提供相关信息，通过电力交易平台等方式发布年度（月度）双边交易相关市场信息，包括但不限于：标的年（标的月）省内全社会、统调口径电力电量供需预测。

电力交易机构通过电力交易平台发布年度（月度）市场交易相关市场信息和交易公告，包括但不限于：

1）标的年（标的月）省内全社会、统调口径电力电量供需预测。

2）标的年（标的月）发电企业可参与年度（月度）双边协商交易电量的上限，电量上限由年度电力直接交易试点工作方案确定。

3）市场成员准入名单、交易开始时间、交易截止时间、结果发布时间等。

双边协商交易意向通过电力交易平台提交至电力交易机构，申报时间以交易公告为准。申报截止时间之前，市场主体可在任意时间修改双边协商交易意向，但双边交易一方申报，另一方确认后不得再修改。

年度双边协商协议应包括年度总量，全年各月尖峰、高峰和低谷时段的分解电量、交易价格等。月度双边协商协议应包括月度总量，全月尖峰、高峰和低谷时段的分解电量、交易价格等。

电力交易机构依据发电企业允许交易电量上限和批发市场用

户、售电企业允许交易电量上限对双边协商意向进行规范性检查，形成双边协商无约束交易结果并发布，同时转送电力调度机构进行发电侧安全校核。

电力调度机构原则上 7 个工作日内完成年度双边协商交易的安全校核，3 个工作日内完成月度双边协商交易安全校核，并将校核结果和校核说明返回电力交易机构。

未通过安全校核的部分，由电力交易机构按照本年度售电市场基准谷电占比同比例调减尖峰、高峰和低谷电量（包括低谷缺额电量），直至通过安全校核。

电力交易机构发布经过安全校核后的双边协商交易结果和安全校核说明。交易结果发布后，交易双方签署正式双边协商交易合同。

（3）集中竞价交易。集中竞价交易在月度开展，基于尖峰、高峰和低谷时段按月分别进行交易组织。

电力交易机构在不迟于交易日的 3 个工作日前发布月度集中竞价交易预通知，包括交易的开市时间、交易主体范围等信息。

批发市场用户和售电企业在交易日的 2 个工作日前申报次月集中竞价电量需求，作为次月集中竞价可交易电量上限值。

次月集中竞价电量需求 = 次月用电预测 – 年度双边协商交易合同中该月合同量 – 月度双边协商交易成交电量。次月集中竞价电量需求大于零时，开展次月月度集中竞价交易。

发电企业在交易日的 2 个工作日前申报次月集中竞价参与意向，意向包括本次交易发电企业参与或不参与。申报截止时间前未申报视为不参与本次交易。

发电企业月度集中竞价电量上限按以下步骤确定：

1）根据批发市场用户和售电企业申报的次月集中竞价电量需求总量（$Q_{月度}$），按照当年直接交易试点工作方案确定的上限比例（$K_{直}$），确定发电企业月度集中竞价电量上限总量（$Q_{总上限}$），即

$$Q_{总上限} = Q_{月度} \times K_{直}$$

2）根据发电企业申报的参与次月集中竞价意向，确定月度全部发电企业装机总容量（$MW_{月总}$），进而确定各发电企业集中竞价申报电量上限，即

某一发电企业月度集中竞价电量上限 =（该发电企业装机容量/

$$MW_{月总}）×Q_{总上限}$$

交易日的前 1 个工作日，电力交易机构通过电力交易平台发布次月集中竞价交易相关信息，包括但不限于：① 月度集中竞价交易报价时间、报价规则等；② 次月集中竞价交易总需求电量，即批发市场用户和售电企业申报的次月电量总需求（$Q_{月度}$）；③ 次月意向参与的发电企业名单及装机容量；④ 次月各发电企业申报上限电量；⑤ 次月发电机组、电网通道运行约束情况。

月度集中竞价交易申报要求如下：① 发电企业、售电企业和批发市场用户均通过电力交易平台统一申报，以申报截止前最后一次的有效申报作为最终申报；② 卖方申报（发电企业）实行六段式报量、报价，每段电量不得超过其上限电量值的 20%，报价价格逐段递增，每段价差不得小于 3.0 元/MWh；③ 买方申报（批发市场用户和售电企业）实行六段式报量、报价，每段电量不得超过其申报电量的 20%，报价价格逐段递增，每段价差不得小于 3.0 元/MWh。

月度集中竞价交易排序与出清规则如下：① 月度集中竞价交易采用边际统一出清方式，按照"价格优先原则"对买方申报价格由高到低排序，卖方申报价格由低到高排序；② 按市场边际成交价格统一出清，若买方与卖方边际成交价格不一致，则按两个价格算术平均值执行；③ 若出清价格由两家及以上报价确定，则按各家该报价段所报电量比例分配成交电量。

电力交易机构将无约束交易结果通过电力交易平台发布，同时推送电力调度机构进行发电侧安全校核。

电力调度机构在 3 个工作日内完成安全校核，形成有约束交易结果。如存在未通过安全校核的机组，电力交易机构根据安全校核

结果和集中竞价出清办法进行二次出清。

电力调度机构应将有关机组未通过安全校核的原因一并转交交易机构，由电力交易平台向市场主体发布。

电力交易平台向市场主体发布有约束交易结果和安全校核说明。

交易结果发布后，买方和卖方应及时对交易结果进行核对，若有问题应在 1 个工作日内向电力交易机构提出，由电力交易机构会同电力调度机构进行解释。逾期未提出问题的，视为无异议。交易出清后公告的各方交易结果，具备与纸质合同同等法律效力。

（4）挂牌交易。挂牌交易按照尖峰、高峰、低谷时段进行交易组织。购售电双方均可以挂牌，可分段申报、分段成交。

同一笔挂牌电量若被多个市场主体摘牌，则按照摘牌"时间优先"原则依序形成合同；若时间优先级相同，则按申报比例分配交易电量。电力交易平台即时滚动更新剩余交易空间。

市场主体申报总电量不得超过挂牌交易电量上限。

挂牌交易闭市后，电力交易机构于第 2 个工作日对平台挂牌交易意向进行审核、汇总，形成平台挂牌无约束交易结果，并通过电力交易平台发布，同时推送电力调度机构进行发电侧安全校核。电力调度机构原则上在 3 个工作日内完成安全校核。未通过安全校核的，由电力交易机构按照平台挂牌交易电量等比例调减，直至通过安全校核。

5.3.2   现货电力市场运营[1]

根据国家发展改革委、国家能源局《关于做好电力现货市场试点连续试结算相关工作的通知》（发改办能源规〔2020〕245 号）要求，基于浙江电力市场技术支持系统现有功能，开展了浙江电力现

---

❶ 本节引自《关于征求〈浙江电力现货市场基本规则（征求意见稿）〉意见的通知》https://fzggw.zj.gov.cn/。

货市场第五次连续结算试运行。

结算试运行时间为 2021 年 12 月 1 日—2021 年 12 月 31 日。全省统调发电企业（除风电、光伏等电源外）和省电力公司代理购电的用户参与本次结算试运行，其他发电侧电源作为边界参与出清。

（1）现货市场主体：统调煤电机组，统调燃气机组，试验及热电联产机组，统调水电、统调核电、非统调煤电机组，临修（消缺）和计划检修机组，必开机组，市场化电力用户。其中，必开机组和必停机组为因考虑到系统安全等因素，由省电力调度机构指定开机和停机的燃煤或燃气机组。必开机组采用核定成本和市场申报价格的低值参与出清和补偿。

（2）中长期合约分解方法：机组的事前合约电量按照既定算法由程序分解至每个结算时段。其中，分解原则为煤电（包括热电联产）和燃气机组分别按照考虑 12 个月内的各类型工作日、双休日和节假日典型曲线，分解至每台机组的每个结算时段。燃气机组事前分配合约电量中，低谷时段（22:00 至次日 6:00）不分配合约电量（合约电量为零）。机组计划检修时段的合约调整到该机组其他时段或电厂其他机组，机组计划检修时段不分配合约电量（合约电量为零）。需要注意的是，检修时段包括正式报复役当日（D 日）。当正式复役日期与计划复役日期不一致时，事前合约根据调度中心记录的正式报复役日进行事后调整（根据实际上网电量事后分配的合约不做事后调整），并按照既定算法，保持电厂月度总合约量不变。若电厂结算试运行期间所有机组全时段计划检修，则不分配合约。

（3）现货日前市场：运行日（D 日）为实时市场交易的自然日，日前（$D-1$ 日）为运行日的前一日。市场主体在日前进行交易申报，出清形成日前市场交易结果。省电力调度机构按日组织日前市场，在考虑电网运行和物理约束的前提下，满足日前市场负荷需求和备用需求，通过电能、备用的联合优化，以发电成本最小化为目标，进行日前市场出清，形成日前市场出清结果，以此为基础编制日前

调度计划。

（4）现货实时市场：实时市场考虑电网实际运行状态和物理约束，满足超短期负荷预测和备用需求，通过电能、备用、调频的联合优化，以发电成本最小化为目标，进行实时市场出清，形成实时市场出清结果，以指导各市场主体实际执行。实时市场发电侧报价采用日前封存的信息，用户侧不参与交易申报。在日内运行期间，省电力调度机构根据系统运行情况开展日内滚动发电计划，采用安全约束机组组合（SCUC）和安全约束经济调度（SCED）算法模型，以系统发电成本最小为目标，对日内机组启停状态、机组出力进行优化决策，确保滚动调度计划结果满足系统备用需求、供区平衡裕度、电网阻塞管理等要求。在实时运行期间，省电力调度机构基于电网运行状态、机组运行边界和超短期预测信息等边界条件，在日前调度计划和日内滚动调度计划的基础上，以发电成本最小为目标，采用安全约束经济调度（SCED）进行集中优化计算，通过电能、调频、备用联合出清得到实时市场交易结果，包括运行日（D 日）的机组实时发电计划曲线、发电侧实时节点电价、辅助服务价格，以及用户侧实时负荷中心统一电价等。实时市场采用事前定价方式进行结算，即结算价格为实时市场的事前出清价格，发电企业结算电量为实际计量上网电量，用户结算电量为实际用电量。

5.4　山　西

5.4.1　中长期电力市场运营[1]

5.4.1.1　市场成员

市场成员包括市场主体、电网企业和市场运营机构三类。市场

---

[1] 本章节引自《山西省电力市场规则汇编（试运行）》http://sxb.nea.gov.cn/。

主体包括各类发电企业、电力用户、售电公司、独立辅助服务提供者和虚拟电厂等，其中售电公司包括独立售电公司和拥有配电网运营权的售电公司。市场运营机构包括电力交易机构和电力调度机构。

5.4.1.2 中长期市场交易品种和方式

中长期市场交易品种包括参与省间交易、省内电力直接交易、合约转让交易、回购交易、抽水蓄能容量电费认购交易、可再生能源电力证书交易等。后期根据市场需要，增加其他类型交易品种。

中长期市场交易方式主要包括双边协商、集中交易。其中，集中交易包括集中竞价、挂牌、滚动撮合交易。

5.4.1.3 价格机制

中长期交易的成交价格由市场化方式自然形成，第三方不得干预。市场主体申报价格限制由电力交易机构根据政府有关文件，在交易时间预安排或交易公告中明确。双边协商交易价格按照达成的交易合约确定，原则上不进行限价；集中竞价交易根据双方报价高低匹配确定或按统一边际出清价格确定；挂牌交易价格按摘牌价格确定。初期按单一价格开展中长期交易，条件成熟后市场主体可申报电量（力）-电价曲线。现货模式下，市场主体所有直接交易合同均须约定曲线并标明全天96点各时刻的价格，且所标价格不低于0元/MWh、不高于山西省现货出清最高限价。合同的交易双方协商一致后可在规定时间调整交易执行日的分时段合同电量，但需满足合同期内各分时段的合同总量不变，不能调整96点各时刻的价格。

综合考虑发电企业运营、市场用户电价承受能力等因素，可对省内电力直接交易集中竞价设置报价上、下限。上、下限标准由山西省电力市场管理委员会根据国家相关政策，于每年11月底前提出建议，报省能源局和山西能源监管办批准后用于次年交易。

5.4.1.4 交易组织

根据北京电力交易中心安排，组织省内发电企业参与省间交易。达成交易后，年度分月电量由购电方确定，交易曲线按交易公

告执行。

省内交易由山西电力交易中心根据省能源局确定的交易规模、市场主体目录组织开展。原则上，省内交易的优先次序为：年度电力直接交易，月度电力直接交易、月度合约转让交易，月内电力直接交易、月内合约转让交易。

另外，抽水蓄能电站容量电费认购交易视情况确定交易时间，原则上每年组织一次。新能源发电可参与绿电交易、直接交易、合约转让交易、分时段交易，可通过年度合约分月调整、分时段交易（或月内分日电量及曲线调整、发电侧市场月度、月内合约电量转让交易）等方式调控新能源中长期合约电量与实际交割电量之间的偏差。

（1）年度电力直接交易：年度电力直接交易按双边协商、集中竞价和挂牌交易三种方式开展。在年度电力直接交易执行过程中，可根据市场运营实际、市场主体需要等情况进行调整。原则上，年度电力直接交易组织流程为：交易机构发布年度交易时间预安排，市场主体申报交易需求，发布交易公告，按交易公告明确的交易方式开展年度电力直接交易，形成交易合约。

相关市场主体按照交易机构时间安排在交易平台申报年度交易电量需求，具体申报方式和要求根据当年交易工作方案及实际情况确定。

年度双边协商交易流程：① 交易公告发布。交易机构在交易平台发布年度双边协商交易公告，包括但不限于交易规模、交易方式、交易时间安排、出清方式等信息。② 交易申报。各市场主体根据交易公告，开展年度双边协商交易申报。购售双方登录交易平台申报交易意向并进行确认，主要包括交易对象、交易电量及分月电量、交易曲线、交易电价、合约起止时间等。其中，交易曲线可自行约定，也可选择交易平台提供的典型交易曲线。③ 交易出清与结果发布。交易申报结束后，交易机构进行出清，经交易校核后发布交易结果。④ 电量分解。交易机构按照平分原则，将分月电量平分至每日，然后按照交易曲线将每日电量分解至各时段，形成带分时电量的交易合约。

年度集中竞价可针对不同的电源类型采用分批次、单独的组织方式，新能源发电企业优先组织，其次开展常规能源机组集中竞价交易；也可采用新能源发电企业与常规能源机组同台集中竞价组织交易。年度集中竞价交易流程：① 交易公告发布。交易机构在交易平台发布年度集中竞价交易公告，包括但不限于：交易方式、交易时间安排、交易合约起止时间、出清方式、交易曲线等信息。② 交易申报。各市场主体根据交易公告，开展集中竞价交易申报。买卖双方登录交易平台，在对应交易序列下申报交易电量、交易电价。在交易申报时间内，以申报截止前最后一次有效申报作为最终申报。③ 交易出清与结果发布。交易申报结束后的 1 个工作日内，交易机构按照高低匹配法或边际电价法的方式进行出清，经交易校核后，发布交易结果。④ 电量分解。原则上，交易机构按照平分原则将成交电量平均分解到月、到日、到时段，形成带分时电量的交易合约。

年度挂牌交易流程：① 交易公告发布。交易机构在交易平台发布年度挂牌交易公告，包括但不限于：交易方式、交易时间安排等信息。② 挂牌。市场主体根据交易公告，申报挂牌。挂牌方根据需要，可以按总电量挂牌，也可以按峰、平、谷时段分别挂牌。发电企业在卖方序列申报，售电公司、批发用户在买方序列申报，申报信息包括交易电量及分月电量、交易曲线、交易电价、交易合约起止时间等。其中，交易起始时间不能早于挂牌截止时间；交易曲线可自行填报，也可选择交易平台提供的典型交易曲线。若有交易规模限制，发用两侧平分挂牌规模，且各侧均按时间优先的次序进行挂牌，达到指定规模或规定时间后停止挂牌。③ 摘牌。市场主体按照按时间优先的次序进行摘牌，先摘先得，经交易校核后发布交易结果，交易平台即时滚动更新剩余交易空间。若无市场主体摘牌，

到达挂牌交易截止时间后该挂牌自动失效。④ 电量分解。交易机构按照平分原则，将分月电量平分至每日，然后按照交易曲线将每日电量分解至各时段，形成带分时电量的交易合约。

抽水蓄能电站容量电费认购交易：以挂牌交易的方式，组织开展抽水蓄能容量电费认购交易。其流程如下：① 交易公告发布。交易机构在交易平台发布抽水蓄能容量电费认购交易公告，包括但不限于：交易方式、交易时间安排、交易规模、交易价格、安全约束等信息。② 挂牌。按照交易公告，在交易平台进行挂牌。③ 摘牌。火电机组按照时间优先的次序进行摘牌，先摘先得。④ 经交易机构交易校核后发布交易结果，形成交易合约，并推送给调度机构。⑤ 交易电量未达到发电侧应承担的容量电费规模的，剩余电量按照电费结算实施细则相关规定分摊。

（2）月度交易：每月交易机构发布月度交易时间预安排，组织开展年度合约分月电量调整、月度合约电量转让交易、月度电力直接交易。

年度合约分月电量电价调整流程：在保持合约电量不变的条件下，市场化合约双方经协商一致，可以在规定时间内调整次月及以后数月的年度合约分月电量。燃煤发电企业与购电方可以按照"基准价+上下浮动"机制对年度合约分月电价进行调整。分月电价调整指数、基准参数、浮动比例等事项由购售双方在年度合约中明确。参加年度交易时未选择按月调整分月电价的，分月价格不再调整。原则上应于次月合同转让交易开市前，完成次月电价调整。流程如下：① 公告发布。交易机构在月度交易时间预安排中明确分月电量电价调整相关事项。② 调整申报。用电侧合约方登录交易平台，发起分月电量电价调整申请。③ 调整确认。发电侧合约方登录交易平台，对用电侧合约方发起的分月电量电价调整进行确认。④ 数据更新。经发电侧合约方确认后，交易平台自动更新合约数据。若发电侧合约方在规定时间内未完成确认，则仍按照此次调整前的年度合

179

约分月电量电价执行。

月度电力直接交易：每月组织次月月度电力直接交易，一般按照双边协商、集中竞价和挂牌方式开展。执行过程中可根据市场运营实际、市场主体需要等情况进行调整。

月度双边协商交易流程：① 交易公告发布。交易机构在交易平台发布月度双边协商交易公告，包括但不限于：交易规模、交易方式、交易时间安排、出清方式等信息。② 交易申报。各市场主体根据交易公告，开展月度双边协商交易申报。购售双方登录交易平台申报交易意向并进行确认，主要包括交易对象、交易电量及分日电量、交易曲线、交易电价、合约起止时间等。其中，交易曲线可自行约定，也可选择交易平台提供的典型交易曲线。③ 交易出清与结果发布。交易申报结束后，交易机构进行出清，经交易校核后发布交易结果。④ 电量分解。交易机构按照交易曲线将每日电量分解至各时段，形成带分时电量的交易合约。

月度集中竞价交易流程：可针对不同的电源类型采用分批次单独的组织方式，新能源发电企业优先组织，其次开展常规能源机组集中竞价交易；也可采用新能源发电企业与常规能源机组同台集中竞价组织交易。市场初期按照标准交易曲线开展月度集中竞价交易，市场成熟后可按尖峰、峰、平、谷四段分别开展交易。

1）标准曲线交易。① 交易公告发布。交易机构在交易平台发布月度集中竞价交易公告，包括但不限于：交易方式、交易时间安排、交易合约起止时间、出清方式、交易曲线等信息。② 交易申报。各市场主体根据交易公告，开展集中竞价交易申报。发电企业、售电公司、批发电力用户登录交易平台，在对应交易序列下申报交易电量、交易电价。在交易申报时间内，以申报截止前最后一次有效申报作为最终申报。③ 交易出清与结果发布。交易申报结束后，交易机构按照高低匹配或统一边际价格的方式进行出清，经交易校核后，发布交易结果。④ 电量分解。交易机构按照平分原则将成交电

量平分至交易期每日，然后按照交易曲线将分日电量分解到时段，形成带分时电量的交易合约。

2）峰平谷分段交易按尖峰、峰、平、谷四段分别开展交易，各段交易曲线均为一条直线。流程如下：① 交易公告发布。交易机构在交易平台发布月度集中竞价交易公告，包括但不限于：交易方式、交易时间安排、交易合约起止时间等信息。② 交易申报。各市场主体根据交易公告，开展集中竞价交易申报。发电企业、售电公司、批发电力用户登录交易平台，在对应交易序列下申报交易电量、交易电价。在交易申报时间内，以申报截止前最后一次有效申报作为最终申报。③ 交易出清与结果发布。交易申报结束后 1 个工作日内，交易机构进行出清，经交易校核后，发布交易结果。④ 电量分解。交易机构按照平分原则，将峰、平、谷三个序列的成交电量平分至交易期各日的相应时段，形成带分时电量的交易合约。

（3）月内交易：月内组织开展电力直接交易、合约转让交易，执行过程中可根据市场运营实际、市场主体需要等情况进行调整。

月内挂牌电力直接交易：在市场初期，月内电力直接交易一般按照挂牌方式，按旬（或周）开展。每旬（或周）开展下一旬（或周）的挂牌交易，交易标的为下一旬的直接交易电量（或下一周至月末的直接交易电量）。市场成熟后，月内挂牌交易在交易日连续开市，交易标的为本月 $T+3$ 日至月末的直接交易电量，具体交易开市时间在交易公告中明确。如遇当日组织开展月内合约转让交易或回购交易时，挂牌交易市场当日闭市。其中，T 表示交易日。流程如下：① 交易公告发布。交易机构在交易平台发布周挂牌交易公告，包括但不限于：交易方式、交易时间安排等信息。② 挂牌。市场主体根据交易公告，申报挂牌。挂牌方根据需要，可以自定义曲线挂牌、选取典型曲线挂牌，也可以按峰、平、谷时段分别挂牌。发电企业在卖方序列申报，售电公司、批发用户在买方序列申报，申报信息包括交易电量及分日电量、交易曲线、交易电价、交易合约起止时间等。其中，交易起始时间不能早于挂牌截止时间；交易曲线可自行约定，也可选择交易平台提供的典型交易曲线。③ 摘牌。市场主体按照时间优先的次序进行摘牌，先摘先得，经交易校核后发布交易结果，形成带分时电量的交易合约，交易平台即时滚动更新剩余交易空间。若无市场主体摘牌，到达挂牌交易截止时间后该挂牌自动失效。

月内合约转让交易：以双边协商或挂牌交易的方式，开展月内用电侧市场化合约电量转让交易、发电侧市场化合约电量转让交易。

在市场初期，月内市场化合约转让交易一般按周开展。交易标的为下一周至月末的市场合约电量。市场成熟后，月内用电侧合约转让交易在交易日连续开市，交易标的为本月 $T+3$ 日至本月末的月内合约电量，最小合约周期为 2 日；若 $T+3$ 日为次月第 1 日，则交易周期为次月 1 日至次月月末；具体交易开市时间在交易公告中明确。流程如下：① 交易申报。售电公司、批发用户的出让方根据需要，在交易平台对应交易序列下申报交易对象、交易电量、交易曲线、交易合约起止时间；受让方对出让方填报意向进行确认。② 交易结果发布。经交易校核后，当日交易机构发布出清结果，形成交易合约。

月内发电侧合约转让交易在交易日连续开市，交易标的为本月 $T+3$ 日至本月末的月内合约电量，最小合约周期为 2 日；若 $T+3$ 日为次月第 1 日，则交易周期为次月 1 日至次月月末；具体交易开市时间在交易公告中明确。流程如下：① 交易申报。出让方发电企业根据需要，在交易平台对应交易序列下申报交易对象、交易电量、交易曲线、交易合约起止时间；受让方对出让方填报意向进行确认。② 交易结果发布。经交易校核后，当日交易机构发布出清结果，形成交易合约。

5.4.2 现货电力市场运营

5.4.2.1 现货市场成员

现货市场成员主要包括各类发电企业、电力用户、售电公司、独立辅助服务供应商和虚拟电厂等，以及电网企业和市场运营机构。其中，各类省调发电企业（不含自备电厂、煤层气电厂、水电厂和抽蓄电站等）、电力用户、售电公司为参与现货交易的市场主体。有关虚拟电厂参与现货市场的细化方案另行制定。

5.4.2.2 中长期交易与现货交易的协调

采用"中长期合约仅作为结算依据管理市场风险、现货交易采用全电量集中竞价"的交易模式。中长期交易结果不作为调度执行依据。

各发电企业的外送年度、月度交易电量，以及省内年度直接交易电量须分解至月。调度机构按照"优先发电、优先安排"的原则，将各发电企业的优先发电电量、西龙池电量等政府定价电量分解至日。在现货市场申报前，各发电企业的日结算电量须分解为交割日的分时电量结算曲线。各新能源企业（除晋北风电基地等无保障性电量的场站以外）和常规燃煤火电机组的政府定价电量及曲线分解规则如下：

（1）$D-1$ 日 08:30 前，电力调度机构预测 D、$D+1$、$D+2$ 日省内非市场用户 96 点用电负荷曲线，剔除非市场机组发电曲线（自备电厂、燃气、煤层气电厂、水电、抽蓄等）后，形成 D、$D+1$、$D+2$ 日可向省内发电侧分配的政府定价电量及其 96 点曲线。其中，供热期间，燃气电厂按照核定的供热下限分配政府定价电量，若某时段（15min）燃气电厂实际发电量小于等于核定供热下限的电量，其结算价格执行政府定价；若某时段（15min）燃气电厂实际发电量大于核定供热下限的电量，其结算价格按照货市场价格结算。

（2）在此基础上，电力调度机构按照"以用定发"的匹配原则，

将 D、$D+1$、$D+2$ 日省内发电侧政府定价电量的 96 点曲线，以 15min 为周期，按两个梯次向发电企业分配。第一梯次为新能源企业；第二梯次为拥有西龙池电量的常规燃煤火电企业。若在某 15min 内，发电侧政府定价电量已在前序梯次分配完成，则不再向后续梯次进行分配。某常规燃煤火电企业分配得到的政府定价电量，再平均分配至厂内各台机组。在火电机组计划检修的批复期内，不再分配政府定价电量。

（3）每 15min 内，可分配的发电侧政府定价电量，按照各新能源企业功率预测，占该时段全部新能源企业功率预测的比例进行分配，不超过新能源预测功率。若某新能源企业已完成政府下达的年度保障性利用小时数，则不再参与上述分配。

（4）若 D、$D+1$、$D+2$ 日省内发电侧政府定价电量分配给新能源企业后仍有剩余，则分配给省内常规燃煤火电机组。

（5）$D-1$ 日 08:30 前，向市场发布 D、$D+1$、$D+2$ 日各发电企业政府定价电量的分解曲线结果。其中，D 日分解结果作为正式结算依据，$D+1$、$D+2$ 日分解结果作为参考依据，每日滚动更新。中长期市场化交易的类型、交易方式、曲线分解方法按照《山西省电力市场中长期交易实施细则》执行。

5.4.2.3 省间与省内现货市场的协调

日前省内和省间现货市场采取"分别报价、分别出清"的组织方式，在日前省内现货市场预出清结束后，发布各机组次日发电预计划曲线和富余发电能力曲线，作为参与省间现货市场的边界条件。省内火电机组和新能源发电企业依据日前省内现货市场的预出清结果，参照自身各时段的富余发电能力，自愿参与省间现货市场。

省间现货市场的交易组织与实施按照《省间电力现货交易规则（试行）》（国家电网调〔2021〕592 号）执行。省间现货市场未启动运行前，新能源企业按照《国家能源局关于同意印发〈跨区域省间富余可再生能源电力现货试点规则〉（试行）的复函》（国能函监管

〔2017〕46 号)、《国家电网公司关于印发跨区域省间富余可再生能源电力现货试点规则（试行）的通知》（国家电网调〔2017〕657 号）相关要求，积极参与跨区富余新能源现货交易，拓展消纳空间。

5.4.2.4 日前市场出清过程

竞价日 17:30 前，电力调度机构基于市场成员申报信息、运行日的电网运行边界条件，以及电网和机组运行约束条件，采用长周期安全约束机组组合（SCUC）、安全约束经济调度（SCED）程序进行优化计算，出清得到日前电能量市场交易结果，包括机组开停计划、发电计划曲线、分时电价和节点电价。电力调度机构将次日系统负荷预测曲线、用电侧申报曲线、联络线外送计划、各机组报价、机组运行参数、线路运行参数等作为输入信息，以全网发电成本最小化为目标，考虑全网高峰旋转备用（旋备）、低谷负备和分区备用要求、断面极限等电网运行约束，以及最大最小出力（发电功率）、爬坡限制等机组运行约束，通过带安全约束的机组组合（SCUC）、安全约束经济调度（SCED）程序进行优化计算，出清得到日前电能量市场交易结果，包括机组开停计划、发电计划曲线、分时电价和节点电价。本质上，机组开停和发电计划曲线取决于包含启动成本、空载费用、电能量价格在内的综合成本。具备条件后，机组组合出清阶段，按照系统负荷预测进行计算，保障电力平衡；电能量市场出清阶段，按照（用电侧申报曲线＋非市场化用电预测曲线）计算各机组发电计划和节点电价，反映市场主体交易意愿。

5.4.2.5 实时省内现货交易

（1）组织方式：实时现货市场定位为在日前电能量市场出清的基础上，依据日内超短期负荷预测、新能源功率预测申报等边界条件变化，按照规则形成实时发电计划与实时节点电价。实时运行时，电力调度机构基于日前电能量市场封存的发电机组申报信息，根据超短期负荷预测、新能源发电预测，日内省间现货交易结果、日内华北跨省调峰交易结果等边界条件，在日前发电终计划的基础上，

以全网发电成本最小化为优化目标,采用安全约束经济调度(SCED)算法进行集中优化计算,得到实时电能量市场出清,以及各发电机组需要实际执行的发电计划和实时节点电价。

（2）出清模式:电力调度机构将超短期负荷预测、新能源发电预测,日内省间现货交易结果、日内跨省调峰交易结果、各机组日前报价、机组运行参数、线路运行参数等作为输入信息,以全网发电成本最小化为目标,考虑备用需求、断面极限等电网运行约束与最大最小出力、爬坡限制等机组运行约束,通过带安全约束的经济调度程序(SCED)进行市场滚动出清计算,形成各机组下一个15min的发电计划与实时节点电价。

5.5 山　东

5.5.1 中长期电力市场运营[1]

山东能源监管办会同省发展改革委、省能源局修订印发《山东省电力中长期交易规则》,在总结前期运行经验的基础上,对试行版交易规则进行了较大程度的补充、完善和深化。《山东省电力中长期交易规则》明确了交易组织原则,重点增加了月度调减交易品种和购电侧合同转让月内集中竞价交易品种,进一步丰富山东电力市场交易品种、方式和频次,有效提高市场交易的灵活性和流动性。

5.5.1.1 市场成员

市场成员包括发电企业、电力用户、配售电企业、储能企业、电网企业、电力交易机构、电力调度机构等。直接参与批发交易的电力用户,称为批发用户;参与零售交易的电力用户,称为零售用户。

---

[1] 本节引自《关于修订〈山东省电力中长期交易规则〉的通知》(鲁监能市场规〔2021〕74号)中《山东省电力中长期交易规则(修订版)》。

5.5.1.2 交易品种和方式

电力中长期交易现阶段主要开展电能量交易，灵活开展发电权交易、合同转让交易，根据市场发展需要开展输电权、容量等交易。

电力中长期电能量交易是指符合准入条件的发电企业与售电公司、批发用户经双边协商、集中竞价、挂牌交易等方式达成的年度、季度、月度及月内（多日）购售电电量交易。现阶段主要开展年度（季度）双边协商交易、月度双边协商交易、月度集中竞价交易、月度调减交易。

电力中长期交易应在山东电力交易平台上采取双边协商、集中竞价、挂牌等方式开展。

（1）双边协商交易是指市场主体之间自主协商交易电量、电价，形成双边协商交易初步意向后，再经调度机构安全校核，交易相关各方确认后形成交易结果。

（2）集中竞价交易是指市场主体通过电力交易平台申报电量、电价，电力交易机构通过电力交易平台汇总市场主体提交的交易申报信息，考虑安全约束进行市场预出清，经电力调度机构安全校核后，发布最终的成交对象、成交电量与成交价格等。

（3）挂牌交易是指市场主体通过电力交易平台，将需求电量或可供电量的数量和价格等信息对外发布要约，由符合资格要求的另一方提出接受该要约的申请，经安全校核和相关方确认后形成交易结果。

以集中竞价交易形式开展的交易定期开市。双边合同在合同双方达成一致的前提下，于交易申报截止时间前均可提交或修改。根据电力市场化改革情况，鼓励以双边协商形式开展的交易连续开市。

为降低市场操纵风险，发电企业在单笔电力交易中的售电量不得超过其剩余最大发电能力，购电量不得超过其售出电能量的净值。批发用户和售电公司在单笔电力交易中的售电量不得超过其购入电能量的净值（指多次购入、售出相互抵消后的净购电量）。除电网安全约束外，不得限制发电企业在自身发电能力范围内的交易电量申报；发电权交易、合同转让交易应当遵循购售双方的意愿，不得人为设置条件，原则上鼓励清洁、高效机组替代低效机组发电。

省外以"点对网"专线输电的发电机组（含网对网专线输电但明确配套发电机组的情况），纳入山东电力电量平衡，根据山东优先发电计划放开情况参与山东电力市场化交易。跨省跨区交易按国家和省相关政策执行。

5.5.1.3 价格机制

除优先发电电量执行政府确定的价格外，电力中长期交易形成的成交价格应当由市场主体通过双边协商、集中交易等市场化方式形成，第三方不得干预。

双边协商交易价格按照双方合同约定执行，集中竞价交易按照统一出清价格确定，挂牌交易以挂牌成交价格结算。

集中竞价交易采用交易双方分别申报交易电量和电价，按市场边际成交电价作为全部成交电量价格的统一出清模式。若交易双方的边际成交电价不一致，则按两个电价的算术平均值执行。

除国家有明确规定的情况以外，双边协商交易原则上不限价。集中竞价交易中，为避免市场操纵及恶性竞争，可对市场交易报价或出清价格实行最高、最低限价，价格上、下限原则上由山东省电力市场管理委员会提出，经山东能源监管办和省发展改革委、省能源局审定，应当避免政府不当干预。

省内合同转让交易不收取输电费和线损。跨省跨区合同转让按照潮流实际情况收取输电费和线损。

发电机组电能量市场化交易（含省内和跨省跨区）价格包括脱硫、脱硝、除尘等环保电价。新投产发电机组的调试电量按照调试电价政策进行结算。因电网安全约束必须开启的机组，约束上电量超出其合同电量（含优先发电合同、市场交易合同）的部分，根据电力市场化改革情况鼓励采用市场化机制确定价格。加强对必开机

组组合和约束上电量的监管，保障公开、公平、公正。

市场用户的用电价格由电能量交易价格、输配电价格、辅助服务费用、政府性基金及附加等构成，促进市场用户公平承担系统责任。输配电价格、政府性基金及附加按照国家有关规定执行。

市场用户的功率因数调整电费和执行两部制电价用户的基本电价政策保持不变。执行峰谷电价的市场用户，继续执行峰谷电价。交易电价作为平段电价，峰谷电价按分时电价政策确定。探索、研究、完善峰谷分时交易机制和调峰补偿机制，引导发电企业、电网企业和电力用户等主动参与调峰。

跨省跨区交易落地价格由电能量交易价格（送电侧）、输电价格、辅助服务费用、输电损耗构成。成交价格根据双边协商交易、集中竞价交易和挂牌交易等方式确定。跨省跨区输电价格和输电损耗按照国家有关规定执行。输电损耗在输电价格中已明确包含的，不再单独收取。输电损耗原则上由买方承担，也可由市场主体协商确定承担方式。

5.5.1.4　交易组织

省发展改革委、省能源局每年确定并下达次年优先发电计划。按照年度（季度）、月度、月内（多日）的顺序开展电力中长期交易。

市场主体通过年度（季度）交易、月度交易和月内（多日）交易满足发用电需求，促进供需平衡。年度（季度）交易的标的物为次年（次季度）的电量（年度、季度分月电量）。年度（季度）交易通过双边协商方式开展。月度交易的标的物为次月电量，月度交易通过双边协商、集中竞价等交易方式开展。月内（多日）交易的标的物为月内剩余天数或者特定天数的电量，月内交易主要以集中竞价交易方式开展。

开展月度交易时，首先开展月度调减交易，其次开展月度双边协商交易，再次开展月度集中竞价交易。售电公司或批发用户在同一交易月不可同时参加月度调减交易与月度双边协商（集中竞价）

交易。

　　电力交易机构每月中上旬发布次月月度交易预安排。对于定期开市和连续开市的交易，交易公告应当提前至少 1 个工作日发布；对于不定期开市的交易，应当提前至少 5 个工作日发布。交易公告发布内容应当包括：① 交易标的（含电量和交易周期）、申报起止时间；② 交易出清方式；③ 价格形成机制；④ 关键输电通道可用输电容量情况。

5.5.2　现货电力市场运营[1]

　　现货市场包括日前市场、日内机组组合调整和实时市场，采用全电量申报、集中优化出清的方式开展，通过集中优化计算，得到机组开机组合、分时发电出力曲线，以及分时现货市场价格。日前市场首先采用调度机构预测的非市场用户负荷曲线，叠加市场用户申报负荷，进行日前市场出清，出清结果用于现货市场交易结算，然后采用调度机构预测的全网用电负荷进行可靠性机组组合校验，结果用于发电机组组合和发电出力（发电功率）实际执行。

5.5.2.1　现货市场成员

　　现货市场成员包括市场主体和市场运营机构。其中，市场主体包括发电企业、配售电企业、电力用户、电网企业，以及独立储能等新兴市场主体，市场运营机构包括电力交易机构和电力调度机构。

5.5.2.2　日前电能量市场交易组织

　　（1）交易方式及时间。现阶段，采取"发电侧报量报价、用户侧报量不报价"的模式组织省内日前市场交易。省内日前市场采用全电量申报、集中优化出清的方式开展。参与市场的发电机组在日前市场中申报运行日的报价信息，售电公司和批发用户在日前市场中申报运行日的用电需求曲线，不申报价格。电力调度机构首先预

---

[1] 本节引自《关于做好 2022 年山东省电力现货市场结算试运行有关工作的通知（鲁监能市场函〔2022〕8 号）》。

测居民、农业用电负荷曲线，叠加市场用户申报负荷需求曲线，综合考虑省间联络线计划曲线、特殊机组曲线、发电机组检修计划、输变电设备检修计划、发电机组运行约束条件、电网安全运行约束条件等因素，以发电成本最小为优化目标，采用安全约束机组组合（SCUC）、安全约束经济调度（SCED）算法进行集中优化计算，出清得到运行日的机组开机组合、分时发电曲线，以及分时节点电价，用于市场交易结算。售电公司和批发用户所申报的用电需求曲线即为其日前市场的中标曲线。之后，电力调度机构预测全网系统负荷和母线负荷，采用相同的安全约束机组组合（SCUC）模型、安全约束经济调度（SCED）模型，进行可靠性机组组合校验，结果用于发电机组组合和发电实际执行。

运行日（D）为执行日前市场交易计划的自然日，每 15min 为一个交易出清时段，每个运行日含有 96 个交易出清时段。竞价日为运行日前一日（$D-1$）。竞价日内，发电企业、售电公司和批发用户进行申报，并通过日前市场出清形成运行日的交易结果。

（2）日前电能量市场出清过程。原则上，竞价日 18:30 前，电力调度机构基于市场成员申报信息，以及运行日的电网运行边界条件，采用安全约束机组组合（SCUC）、安全约束经济调度（SCED）程序进行优化计算，出清得到日前市场交易结果。首先采用调度机构预测的居民、农业用电负荷曲线，叠加市场用户申报负荷曲线，进行日前市场出清，出清结果用于市场交易结算，然后采用调度机构预测的全网系统负荷进行可靠性机组组合校验，结果用于发电机组组合和发电实际执行。日前市场和可靠性机组组合校验采用相同的安全约束机组组合（SCUC）模型、安全约束经济调度（SCED）模型和节点电价（LMP）计算模型。出清过程如下：

1）采用安全约束机组组合（SCUC）程序计算运行日的 96 点机组开机组合。

2）采用安全约束经济调度（SCED）程序计算运行日的 96 点机

组出力曲线和分时节点电价。

3）采用安全约束机组组合（SCUC）程序进行可靠性机组组合校验。

4）在可靠性机组组合校验开机组合基础上，计算调频辅助服务市场的出清结果，确定参与调频的发电机组。

5）采用安全约束经济调度（SCED）程序计算运行日机组执行的96点出力曲线（含调频机组的出力基值）。

6）对运行日的机组开机组合、机组出力（发电功率）曲线进行安全校核，若不满足安全约束，则在计算模型中添加相应的约束条件，重新进行上述第1）～6）的计算过程，直至满足安全约束，得到日前市场的出清结果。

7）机组在竞价日（$D-1$）处于停机状态，安全约束机组组合出清结果列入开机组合、可靠性机组组合出清结果列为停机，则机组不获得启动费用补偿，相应的电量偏差按照偏差结算原则处理。机组在竞价日（$D-1$）处于停机状态，安全约束机组组合出清结果为停机、可靠性机组组合出清结果列入开机组合，则机组启动后获得启动费用补偿，按照实时市场出清结果进行结算。机组在竞价日（$D-1$）处于开机状态，安全约束机组组合出清结果为停机、可靠性机组组合出清结果为开机，相应的电量偏差按照偏差结算原则处理。机组在竞价日（$D-1$）处于开机状态，安全约束机组组合出清结果为开机、可靠性机组组合出清结果为停机，相应的电量偏差按照偏差结算原则处理。

5.5.2.3 日内电能量市场交易组织

（1）组织方式及时间。日内机组组合调整根据电网运行实际情况开展。若电网运行边界条件发生变化，并且可能影响电网安全稳定运行、电力正常有序供应和清洁能源消纳，电力调度机构可根据电网运行的最新边界条件，采用安全约束机组组合（SCUC）、安全约束经济调度（SCED）算法进行优化计算，对运行日或当日的发电

调度计划（含机组开机组合和机组计划）进行调整，得到机组开机组合、分时发电曲线，通过山东电力交易平台和调度运行技术支持系统向市场主体发布相关信息，并将调整后的发电调度计划下发至各发电企业。日前市场形成的交易出清结果（含价格）不进行调整。

（2）日内电能量市场出清过程。日内机组组合调整出清与日前市场出清方式一致。日内机组组合调整不出清价格，以实时市场出清价格进行结算。电力调度机构将日内机组组合调整出清的发电计划通过调度运行技术支持系统发布。

5.5.2.4 实时电能量市场交易组织

（1）组织方式及时间。实时市场中，电力调度机构基于最新的电网运行状态与超短期负荷预测信息，综合考虑发电机组运行约束条件、电网安全运行约束条件等因素，在日前市场与日内机组组合调整确定的开机组合基础上，以发电成本最小为优化目标，采用安全约束经济调度（SCED）算法进行优化计算，滚动优化机组，形成各发电机组需要实际执行的发电计划和实时节点电价，确保系统平衡、实施阻塞管理。

电力调度机构在系统实际运行前 15min 开展实时市场交易出清，滚动修改未来 2h 市场交易结果。

实时发电机组物理运行参数变化申报要求与日内发电机组物理运行参数变化一致。

（2）实时电能量市场交易出清过程。电力调度机构以 15min 为周期，基于最新的电网运行状态与超短期负荷预测信息，根据日前市场封存的发电企业申报信息，以发电成本最小为目标，在日前市场与日内机组组合调整确定的开机组合基础上，采用安全约束经济调度（SCED）程序进行优化计算，滚动优化未来 2h 机组出力，形成各发电机组需要实际执行的发电计划和实时节点电价等信息。

实时市场的出清计算过程如下：① 采用安全约束经济调度（SCED）程序计算发电机组的实时出力计划。② 对实时市场优化计算时间窗口内的机组出力曲线进行安全校核，若不满足安全约束，则在计算模型中添加相应的约束条件，重新进行上述计算过程，直至满足安全约束，得到实时市场的出清结果。

实时安全约束经济调度（SCED）模型与日前安全约束经济调度（SCED）模型一致。

实时市场采用节点电价定价机制。实时市场出清形成每 15min 的节点电价，每小时内 4 个 15min 的节点电价的算术平均值，计为该节点每小时的平均节点电价。实时市场采用事前定价方式，即结算价格为实时市场的事前出清价格，结算电量为实际发、用电量。实时市场节点电价（LMP）计算模型与日前市场节点电价（LMP）计算模型一致。

5.6 江苏电力中长期交易市场

5.6.1 江苏市场概况

2016 年 4 月 18 日，江苏电力交易中心有限公司挂牌成立，是华东地区首家成立的电力交易中心有限公司，也是全国首个大型省级受端电网交易中心有限公司。成立后，在业务上与电网企业其他业务分开，在财务上独立核算、自负盈亏，在运营上按照政府批准的章程和市场规则提供交易服务。同时为发电企业、售电企业、电力用户等市场主体搭建流程规范、运作透明、功能完善、便于监管的交易平台，提供公平高效的优质服务。

2017 年 7 月 19 日，国家发改委印发《关于核定江苏等 4 个省级电网 2017—2019 年输配电价的通知》（发改价格〔2017〕1376 号），江苏省级电网首个监管周期 2017—2019 年的输配电价获得核定。

2017 年初，江苏能监办组建省内电力中长期交易规则编写专家组。10 月 30 日，江苏能监办、江苏经信委、江苏发展改革委、江苏

物价局印发《江苏电力中长期交易规则（暂行）》（苏监能市场〔2017〕149 号），《规则》的发布落实了江苏电力市场中长期交易组织开展的制度基础。2017 年 9 月 21 日，江苏能监办印发《售电公司与电力用户购售电合同（示范文本）》《江苏电网公司（输配电公司）、售电公司、电力市场化零售用户三方购售电合同（示范文本）》（苏监能市场〔2017〕133 号），以规范各市场主体参与江苏电力市场的合同文本。

在组织机构、输配电价、交易规则、示范合同等均具备条件的情况下，2018 年 1 月 1 日，江苏开展了引入售电公司的电力中长期交易。2020 年江苏电力交易中心组织直接交易电量 2994 亿 kWh，占全社会用电量比例 47.26%，共有 28 520 家电力用户、100 家售电公司入市交易。

2021 年 2 月 3 日，江苏能监办、江苏发改委对 2017 年印发的《江苏电力中长期交易规则（暂行）》进行了修编，印发《江苏省电力中长期交易规则》（苏能监市场〔2021〕8 号），原《江苏电力中长期交易规则（暂行）》（苏监能市场〔2017〕149 号）废止。规则的修订进一步明确了市场成员的权利与义务、各类交易品种对应的交易方式，完善了市场注册、价格机制、交易组织、合同签订与执行、计量和结算、信息披露、市场监测和风险防控等内容，构建了更为完整的电力中长期交易体系，有效保障各类电力中长期得以规范有序开展，为深入建设统一、开放、竞争、有序的江苏电力市场提供规则支撑。2021 年 2 月 5 日，江苏能监办修订编制并印发《售电公司与电力用户购售电合同（示范文本》《售电公司与电力用户购售电合同（示范文本）》《江苏电力中长期交易合同（示范文本）》，原《售电公司与电力用户购售电合同（示范文本）》《江苏电网公司（输配电公司）、售电公司、电力市场化零售用户三方购售电合同（示范文本）》（苏监能市场〔2017〕133 号）废止。新版示范合同优化了江苏自 2018 年开始引入售电侧市场的电力中长期运营暴露出来的有关问题，衔接了省级输配电价的重新核定调整，以及电力用户目录电度电价中包含的政府基金与附加的多年调整变化，以量化的形式标准化了售电套餐的量价定义、分成归属、偏差考核等，特别是为电力交易中心平台按合同条款自动进行用户侧电费结算创造了条件，为当前过渡到现货交易奠定了结算基础。2021 年江苏电力交易中心组织直接交易电量约 3461.53 亿 kWh，占全社会用电量比例 48.75%，所有工商业电力用户可入市交易，全年共有约 81 300 家电力用户、103 家售电公司参加市场交易。图 5-1 所示为 2021 年主要电力交易品种及逻辑。

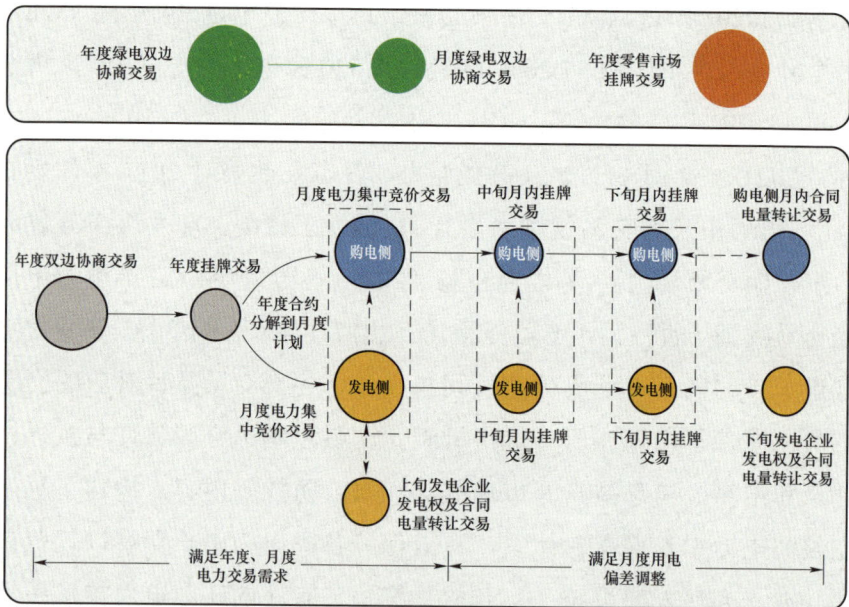

图 5-1 2021 年主要电力交易品种及逻辑

电力中长期交易现阶段主要开展电能量交易、发电权交易和合同转让交易。电力中长期交易在江苏电力交易平台上采取双边协商、集中竞价、挂牌等方式开展，主要交易品种有年度双边协商、年度挂牌、月度电力集中竞价、中旬月内挂牌和下旬月内挂牌、上旬发电企业发电权及合同电量转让和下旬发电企业发电权及合同电量转让、购电侧月内合同电量转让等。

2021 年江苏电力市场发电侧 HHI 值维持在 234～284 之间，属于竞争 Ⅱ 型，各月 HHI 指数如图 5-2 所示。江苏省售电侧 HHI 值均值为 413，属于竞争 Ⅱ 型，各月 HHI 指数如图 5-3 所示。江苏省发电侧和购电侧市场竞争程度相对较高。

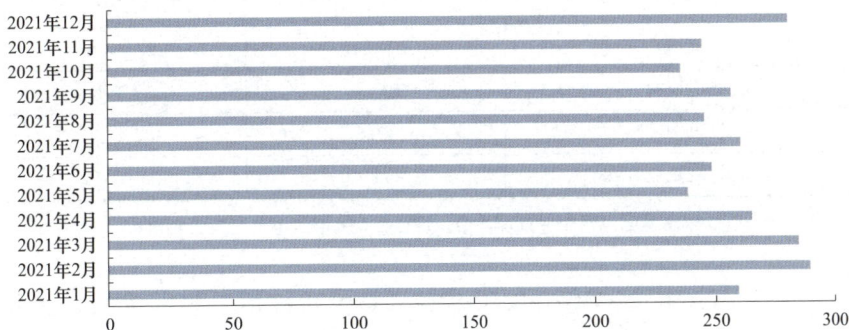

图 5-2　2021 年 1～12 月发电侧 HHI 指数

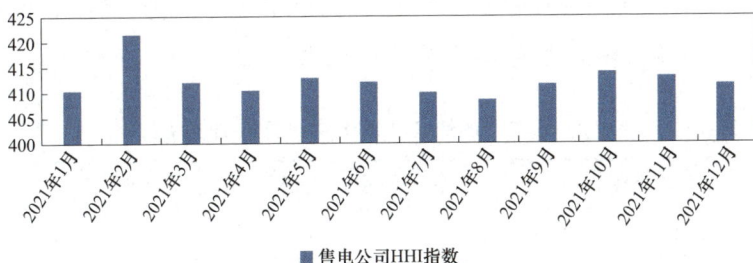

图 5-3　2021 年 1～12 月售电侧 HHI 指数

2021 年江苏电力市场发电侧、购电侧的 Top-10 指数均远低于 65%，单一市场主体所占市场份额均不超 20%，未构成寡头垄断。1～12 月 Top-10 指数如图 5-4 所示。

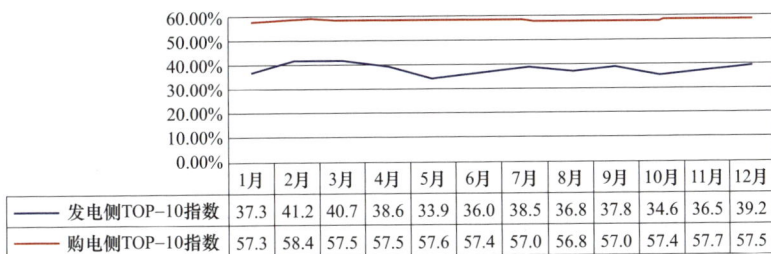

	1月	2月	3月	4月	5月	6月	7月	8月	9月	10月	11月	12月
发电侧TOP-10指数	37.3	41.2	40.7	38.6	33.9	36.0	38.5	36.8	37.8	34.6	36.5	39.2
购电侧TOP-10指数	57.3	58.4	57.5	57.5	57.6	57.4	57.0	56.8	57.0	57.4	57.7	57.5

图 5-4　2021 年 1～12 月发电侧、购电侧 TOP-10 指数

截至 2022 年 1 月，江苏电力市场各类市场主体共注册 111 490 家，同比增长 263.22%。各类市场主体注册数量统计见表 5-2。

表 5-2　　　　　　　　各类市场主体数量统计　　　　　　　单位：家

市场主体分类	数量	同比
一类用户	162	37.29%
二类用户	109 825	275.66%
售电公司	276 (注)	11.74%
发电企业	1226	12.07%
电网企业	1	0

注：全省有 9 家增量配电网企业办理注册，统计在 276 家售电公司范围之内。

发电企业市场主体：在江苏省交易平台注册，以及外省注册推送参加江苏市场交易的发电企业共 1222 家，装机 1.65 亿 kW。其中，外省推送电厂（例如雅砻江、皖电东送机组等）共 14 家，装机 0.27 亿 kW。各类发电企业总体情况统计见表 5-3。

表 5-3　　　　参与江苏省市场的各类发电企业总体情况统计

类型	数量（家）	装机容量（万 kW）
火电企业（含燃煤和燃气）	407	11 680
水电企业（含抽水蓄能发电）	39	1254
核电企业	1	661
风电企业	145	1906
集中式光伏企业	332	810
分布式光伏企业	308	193
合计	1232 (注)	16 504

注：江苏省有 10 家企业既有煤机又有光伏，或既有风电又有光伏，在此做了分类统计。

5.6.2　江苏交易规则

5.6.2.1　市场主体准入

市场主体包括三类：发电企业、售电企业、电力用户。

（1）发电企业。

1）燃煤、燃气、核电等省内各类发电机组，山西阳城电厂等区外电源，可参与市场交易。

2）依法取得发电项目核准或备案文件，依法取得或者豁免电力业务许可证（发电类），享受关停电量补偿政策的发电企业，可直接在电力交易机构注册，转让基数电量或补偿电量。

3）并网自备电厂在公平承担发电企业社会责任、承担国家依法合规设立的政府性基金及附加，以及与产业政策相符合的政策性交叉补贴、支付系统备用费，取得电力业务许可证（发电类），达到能效、环保要求后，可参与市场交易。

4）省外以"点对网"专线输电方式向江苏省送电的发电企业（含网对网专线输电的配套发电机组），纳入江苏电力电量平衡，根据江苏发电计划放开情况参与江苏电力交易。

5）分布式发电企业符合分布式发电市场化交易试点规则要求。

（2）售电公司。

1）在江苏电力交易中心完成市场注册并公示、签约用户年度用电量合计达到4000万kWh以上的售电公司，可参与市场交易。

2）售电公司资产总额不得低于2000万元（人民币，下同），实行年售电量与资产总额挂钩的制度：2000万元≤资产总额≤1亿元，可参与年售电量不高于30亿kWh的售电业务；1亿元＜资产总额≤2亿元，可参与年售电量不高于60亿kWh的售电业务；资产总额＞2亿元，不限制其售电量。

3）售电公司需根据合同签约量向江苏电力交易中心提供银行履约保函作为履约保证承诺。其中，签约电量（含已中标的存量合同电量，下同）低于6亿kWh的售电企业需提供不低于200万元（人民币，下同）的银行履约保函；签约电量达到6亿kWh、低于30亿kWh的售电企业需提供不低于500万元的银行履约保函；签约电量不低于30亿kWh的售电企业需提供不低于2000万元的银行履约保函。保函应在交易年度次年的 1 月 31 日前保持有效。

4）发电企业及其他社会资本均可投资成立售电公司，电网公司可依法成立或吸收社会资本设立售电公司，已具有法人资格且符合售电公司准入条件的发电企业，电力建设企业，高新产业园区，经济技术开发区，供水、供气、供热等公共服务企业或节能服务公司等可到工商部门申请业务范围增项，并履行售电公司准入程序后，开展售电业务。

5）拥有配电网运营权的售电公司应当取得电力业务许可证（供电类），经营范围包含配售电或电力供应等业务，具有与配电网投资规模相适应的投资能力，注册资本不低于其总资产的 20%。

（3）电力用户。

1）取消工商业目录销售电价后，10kV 及以上用户原则上要直接参与市场交易（直接向发电企业或售电公司购电，下同），暂无法直接参与市场交易的可由电网企业代理购电；鼓励其他工商业用户直接参与市场交易，未直接参与市场交易的由电网企业代理购电。由电网企业代理购电的工商业用户，可在每季度最后 15 日前选择下一季度起直接参与市场交易，电网企业代理购电相应终止。

2）已直接参与市场交易（不含已在电力交易平台注册但未曾参与电力市场交易，仍按目录销售电价执行的用户）在无正当理由情况下改由电网企业代理购电的用户，拥有燃煤发电自备电厂、由电网企业代理购电的用户，用电价格由电网企业代理购电价格的 1.5 倍、输配电价、政府性基金及附加组成。

3）已直接参与市场交易的高耗能用户，不得退出市场交易；尚未直接参与市场交易的高耗能用户原则上要直接参与市场交易，暂不能直接参与市场交易的由电网企业代理购电，用电价格由电网企业代理购电价格的 1.5 倍、输配电价、政府性基金及附加组成。

4）35kV 及以上电压等级的用户可自主选择与发电企业直接交易或由售电公司代理交易，其余用户只可由售电公司代理交易。选

择与发电企业直接交易的用户为一类用户，选择由售电公司代理交易的用户为二类用户。

5）一类用户或二类用户在合同期满后的下一个年度，可变更用户类别。

6）拥有自备电厂的用户应当按国家规定承担政府性基金及附加、政策性交叉补贴和系统备用费等。

7）拥有分布式电源或微网的用户可以委托售电公司代理购售电业务，微电网用户应满足微电网接入系统的条件。

（4）独立辅助服务提供者。

拥有电储能设备、具备需求侧响应（如可中断负荷）等条件的企业可参与辅助服务市场；以上具有能力的独立辅助服务提供者，经电力调度机构的技术测试通过后，方可参与市场交易。

5.6.2.2　市场主体退出

（1）已直接参与市场交易的高耗能用户，不得退出市场交易；已直接参与市场交易的其他电力用户，无正当理由不得退出市场交易；已直接参与市场交易又退出的电力用户，默认由电网企业代理购电，其价格按电网企业代理其他用户购电价格的 1.5 倍执行。

（2）售电企业在履行完交易合同和交易结算的情况下，可自愿申请退出市场。自愿申请退出电力市场之前应将所有已签订的购售电合同履行完毕或转让，并处理好相关事宜。拥有配电网运营权的售电企业申请自愿退出配电业务时，应妥善处置配电资产，若无其他公司承担该地区配电业务，由电网企业接收并提供保底供电服务。

（3）已经选择市场化交易的市场主体，原则上不得自行退出市场。有下列情形之一的，可办理正常退市手续，在办理正常退市手续后，执行国家及省有关发用电政策：

1）市场主体宣告破产。

2）因国家及省政策、电力市场规则发生重大调整，导致原有市场主体非自身原因无法继续参加市场的情况。

3）因电网网架调整，导致市场主体的发、用电物理属性无法满足所在地区的市场准入条件。

（4）市场主体存在违反国家及省有关法律法规和产业政策规定、严重违反市场规则、发生重大违约行为、恶意扰乱市场秩序、未按规定履行信息披露义务、拒绝接受监督检查、因自身原因不能持续保持准入条件等情形的，由江苏能源监管办会同省发展改革委（能源局）责令其整改，情节严重的，强制其退出市场，电力交易机构对其予以注销注册，并从市场主体目录中剔除。

（5）非正常或被强制退出市场的市场主体，原则上原法人及其法人代表 3 年内均不得再选择市场化交易。

5.6.2.3　市场主体注册

（1）直接并入江苏电网的发电企业（不含个人分布式能源），均应在江苏电力交易平台办理市场注册手续并保证注册信息的完整性和准确性。发电企业的注册信息包括基础信息（含企业工商基本信息、核准批复文件、电力业务许可等）和机组信息。办理售电增项业务的发电企业，应当分别以发电企业和售电企业两个市场主体类别进行注册。

（2）进入市场交易的电力用户必须在江苏电力交易平台办理市场注册手续，并保证注册信息的完整性和准确性。电力用户的注册信息包括基础信息和用电信息。基础信息含企业工商基本信息、统一社会信用代码、供用电协议、用电报装户号信息等，由用户填报；用电信息为用电报装户号信息对应的用电分类信息（含电压等级），由电网企业（含增量配电网企业）向电力交易机构提供。

（3）在江苏开展业务的售电企业必须按照规定在江苏电力交易平台办理市场注册手续并保证注册信息的完整性和准确性。售电企业需提供包括企业工商基本信息、人员结构、注册资金、技术平台等资料，由电力交易机构通过电力交易平台网站和"信用江苏"网站向社会公示，公示期满无异议的售电企业，注册手续自动生效。

（4）市场主体注册信息发生变更时，应当及时向电力交易机构提出变更申请。市场主体类别、法人、业务范围、公司主要股东等有重大变化的，市场主体应当再次予以承诺、公示。公示期满无异议的，电力交易机构向社会发布。

（5）电力用户或售电企业关联的用户发生并户、销户、过户、改名或者用电类别、电压等级等信息发生变化时，市场主体应当在电网企业办理变更的同时，在电力交易机构办理注册信息变更手续。业务手续办理期间，电网企业需向电力交易机构提供分段计量数据。电力交易机构完成注册信息变更后，对其进行交易结算，提供结算依据。

（6）在外省完成注册公示的售电企业拟在江苏开展业务时，无需重复提交初始注册材料，江苏电力交易机构将按照外省推送的注册材料，以及售电企业补充更新的材料进行公示。

5.6.2.4　电力中长期交易

（1）交易品种。

1）电力中长期交易品种包括电能量交易、发电权交易、合同电量转让交易等。① 电能量交易是指符合准入条件的发电企业与电力用户（含售电企业）经双边协商、集中竞价、挂牌等方式达成的购售电交易。② 发电权交易是指发电企业之间转让存量基数电量合同的交易。③ 合同电量转让交易是指在批发市场就存量合同开展的电量相互转让交易，包括发电侧合同电量转让和购电侧合同电量转让两种情况。发电侧合同电量转让是以发电侧存量合同为基础，可以将未完成的合同电量转让给其他发电企业；购电侧合同电量转让是以购电侧市场主体存量合同为依据，可以将当月的存量合同电量转让给批发市场的其他购电侧市场主体。

2）合同电量转让交易应在满足电网安全校核的前提下，遵循平等自愿、公开透明的市场化原则。省内执行全额收购的风电、光伏、资源综合利用发电企业，以及热电联产发电企业中"以热定电"的电量合同不得转让。

3）发电权和合同电量转让交易应体现节能减排要求，高效发电机组不得将电量转让给低效发电机组，低排放发电机组不得将电量转让给高排放发电机组。

（2）交易方式。

1）根据交易标的物执行周期不同，中长期交易包括年度（多年）电量交易、月度电量交易、月内（多日）电量交易等针对不同交割周期的电量交易。

2）电力中长期交易采取双边协商、集中竞价、挂牌等方式进行，其中交易双方的供需信息应在江苏电力交易平台上发布。

3）双边协商交易是指市场主体之间自主协商交易电量（电力）、电价，形成双边协商交易初步意向后，经安全校核和相关方确认后形成的交易。

4）集中竞价交易采取边际出清方式进行，按照三段式的电量、电价申报。

5）挂牌交易是指购售电双方同时通过交易平台发布需求电量或可供电量的数量和价格等要约，按照价格优先、时间优先的顺序连续成交。

6）优先发电电量优先于省内市场化交易机组参加集中竞价交易。在边际出清的交易方式下，按照只申报电量方式进行，中标电价参照边际电价优先成交，不再纳入电价排序。若未生成有效边际电价，则成交电量为零。

（3）交易组织。

1）年度（多年）交易。年度（多年）交易采用双边协商和挂牌交易方式开展，交易标的物为次年（多年）的电量（或年度分时电量）。

开展年度（多年）交易前，根据次年电力电量平衡预测，确定各类优先发电电量、抽水蓄能招标发电量及发电侧市场化交易电量

规模等。

市场主体经过双边协商形成的年度（多年）意向协议，需要在年度交易申报截止前，通过电力交易平台提交至电力交易机构。电力交易机构根据电力调度机构提供的安全校核约束条件，形成双边交易预成交结果。

年度电力交易结束后，电力交易机构汇总各类交易的预成交结果，并提交电力调度机构统一进行安全校核。电力调度机构在 5 个工作日内返回安全校核结果。安全校核越限时，由电力交易机构根据市场规则对预成交结果进行削减和调整。

电力交易机构应根据经安全校核后的交易情况，于 12 月底前将次年优先发电、基数电量、市场交易、跨省跨区交易、合同电量转让交易等合同进行汇总，并发布年度交易和分类交易结果。电力调度机构应按交易结果合理安排电网运行方式，保障交易顺利实施。

市场主体签订年度购售电合同后即可进行转让，但转让次月电量合同应于当月月底 3 日之前完成，具体交易组织及申报时间以电力交易机构发布的交易公告为准。

2021 年 13.5 万 kW 级及以上燃煤机组全年市场交易电量上限（不含优先发电电量）暂按 3500h 设置（根据用电增长适时调整）。其中，年度双边协商及挂牌交易电量不超过 2700h。

2021 年一类用户、售电公司的年度交易电量应为其测算年用电量的 55%～70%，否则不得参与市场交易。电力用户测算年用电量为 2019 年全年实际用电量或 2019、2020 年折算全年用电量，取两者中的最大值。

2）月度交易。月度交易采用集中竞价、挂牌等方式，月度交易标的物为次月电量（或月度分时电量）。月度交易主要通过月度竞价、发电权交易和发电侧合同电量转让等方式开展。

每月开展次月月度集中竞价交易前，一类用户、售电公司可与发电企业协商调整次月年度交易合同分月计划，并在交易系统中确认。次月年度交易合同分月计划调增或减的电量，交易系统按照总量不变的原则自动平均分摊至当年后续月份，并作为后续月份年度交易合同分月计划，以此类推。

月底前，发电企业在电力交易平台申报次月优先发电电量。

一类用户暂按实际用电量、售电公司暂按实际售电量的 15%（2021 年要求）用于消纳暂不具备直接参与市场交易条件的清洁能源优先发电电量。

在各类月度交易结束后，电力交易机构应当根据经安全校核后的交易结果，对年度交易分月结果和月度交易结果进行汇总，于每月月底前发布汇总后的交易结果。

经政府主管及监管部门确认，发电企业月度交易电量计划（含月度竞价、月内挂牌、合同转让及替代）必须当月完成，如未完成，此部分偏差电量占用全年的月度交易总空间，将不再滚动安排至后续月份计划安排及结算。

3）月内（多日）交易。根据市场运行需要，组织开展以周、多日为交易周期的月内（多日）交易，交易标的物为月内剩余天数或者特定天数的电量（或分时电量）。月内（多日）交易主要通过集中竞价、发电权交易、合同电量转让、挂牌等方式开展。

月度集中竞价交易是年度交易的补充，月内交易是调整月度执行偏差的手段。

市场主体参加当月的月内市场交易合同电量转让只能单向选择转让或者受让。

在月内挂牌交易中，发电企业的交易上限为以下两者取小：① 当月预计发电总量减去已安排市场化合同计划电量后的剩余上网电量；② 全年市场交易电量上限扣除已成交市场化交易电量后的剩余电量。

在月内挂牌交易中，售电公司的出售电量上限为其当月已确定的市场化交易合同总量；其购入电量上限为以下三者取小：① 按照

履约保函金额对应的售电量减去已成交的总交易电量；② 按照公司资本总额对应的售电量减去已成交的总交易电量；③ 当月年度交易分月计划与当月月度竞价成交量之和的 10%。

在月内挂牌交易中，一类用户的出售电量上限为其当月已确定的市场化交易合同总量，购电量上限为其当月年度交易分月计划与当月月度竞价成交量之和的 10%。

电力交易机构将月内集中交易的预成交结果提交给电力调度机构进行安全校核。电力调度机构应当在 1 个工作日之内返回安全校核结果。电力交易机构根据经安全校核后的交易结果，对分月交易计划进行调整、更新和发布。

为规避市场风险，发电权交易、合同电量转让均采取月度签订，即月结月清方式进行。转让的电量不得再次转让。

4）临时交易和紧急支援交易。通过自主协商方式可与其他省（区、市）开展跨省跨区临时及紧急支援交易，交易电量、交易曲线和交易价格均由购售双方协商确定。

电力交易机构应当事先与其他交易机构约定跨省跨区紧急支援交易的价格及其他事项，在电力供应出现严重缺口时，由电力调度机构根据电网安全约束组织实施。必要时可以采取预挂牌方式确定跨省跨区紧急支援交易中标机组排序。

电力调度机构应事后将临时及紧急支援交易的原因、电量、电价等情况向省发展改革委（能源局）、江苏能源监管办报告。

5.6.2.5　价格机制

（1）除计划电量执行政府制定的价格外，电力中长期交易的成交价格由市场主体通过双边协商、集中交易等市场化方式在"基准价＋上下浮动"范围内形成。基准价和浮动幅度按国家规定执行。根据《国家发展改革委关于进一步深化燃煤发电上网电价市场化改革的通知》（发改价格〔2021〕1439 号），燃煤发电市场交易价格浮动幅度范围为上下浮动不超过 20%，高耗能企业市场交易电价不受上浮 20%限制，电力现货价格不受上述幅度限制。

（2）除国家有明确规定的情况外，双边协商交易原则上不进行限价。集中交易中，为避免市场操纵和恶性竞争，可对报价或者出清价格设置上、下限。价格上、下限原则上按国家有关规定执行。

（3）发电企业的结算电价即为交易电价，包含脱硫、脱硝、除尘和超低排放等环保电价。市场化电力用户的结算电价由交易价格、输配电价（含线损及交叉补贴）、辅助服务费用、政府性基金及附加等构成，促进市场用户公平承担系统责任。容量电价、功率因数考核、峰谷分时电价、输配电价、政府性基金及附加按照国家及省有关规定执行。

（4）双边协商交易价格按照双方合同约定执行。

（5）集中竞价交易价格按照边际价格统一出清确定，卖方按照"价格优先、时间优先、容量优先"的原则确定成交，买方按照"价格优先、时间优先"的原则确定成交。由买方申报曲线与卖方申报曲线交叉点对应的价格确定，或者根据最后一个交易配对双方价格的算术平均值确定市场边际成交价，作为全部成交电量价格统一出清。

（6）挂牌交易按照以下原则开展：

1）交易主体在交易时输入需交易的电量及电价，未成交的电量可多次修改，量价及修改次数不做限制。

2）买方按价格降序展示买一、买二、买三、买四、买五的电价及每个价格的总计电量；卖方按价格升序展示卖一、卖二、卖三、卖四、卖五的电价及每个价格的总计电量。

3）如买方后出价且价格大于等于卖方价格时，按卖方电价成交，电量按卖方电价的排序梯次成交。卖方电价相同的，申报时间早的优先成交，直到买方电价小于卖方电价不再成交。

4）如卖方后出价且价格小于等于买方时，按买方电价成交，电量按买方电价的排序梯次成交。买方电价相同的，申报时间早的优

先成交，直到卖方电价大于买方电价不再成交。

5.6.2.6 电费结算

（1）结算顺序。对于同一个市场成员，有多笔市场化交易合同的情况，结算顺序依次如下：

1）按合同执行周期排序：当月到期的合同优先于未到期的合同执行；

2）按交易品种排序：抽水电量交易合同、合同电量转让合同、跨省跨区交易合同、直接交易合同结算优先级依次递减；

3）按交易组织方式排序：挂牌、集中竞价、双边协商结算优先级依次递减；

4）如果上述排序后，仍存在合同排序完全一样的情况，则按照价格优先、系统数据库备案时间（毫秒级）优先方式决定结算顺序。

用户如同时参加分布式发电市场化交易，则分布式发电市场化交易电量优先于中长期交易电量结算。用户当月用电量扣除分布式发电市场化交易电量部分，为中长期交易实际用电量。

（2）一类用户与售电企业。另一类电力用户和售电企业可以通过调整年度合同的分月计划、参加月度交易、月内交易等方式，规避电量偏差风险。

一类用户与售电企业的电度电费，参照其与发电企业签订的市场化交易合同约定的年度合同分月计划、月度交易、月内交易计划进行结算，即"月结月清"，实际用电量与当月合同电量的偏差，纳入偏差调整费用。结算方式为：

1）实际用电量低于当月市场化合同电量97%时，依照市场化合同结算次序进行结算。对低于 97%的偏差电量按照当期燃煤机组基准电价的10%征收偏差调整费用。

2）实际用电量在市场化合同电量 97%～103%之间时，按实际用电量结算。其中，超出月度计划的电量按照市场化合同加权平均价结算。

3）实际用电量超过市场化合同电量 103%时，在上条结算基础上，对超出 103%部分电量按照对应用电类别的非市场化用户目录电价结算。对偏差电量按照当期燃煤机组基准电价的 10%征收偏差调整费用。

（3）二类用户。二类用户的结算，根据其与售电企业的购售电合同约定执行。售电企业可与零售用户在购售电合同中约定根据零售用户的用电偏差情况调整购售电价的条款，不得对零售用户额外征收偏差调整费用。电力交易机构对二类用户出具的结算单中不包括偏差调整费用。

（4）发电企业。市场化发电机组市场交易电量的结算方法为：

1）允许对年度市场化交易电量及基数电量合同（如有），年度范围内分月滚动结算。

2）当月实际上网电量低于月前交易和月内交易电量之和时，若是自身原因，则对差值电量部分按照当月（最近一个月）月内替代及合同电量转让交易加权平均价收取偏差调整费用。若非自身原因，则免于收取偏差调整费用。

3）当月度实际上网电量高于月前交易和月内交易电量之和时，超出电量部分按该发电企业年度长协均价结算，并纳入年度合同完成电量统计。

4）全年上网电量超出年度和月度合同电量 100%～101%之间部分，按照基准电价结算，超出合同电量101%部分参照当月月前和月内发电权交易及合同电量转让交易结果，扣除同一电厂内部转让电量及关停电厂替代电量后，加权平均价结算。

5）年度合同电量未执行完成的，次年不再追补。

5.6.3　江苏电力现货市场建设情况

2021 年 4 月 26 日，为加快完善电力市场体系，进一步做好现货试点有关工作，国家发改委办公厅和国家能源局综合司联合印发

《关于进一步做好电力现货市场建设试点工作的通知》（发改办体改〔2021〕339 号）。《通知》明确选择辽宁省、上海市、江苏省、安徽省、湖北省、河南省作为第二批现货试点。

5.6.3.1 市场建设条件

经过多年发展，江苏电网已形成"六纵六横"的 500kV 骨干网架，通过 10 回 500kV 超高压、4 回 1000kV 特高压线路与华东电网形成交流环网，实现与上海、浙江、安徽电网紧密相连，通过 4 回跨省跨区直流输电线路接受四川、山西、内蒙古、湖北的区外送电。全省拥有特高压直流换流站 3 座，特高压交流变电站 3 座，500kV 变电站 64 座，500kV 线路 242 条。

江苏省内发电侧形成多元化竞争格局。截至 2020 年 10 月底，江苏全省装机容量 13 660 万 kW。其中，煤电 7953 万 kW，占比 58.2%；新能源 2823 万 kW，占比 20.7%；燃气轮机 1611 万 kW，占比 11.8%；核电 549 万 kW，占比 4.0%。全省电源投资主体趋于多元化，拥有各发电集团、地方和其他企业所属的各类电厂，国家能源投资集团有限责任公司、江苏省国信集团有限公司、中国华电集团有限公司、中国华能集团有限公司、华润（集团）有限公司、国家电力投资集团有限公司、中国大唐集团有限公司拥有装机容量占比分别为 13.7%、10.4%、9.7%、9.0%、7.4%、6.2%、5.4%，发电侧市场力较为均衡，有利于形成充分竞争的格局。

江苏省内持续推进中长期市场建设，因此中长期市场在江苏省奠定了较好基础。2020 年，全省 10kV 及以上用电计划全面放开，28 520 家用户、100 家售电公司参与市场，交易规模达到 3150 亿 kWh，约为全社会用电量的一半，发、用电计划放开程度居全国前列。省内常规燃煤机组发电量计划基本完全放开，核电机组和"点对网"送电的阳城电厂均参与了市场交易。

目前，江苏市场化交易以直接交易为主，辅以发电权及合同电量转让、抽水招标、省间交易等其他品种。例行开展年度交易、次月平台集中竞价交易、发电侧次月发电权及合同电量转让交易、月内挂牌交易、月内合同电量转让交易，实现了电力中长期交易年度、月度、月内全周期覆盖。

江苏已初步建立辅助服务市场。2019 年 1 月 25 日，深度调峰辅助服务市场正式试运行。2020 年累计调用深度调峰机组 1634 台·次，同比增长90.4%，最大深度调峰容量435万 kW，平均调节深度达 36%。2019 年 9 月 27 日，启停调峰市场正式试运行。2020 年累计开市 8 天，实际调用燃气机组 70 台（套），最大提供短时顶峰容量 477 万 kW。2020 年 3 月 31 日，调频辅助服务市场进入试运行，日均参与调频市场申报机组 100 台，日均调频里程 35 000 万 kW。2021 年 2 月，江苏电力市场用户可调负荷辅助服务市场启动试运行，标志着江苏电力辅助服务市场正式迈入用户侧可调节资源常态化参与的新阶段。

5.6.3.2 市场建设目标

江苏电力现货市场包括日前市场和实时市场，其中现货电能量市场和调频、备用辅助服务市场联合优化运行，电力现货市场体系相对完备。推动用户侧参与现货电能量市场，允许具备负荷调节能力的用户及辅助服务提供者参与辅助服务市场，构建发、用电双方共同参与的现货市场体系。

在第一阶段，即电力现货市场初步建立阶段，建立具备全电量分时分区电价特征的现货电能量市场，包括日前电能量市场、实时电能量市场等。现货电能量市场采用发、用电双边全电量报价，基于分区电价机制，以社会福利最大化为优化目标，采用安全约束机组组合、安全约束经济调度方法进行集中优化出清，确定发、用电两侧电能量市场价格。日前市场与中长期交易合同进行偏差结算，实时市场与日前市场进行偏差结算。

建立与现货电能量市场相衔接的辅助服务市场，包括调频辅助服务市场、备用辅助服务市场，允许具有负荷调节能力的电力用户

及其他辅助服务提供者参与辅助服务市场，辅助服务市场与电能量市场联合优化出清，逐步推动现货电能量市场代替调峰辅助服务市场。

在第二阶段，即电力现货市场完善提升阶段，不断完善现货电能量市场交易体系及运行机制，不断丰富辅助服务市场交易品种，实现现货电能量市场与辅助服务市场联合优化运行，促进辅助服务市场与电能量市场深度融合。实现更大范围的市场化用户参与现货市场，不断扩大省内发电机组参与现货市场的范围，推动区外优先发电参与现货市场。

探索建立容量市场机制，通过市场机制发现容量补偿价格，引导电源合理布局发展，并探索电力期货、期权等金融衍生品交易，满足市场成员对交易灵活性、市场风险控制等方面需求。

5.6.3.3 市场建设主要内容

（1）市场主体。参与现货电能量交易的市场主体包括发电企业、一类用户（直接参与批发市场交易的电力用户）、售电公司、辅助服务提供者等。参与辅助服务市场的主体须具备提供辅助服务的能力。

在电力现货市场初步建立阶段，发电侧市场主体主要包括省内统调公用常规燃煤机组、核电机组等。根据现货市场发展需要，试点燃气机组等参与现货市场，探索优先发电机组参与现货市场。

现货市场起步阶段，省内可再生能源机组暂不参与现货市场，但参与辅助服务费用的分摊。跨省跨区优先发电暂不参与省内现货市场，仅作为省内市场的边界。

根据现货电能量市场建设进程、现货市场电力平衡、电价体系完善、市场主体风险防控能力、计量结算基础条件等情况，在自愿参与的基础上，合理确定市场化用户参与现货电能量市场的范围。根据现货电能量市场运行、各类费用疏导等情况，逐步扩大市场化用户参与规模。同时允许具备负荷调节能力的用户及辅助服务提供者参与辅助服务市场。

（2）市场运营机构。现货市场运营机构包括电力调度机构和电力交易机构。

电力调度机构主要负责现货市场技术支持系统的建设和运维，按规则组织和运营现货市场，执行市场交易结果，保障电网安全、优质、经济运行。

电力交易机构主要负责电力交易平台的建设、运营和管理，组织中长期市场交易，提供结算依据；负责市场主体注册和管理，披露和发布市场信息等。

（3）市场交易机制。在电力现货市场初步建立阶段，日前电能量市场采用全电量竞价，发电侧报量报价、用户侧报量不报价，按照发电侧和用户侧申报的量价信息，以社会福利最大化为优化目标，采用安全约束机组组合、安全约束经济调度方法进行集中优化出清，基于分区电价确定发、用电两侧日前电能量市场价格。日前电能量市场成交结果与中长期交易合同进行偏差结算。

日前电能量市场根据电力调度机构全网用电负荷预测，编制可靠性机组组合，拟定发电机组运行方式。

实时电能量市场采用全电量竞价，发电侧单边报量、报价，按照发电侧申报的量价信息，采用调度超短期负荷预测，在日前市场确定的可靠性机组组合基础上，以发电成本最小为优化目标，采用安全约束经济调度算法进行集中优化出清，基于分区电价确定发、用电两侧实时电能量市场价格，与日前电能量市场交易结果进行偏差结算。

现货市场起步阶段，日前电能量市场发电侧单边报量报价，采用电力调度机构预测的负荷曲线，以发电成本最小为优化目标，实施集中优化出清。实时电能量市场采用封存的发电侧日前市场申报的电量电价进行出清。

（4）价格体系。现货电能量结算价格包括分时电能量价格、容量补偿价格、成本补偿价格、辅助服务价格、各类费用分摊和返

还等。

发电侧现货市场结算价格由分时电能价格、容量补偿价格、成本补偿价格、辅助服务价格及各类费用分摊和返还等构成。现货市场中，发电侧分时电能量价格对应机组上网节点所在价区的分区电价。

一类用户、售电公司现货市场结算电价由分时电能价格、输配电价、政府性基金及附加、容量补偿价格、成本补偿价格、各类费用分摊和返还等构成。现货市场中，一类用户、售电公司的分时电能价格采用用户所在价区的分区电价。

现货市场起步阶段，根据发电机组变动成本、市场供需等情况，合理设置申报和出清价格上、下限。

（5）交易结算。参与现货交易的市场主体，日前市场交易合同与中长期电力交易合同进行偏差结算，实时市场交易合同与日前市场进行偏差结算。未参与现货交易的市场主体，按照中长期交易规则结算，继续执行月度偏差考核规则。其中，发电侧中长期电量交易合同按照标准结算曲线结算。

5.7 本 章 小 结

本章收集、整理国内典型省份的电力市场规则，对典型省级电力市场体系设计的中长期市场和现货市场规则进行简述。对广东、浙江、山西、山东中长期电力市场规则分别进行简述，包括市场成员、交易组织、交易品种、价格机制、交易结算等方面。对广东、浙江、山西、山东电力现货市场规则分别进行简述，包括市场模式、市场架构、交易品种、交易组织、价格机制等方面。最后对江苏省中长期电力市场的建设、运营、特点，以及正在建设中的电力现货市场情况分别做了详细介绍。本章内容起到既概述全国电力市场建设最新情况，又着重介绍江苏电力市场建设成果的作用。读者若对各地市场规则继续深入学习，可参考政府最新发布的改革文件、市场规则和交易机制。

思考题

1. 简述江苏电力中长期交易有哪些交易品种和交易方式。

2. 简述广东、浙江、山西、山东电力现货市场交易规则的特点。

3. 简述月度集中竞价的定价机制，在什么情况下没有出清价格。

4. 简述售电企业（或一类用户）月度实际用电量超过市场化合同电量103%时的电费结算过程。

5. 简述适合我国国情的中长期电力市场与电力现货市场的衔接机制。

6 电力市场监控及市场分析

6.1 电力市场监控理论与方法

6.1.1 国外电力市场监控管理架构

由于世界各国的国情不同、电力系统发展水平不同，各国电力市场运营模式和规则都有差异，对电力市场的监控也有一定的区别，没有固定的模式。

西方主要发达国家的电力市场化改革起步较早，电力市场建设取得了积极成效，并积累了大量的市场运营经验。但是，对电力市场监控也是经历了一段不断完善的历程。21 世纪初期，各先行的电力市场根据市场运营中出现的问题，纷纷开始建立电力市场监控机构，制定了电力市场监控相关的法律法规和规章制度，并采用事前、事后多种方法，最大程度地缓解和防范市场中的违规行为，开展了多层次的电力市场监控活动，并根据评估结果不断改革和完善电力市场建设的路径和规则。经过多年的探索和实践，欧洲、美国等电力市场进入了相对成熟和稳定的阶段。

电力市场监控是专业要求高、工作量大、难度大的工作，不同电力市场的运营监控制度设计和重点都有所不同。国外主要监控结构可以分为四种结构：第一种结构，如美国加州和美国西南，市场监控由内部监控部门负责，如图6-1所示。第二种结构，如美国新英格兰，市场监控职能由内部监控部门和第三方监控机构协同完成，其中内部监控部门负责日常监控并与第三方监控机构紧密协调，第三方监控机构（目前外包给Potomac公司）则主要负责季度和年度报告，如图6-2所示。第三种结构，如美国纽约电力市场、中部电力市场、德州电力市场和PJM电力市场，所有的市场监控工作都以合同方式外包给第三方监控机构负责（前三个市场也都外包给Potomac公司，PJM外包给Monitoring Analytics公司），如图6-3所示。第四种结构，由政府控制的单一监管机构，如英国电力市场，整个英国电力行业的唯一监管机构是由政府控制的燃气及电力监管办公室OFGEM，其下辖天然气供应办公室Ofgas和电力监管办公室OFFER，由OFFER负责整个英国电力市场的监管及监控，如图6-4所示。

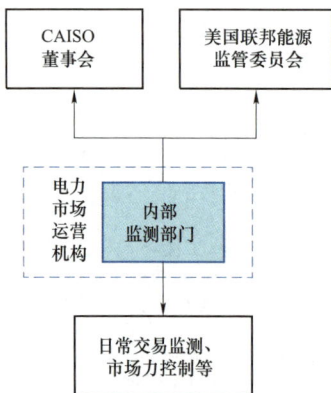

图 6-1　美国加州电力市场监控管理架构

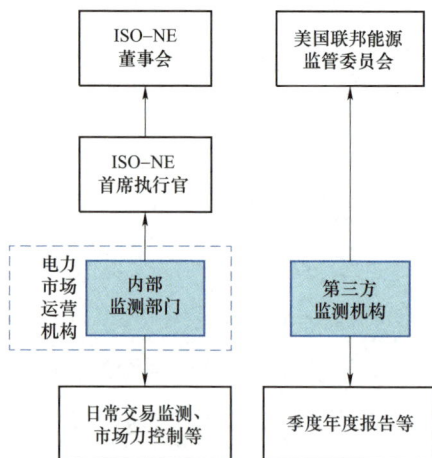

图 6-2　美国新英格兰电力市场监控管理架构

第一种结构仅由电力市场运营机构负责电力市场监控常见于市场建设初期。该阶段市场业务相对简单，对市场监控的要求也相对较低，美国加州和美国西南电力市场均采用此种监控机构设置。第

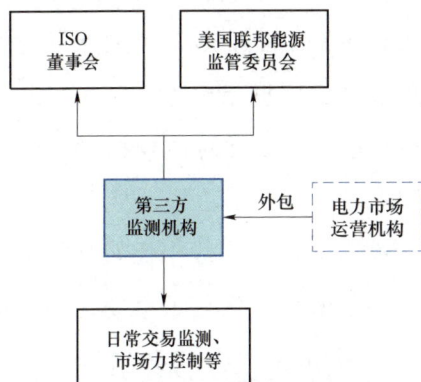

图6-3   美国纽约、美国德州电力市场和
美国中部电力市场监控管理架构

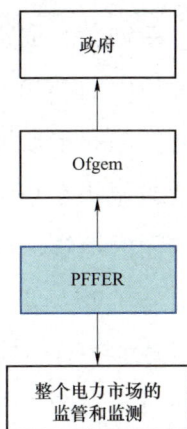

图6-4   英国电力市场监控
管理架构

二种结构采用内部监控部门和第三方监控机构并立的设计，使得两个监控机构相互监督，各自分工明确，职责边界清晰。一些发展较为成熟的电力市场（如美国新英格兰电力市场）采用此种监控机构设置，这些市场的现货市场均为全电量分时集中竞价，每日均存在大量市场主体参与市场交易的行为，对市场实时监控的要求较高。由电力市场运营机构进行内部监控能够很好地发挥 ISO 调度交易合一的平台优势，而第三方监控机构又避免内部监控权力的滥用。第三种结构是将市场监控外包给专业的第三方监控机构，确保市场监控业务不会受到任何市场主体或利益相关方的影响，更加公平和公开。美国 PJM 和德州等电力市场采用此种监控结构，ISO 对市场管理的职能会被削弱，但这也符合美国对市场自由的一贯追求。第四种结构是由政府控制的单一监管机构，这种相对简单的监控结构是建立在英国以中长期交易为主、实时平衡交易为辅的市场特点之上的，其对市场监控的要求也相较现货市场中全电量出清模式大大降低。

6.1.2   国内外典型电力市场监控措施

6.1.2.1   国外电力市场监控主要措施

（1）SCP 监控与评估模型。在市场运营监控方法上，美国、澳大利亚、新西兰、欧洲等成熟电力市场的监管、监控机构均运用产业组织理论中的 SCP（Structure-conduct-performance）模型从行业结构、企业行为和市场绩效 3 个方面来构建评价指标体系结构，通过多个维度对电力市场的数据进行统计分析，以便对市场的竞争状态提供更全面的理解，取得了良好效果。

PJM 电力市场是众多应用 SCP 模型的电力市场中比较典型的。其市场运营监控评价指标体系如表 6-1 所示，包含了市场结构、市场行为和市场绩效 3 个方面共 17 个二级指标。此外，PJM 市场由独立市场监控公司 Monitoring Analytics 负责对各类市场进行分析和评价，并针对每年 PJM 负责运行的各个市场（包括能量市场、容量市场、辅助服务市场等）的市场力进行评价，公布评价报告，通过对特定市场状况的研究，给出提高市场竞争效率的可能方案。

表 6-1　　　　　　　PJM 电力市场的 SCP 监控模型

市场结构	市场行为	市场绩效
市场集中度	报价价格帽	边际节点价格
关键供应商	价格帽和可靠性	边际节点价格的燃料组成
机组燃料组成燃料多元化指数	成本加成指数	价格加成
边际机组	成本加成频率	价格收敛
市场供给	中长期报价	
市场需求	机组报价	
短缺		

（2）价格限制措施。价格限制和市场竞争是一对矛盾。为了鼓励电力市场中的自由竞争，市场运营机构本不应限制电力价格的变化范围。然而，考虑到市场力的存在及发电厂商动用市场力获利的动机，市场管理者一般会对价格进行一定程度的限制。

国外各典型电力市场对报价上、下限的限制不尽相同。美国 PJM 电力市场与纽约电力市场的报价上限均为 1000 美元/MWh，中部电力市场和西南电力库的报价上、下限均分别为 1000 美元/MWh 和 500

美元/MWh；新英格兰电力市场和加州电力市场的报价上、下限均分别为 1000 美元/MWh 和 150 美元/MWh；而德州电力市场的报价上、下限为 9000 美元/MWh 和 250 美元/MWh。

可见，上述做法是从源头上限制"极端价格"的出现。然而这样的规定并不能作为是否动用市场力的判断方法，只是一种根据经验制定的、防止电力市场价格竞争出现混乱的制度。报价上、下限的设定与市场体系的整体设计、电源种类和成本构成，以及输电容量情况等因素有关。例如，ERCOT 在没有设置容量市场的情况下，允许的价格上限比其他几个市场更高。

（3）三寡头测试法。"三寡头测试法"可以作为事前市场监管的必运行机组确定准则，也可以作为事后监管措施，抑制由于输电阻塞引起的负荷口袋内机组/厂商策略报高价的动机。

针对由于网络输电容量限制造成的局部地区发电厂商潜在市场势力程度较高、控制节点电价的能力较强的情况，美国多数电力市场都采用了"三寡头测试法"。例如，PJM 和 ECORT 在日前市场和实时市场出清时要先进行三寡头测试，即对所有对系统边际价格变动有影响线路阻塞进行逐一检验，以确定市场中有无动用市场力的客观可能。如果除了前两大供应商，其余发电厂商关于某条线路的 TPSI 指数都大于 1.0（均已通过三寡头测试），则说明发电厂商在当前运行状况下不存在动用市场力的可能，市场为完全竞争市场，市场内出现的报价均为竞争性报价，无需修正；若发电厂商关于某条线路的 TPSI 指数小于 1.0，表明发电厂商对于缓解该线路阻塞有不可替代的作用，因此具备局部市场力。对此情形，ERCOT 和 PJM 都会对发电厂商的报价进行修正，修正的标准通常根据参考报价（reference price）来制定。

与 PJM 电力市场和 ECORT 不同的是，在 ISO－NE 和 MISO 等结合市场行为与影响测试的电力市场中，未通过关键供应商测试的发电厂商将会被纳入市场行为与影响测试中进一步观察。这样做既能够限制市场力滥用，又保证了市场的充分竞争。

（4）行为与影响测试法。行为与影响测试法研究参与市场的发电厂商行为及其影响，以判断发电厂商是否存在利用市场力操控电价的行为。具体而言，行为与影响测试法首先根据发电厂的报价情况判断是否存在物理持留或经济持留，该过程称为"行为测试"；如果判定存在经济持留或物理持留，市场运营者则进一步分析其对电力价格的影响，该过程称为"影响测试"。行为测试的报价标准一般根据参考报价来制定。行为测试不通过的发电厂会进入影响测试，分析其过高的报价对市场价格的影响。如果其报价被证明拉高了边际节点电价（locational marginal price，LMP）且幅度超出规定的限值，相应的发电厂将被认为动用了市场力，其报价将被修正为事先确定的参考值。

美国电力市场倾向于运用事前管控机制实现市场力缓解。目前，美国德州电力市场运营者 ECORT、新英格兰电力市场（ISO-NE），以及美国中部电力市场（MISO）都应用了行为与影响测试方法，并且将结构性指标测试和行为与影响测试相结合来抑制市场中可能出现的市场力现象。其中，ISO-NE 与 MISO 的行为测试标准均为"报价超过参考报价的三倍或超过参考报价加美元 100，取两者较小值"，而 NYISO 的行为测试标准定义为"报价超过两倍参考报价"。至于影响测试标准，ISO-NE 的设定是"出清价格超过参考报价的 3 倍或超过参考报价加美元 100，取两者较小值"；NYISO 和 MISO 的设定是"出清价格超过参考报价的两倍或超过参考报价加美元 100，取两者较小值"。如果其报价被证明拉高了 LMP 且幅度超出规定的限值，相应的发电厂将被认为动用了市场力，其机组报价及相关参数都会被恢复到预先设定好的参考值。

相比于结构性指标测试法，行为与影响测试法仅对产生真实影响的市场力行为进行处理，容许更大程度的自由竞争，有助于减轻市场力的过度缓解。然而，行为与影响测试法的缺点在于过度依赖

参考报价选取是否合理，不合理的参考报价将导致测试效果大打折扣。

（5）事后管控措施。从对市场风险发现和处理的实践来区分，市场风险环节措施分为事前管控和事后管控两类，其中 SCP 监控与评估模型、价格限制措施、结构性指标测试法、三寡头测试法、行为与影响测试法均属于市场风险管控的事前措施。而在缓解市场力问题上，与美国电力市场不同，英国电力市场更为强调市场竞争的自由度，倾向于采用事后管控措施来缓解市场力，英国电力市场目前尚无应用价格上限等事前管控措施。发电商行使市场力仅受英国反垄断法的标准框架约束，市场力的缓解只能依赖于事后强制行动。英国电力市场监管机构在发电牌照（the trans-mission constraint license condition）中对发电商行为进行了约束，即如果监管机构在事后发现发电机组利用输电阻塞在平衡机制中谋取了不正当利益，该发电机组的牌照将会被吊销。但是事后监管在取证、处置等方面存在难度，影响到监管效果。

6.1.2.2 国内电力市场监控主要措施

相较于国外，国内电力市场化改革起步较晚，基于我国国情的电力市场制度建设仍在持续研究和逐步探索中。国内江苏、广东、云南、山东、山西电力市场为实时动态监测电力市场，及时采取有效措施规避市场风险，促进电力市场健康平稳发展，进行了积极探索并取得了一些经验，比较典型的有电力中长期合同风控机制、信用风险管理机制、需求侧响应机制、SCP 监测与评估模型、行为与影响测试法等。

（1）电力中长期合同风控机制。电力中长期合同是电力市场规避市场风险、平抑市场价格、保障电力供应的重要手段，为电力市场稳定、高效运行起到"压舱石"作用。国内包括江苏、广东、云南、山东、山西等大部分电力市场都非常重视长期合同在平抑电价波动上的作用。因为我国目前还处在电力市场建设的初期阶段，所以国内各电力市场采用的中长期合约均为物理合约，虽然中长期物理合约的刚性执行使得交易和调度的关系更加紧密，但结算对交易的影响会延伸到对电网调度的影响，不利于市场风险管控。未来，随着国内电力现货市场的建设与发展，中长期合约可能从物理合约转化为金融合约，或者物理、金融合约并存。

（2）信用风险管理机制。电力合同的有效履行是电力市场良好运行的基础，因此需要避免因为各种风险事件的发生而导致合同不能正常履行。信用风险，也称违约风险，是当前阶段亟需关注的一种风险。针对信用风险，昆明电力交易中心在充分考虑了云南电力市场自身特点后推出了一套风险防控机制，与一般的信用风险管理方法不同，该机制以交易行为信用评价机制为核心进行风险辨识与防控。

云南电力市场的信用风险管理机制可以概括为云南交易行为信用评价指标体系和云南信用风险防控机制两个方面。云南交易信用评价指标体系主要用于市场风险识别，是市场风险防范的基础；信用风险防控机制的目的是针对识别结果，通过各种手段规避识别的风险或减小其影响，包括市场机制的调整和对市场主体的管理，其中对市场主体的管理以引导性的措施为主。

（3）需求侧响应机制。山东电力市场为充分发挥电力用户侧资源的调节作用，维持电力供需平衡，结合自身电力市场的特点，独创了"双向导，双市场"需求响应机制。山东电力市场需求响应采用的是系统导向的紧急型需求响应和价格导向的经济型需求响应的"双导向"参与模式，以及容量市场和电能量市场相结合的"双市场"价格补偿机制，在国内尚属首次。通过政府为主导、电网企业为实施主体、负荷聚合商为中介、全社会共同参与的需求响应模式，充分体现了电力用户和电网之间的双向选择，是需求侧管理工作的一次重大突破和实践探索。

（4）行为与影响测试法。不仅美国新英格兰独立系统运营商

（ISO－NE）、美国纽约独立系统运营商（NYISO）与美国中部大陆独立系统运营商（MISO）在使用行为与影响测试方法来监测市场中的市场力，国内广东电网公司调控中心也在南方区域电力现货市场动态监测系统中建立了符合广东实际的基于结构性测试与行为影响测试相结合的市场力分析防控功能模块，将行为与影响测试方法应用到广东电力市场监测中，以便及时、科学地发现具有市场力的市场主体，防止其产生不正当的市场竞争行为，从而促进电力现货市场规范、公平、高效运行。

广东主要在日前电能量市场中开展市场力监测的行为测试。具体来说，当发电机组电能量报价小于等于市场力监测参考价格时，认定为通过行为测试，其报价作为有效报价直接参与市场出清；否则认定为不通过行为测试，对其报价进行市场力缓解措施后参与市场出清。发电机组的市场力监测参考价格由市场管理委员会提出建议，经政府主管部门、能源监管机构同意后执行。市场具备条件后，对未通过行为测试的发电机组开展影响测试，根据影响测试结果判定该机组是否通过市场力检测。

（5）电力市场运营监控中心。江苏电力交易中心早在2018年就在系统内率先提出创建电力交易本质合规管理体系的目标，通过业务流程再造，实现合规管理嵌入业务流程。江苏电力市场无论是交易规模、交易品种和交易频次均在国内领先，迫切需要通过深化开展市场运营监控，规范市场运营与交易组织、规范市场主体市场与交易行为，建立市场风险预测防范体系，和电力市场监控中心。

《加强电力中长期交易监管的意见》（国能发监管〔2019〕70号）明确要求电力交易机构根据有关规定，履行市场运营、市场监控和风险防范等职责。按照"谁运营、谁防范，谁运营、谁监控"的原则，采取有效风险防控措施，加强对市场运营情况的监控分析。江苏电力交易中心依据文件要求，开展电力市场运营监控中心建设，并设立专职岗位常态化开展监控工作。建立江苏电力市场主体的全过程交易日志，对全过程交易行为进行画像。交易前对交易结果进行预测，交易后及时对交易情况进行常态化监测分析，实现在交易开展前即能对成交量、出清价格区间进行预测。开展江苏电力市场交易行为合规管控，监测各市场主体在电力市场交易过程中包括但不限于异常 IP 地址申报、市场串谋和操纵在内的各项异常行为。建立江苏电力市场交易风险防范体系，动态分析市场交易和合同履约等方面的风险，及时发布市场交易风险提示，确保市场风险事前可准确预测、事中可及时防控、事后可妥善处置。

6.1.3 国外典型电力市场避险做法

6.1.3.1 美国电力市场

美国是最早进行电力市场化改革的国家之一，经过 20 多年的电力市场化运行，已经形成了较为成熟的电力市场避险体系。

美国的电力市场改革从零售价格较高或批发与零售价格差异较大的州率先发起，如宾夕法尼亚州、纽约州、新泽西州等。美国各区域的电力系统发展历程不尽相同，因此电力市场监管架构、监管方式有所差异，各区域市场的监管架构设置、各部门所授予的权利和义务，以及对电力批发市场的监控方式也有区别。美国现有 7 个电力市场，这 7 个区域电力市场分别是德州电力市场、加州电力市场、新英格兰电力市场、中部电力市场、纽约电力市场、PJM 电力市场、西南电力市场。

（1）PJM 电力市场。为避免因输电阻塞造成市场成本增加而导致的市场价格不稳定问题，PJM 利用节点边际价格（locational marginal price，LMP）对输电阻塞进行管理并采用金融输电权（financial transmission rights，FTR）的管理方法来平抑价格的波动。

1）节点边际价格体系。PJM 利用 LMP 对输电阻塞进行管理，LMP 由电能分量、网损分量和阻塞分量三部分组成，每个节点的电能分量部分是相同的，而网损分量和阻塞分量则随网络拓扑和节点

位置的变化而变化。具体管理措施为：① 发电机组以其节点处的 LMP 结算；② 负荷方以其负荷节点处的 LMP 支付；③ 负荷需求方要支付阻塞成本，阻塞成本等于负荷需求方与发电供给方两地的 LMP 差值。网络阻塞的情况下，从负荷收取的费用将高于支付给发电方的费用，两者之差即为阻塞节余。

2）金融输电权 FTR。为避免阻塞成本费用导致市场价格不稳定，PJM 采用金融输电权 FTR 的管理方法平抑价格的波动。FTR 实际上是一种金融手段（每一个金融输电权包含数量、路径、时段和有效期等信息），它允许网络输电用户和固定的点对点输电服务用户事先向 PJM 联络办公室申请，经批准后获得 FTR，它可保护该输电用户不会因发生阻塞而使自己支付的费用上升。通常情况下，如果系统发生阻塞，FTR 拥有者将按其预约容量和预约线路上的节点边际价格获得补偿，从而对冲日前市场的阻塞风险。输电权可以分为责任型和特权型两种。责任型输电权可以为持有者带来收益，也有可能带来收费。

FTR 还可以通过三种市场机制得到，即每年的 FTR 拍卖、每月的 FTR 拍卖和 FTR 二级市场。每年的 FTR 拍卖市场是一个 4 轮的过程，每轮拍卖 25%的系统传输能力。在某轮中获得的 FTR 可以在随后的各轮出售。月度 FTR 拍卖市场拍卖年度 FTR 拍卖市场结束后剩余的系统传输能力。每月的 FTR 拍卖是一个单轮的过程。每月的 FTR 拍卖也允许 FTR 持有者拍卖他们拥有的 FTR。FTR 二级市场是一个双边交易市场，可以方便已经存在的 FTR 在 PJM 成员之间交易。非成员也可以参加交易，但 PJM 不会改变输电权的持有者记录。

3）负荷响应计划的制定。此外，由于 PJM 电力市场仅宾夕法尼亚州开设了零售市场，PJM 包含的其他州并未开设零售市场，为了使用户更好地感受批发市场的价格变化，PJM 制定了两种负荷响应计划来使得用户可以对市场电价做出反应，更好地维持电力市场的稳定，负荷响应计划分为紧急负荷响应计划和经济负荷响应计划。

紧急负荷响应计划是指参与者通过参与该计划，可以在紧急时间中自愿减少负荷，并得到补偿。经济负荷响应计划是为刺激终端用户或缩减负荷提供者（curtailment service provider，CSP）减少在 LMP 很高时的电能消费而设计的，分为日前经济负荷响应计划和实时经济负荷响应计划两种。通过实时经济负荷响应计划，有资格的负荷服务主体（load serving entity，LSE）或 CSP 可以为终端用户提供机会，或者本身就是 PJM 成员的终端用户也可以选择通过在实时电量市场减少负荷，以实时的 LMP 得到回报。日前经济负荷响应计划是指参与者通过在实时的运行之前减少负荷，同时以日前的 LMP 得到回报的计划。

4）报价上限设置与三寡头测试法。针对因网络输电容量限制造成的局部地区发电厂商潜在市场势力程度较高、控制节点电价的能力较强的情况，PJM 电力市场采用了"三寡头垄断测试法"监管发电机组，抑制此类市场势力的行使。"三寡头垄断测试法"可以作为事前监管的必运行机组确定准则，也可以作为事后监管措施，抑制由于输电阻塞引起的负荷口袋内机组/厂商策略报高价的动机。该方法可以判断某机组/厂商对缓解某条输电线路阻塞的影响因子，从而评估该机组/厂商是否定为必运行机组而进行价格管制。

PJM 将整个市场区域划分为 12 个子区域，使得几乎全部阻塞线路都被划分至子区域内部。这样，通过分区域设置报价上限即可对报价行为做出规范。值得注意的是，报价上限并不是一成不变的，同时具有一定的生效条件。在日前市场和实时市场出清时，PJM 要先进行三寡头测试法，以确定市场中有无动用市场力的客观可能。如果除了前两大供应商，其余发电厂商均已通过三寡头测试，则说明在当前运行状况下不存在动用市场力的可能，市场为完全竞争市场，市场内出现的报价均为竞争性报价，无需修正。这样做既能够限制市场力滥用，又保证了市场的充分竞争。此外，PJM 对频繁受到修正的报价做出竞价次数调整，对符合实施标准的机组报价上限

进行提高，使得市场表现更贴近实际，更能表现竞争水平。

（2）纽约电力市场。纽约电力市场最显著的特点是多结算和节点电价体系。同时有功、备用和 AGC 的联合优化，以及基于地理位置的备用价格体系也是纽约电力市场的重要经验。

1）多结算体系。多结算体系应用于纽约电力市场独特的三市场结构（除了日前和实时市场，还有小时前市场）中，不仅纽约电力市场的结算模式采用多结算体系，PJM 和新英格兰电力市场也同样采用了多结算体系：在实时市场只结算实时和日前市场出清结果的偏差量，日前市场出清量按日前市场价格结算。这样做，可以让日前市场对冲实时市场风险，平抑电力市场的价格波动。

2）节点电价体系。纽约电力市场的节点电价体系与新英格兰的节点电价体系类似，发电侧采用节点电价进行结算，可以很好地反应发电侧每个发电商对电网运行的影响，使得纽约电力市场可以很好地应对电网输电阻塞问题。负荷侧实行分区电价，不需要利用复杂的计算程序去计算每个节点的电价，整个分区使用统一电价，且分区比较灵活，可以提高电力市场运营效率。分区电价可以明示不同地区的不同需求，用市场之手引导有效的负荷侧响应，有利于提高系统的可靠性，降低对电网的运营和升级要求，减弱现货市场上通常以发电方为主导的市场力。

3）有功、备用和 AGC 的联合优化。纽约电力市场的有功市场主要由日前市场（day-ahead market）、小时前市场（hour-ahead market）、实时市场（real-time market）组成。日前市场用的是带安全约束的发电机组发电功率组合程序（security-constrained unit commitment，SCUC），小时前市场用的是平衡市场计算程序（balancing market evaluation，BME），实时市场用的是安全约束经济调度程序（security constrained dispatch，SCD）。

SCUC 的基本任务为：① 满足有功购买投标；② 制定足够的容量来满足负荷预测；③ 将双边合约付诸实施；④ 提供足够的辅

助服务（备用和 AGC）。其主要特点为：有功、备用和自动发电控制（automation generating control，AGC）联合优化，以及节点电价体系。

BME 重新考虑了日前市场中没有被满足的网际交易，并考虑了新的网际交易。BME 能够计算修改和新递交的双边交易合同，修改和新递交的供给，修改和新递交的网际交易。BME 在每个运行小时前 75min 运行，结果在每个运行小时前 45min 发布。

SCD 程序的作用是在可能的有功、输电、运行备用和 AGC 范围内，找到具有最低综合成本的调度方案来满足负荷和网际交换。SCD 程序每 5min 运行一次，每 5min 设定一次每台发电机的运行基点（base points）和每个节点的实时电价，日前计划和实时运行的偏差就由这些电价来结算。对发电机来说，结算用的是节点电价；对负荷来说，结算用的是区域电价（zonal prices）。区域电价简单地说就是区域内所有节点电价对节点负荷大小的加权平均值。

纽约电力市场通过实时、安全、经济调度达到安全性与经济性的统一，利用 SCUC 程序将有功、备用和 AGC 联合优化改善了小时前电价和实时电价的一致性使得电力市场价格具有较好的稳定性。同时，以节点边际电价机制运行日前市场和实时市场，可以精确地反映电力生产每个环节对整个电网的运行的经济性和安全性的影响，是纽约电力市场建设的重要经验。

4）基于地理位置的备用价格。在纽约电力市场中，对所需的运行备用容量大小有一定的要求。另外，由于存在输电界面约束，各地区对备用容量的需求也有所不同。由此产生了基于地理位置的备用价格，备用价格可以在西纽约州、东纽约州和长岛不同。这项改进不仅反映了输电界面约束对备用价格的影响，而且给予了备用提供者有效的激励。它与节点电价体系一样，符合谁用高价（电/备用）容量，谁付高价的逻辑。

5）金融输电权 FTR。电力发生阻塞问题时，采用节点边际电价的电力市场主体的输送电成本增加，这直接会导致电力市场电价的大幅度升高。为了防范这一问题，与 PJM 电力市场相同的是，纽约电力市场允许电力市场参与者通过签订合同来获得电权 FTR（每一个 FTR 包含数量、路径、时段和有效期等信息）。同样的，纽约电力市场还开设了二级市场，允许 FTR 在长期输电阻塞合同拍卖市场和月度重新配置市场这两个市场中买卖。市场参与者获得 FTR 后可以对冲阻塞带来的输配电价格的提升，从而可以很好地避免电价的大幅度提高或平抑电价的波动。与 PJM 不同的是，纽约电力市场允许电网公司在阻塞合同拍卖中保留一定数量的输电容量，以降低阻塞短缺金。

（3）新英格兰电力市场。新英格兰的电力市场风险防范体系具有如下几个特征：

1）节点边际价格和多结算体系。ISO－NE 将整个管辖地区划分成八个不同的电价区，同一区域内各点的电价经过负荷大小的加权平均得到该区域的区域电价。与美国 PJM 电力市场和加州电力市场的节点边际电价体系不同的是：纽约电力市场和新英格兰电力市场在结算时采用的是节点电价与区域电价相结合的方法，具体来说就是发电机按节点电价进行结算，而负荷则按照区域电价进行结算，同时通过对事先选定的一些点的节点电价进行简单代数平均来代表整个新英格兰地区的电价水平，在很大程度上降低了新英格兰电力市场电价的波动。

2）金融输电权 FTR。与 PJM 电力市场和纽约电力市场一样，新英格兰电力市场也设立了 FTR（每一个 FTR 包含数量、路径、时段和有效期等信息）的交易市场，电力市场主体可以用 FTR 来对冲日前市场电力阻塞所导致的输电成本的增加，从而可以平抑市场电价的波动，维持电力市场的稳定。目前，新英格兰电力市场的金融输电权市场分为短期市场和长期市场。从短期市场购得的 FTR 有效期为 1 个月；从长期市场购得的 FTR 有效期为 1 年。与 PJM 和纽约的 FTR 市场不同的是新英格兰两个 FTR 市场的 FTR 都分为高峰期输电权和低谷期输电权。高峰期是指每个工作日的 8:00～23:00，其余时间为低谷期。短期市场拍卖的 FTR 占系统容量的 100%，而长期市场只拍卖占系统容量 50%的 FTR。对于同一时段内的 FTR，无论在哪个市场一经售出，必须从另一市场的可拍卖容量内扣除。

3）主、辅市场的联合优化。在第一阶段的新英格兰电力市场中，采用的是电能市场、AGC 市场和备用市场顺序优化的方式；而第二阶段的新英格兰电力市场与纽约电力市场类似，对电能市场、AGC 市场和备用市场三者采用联合优化方式。

顺序优化的思想是按照电力市场中商品（电量、AGC、备用等）的优先级（重要性）分配系统的容量资源，先满足优先级高的商品需求，再考虑优先级低的商品需求。

顺序优化的方式比较简单，但得到的结果往往并不能保证市场的总成本最低。联合优化的方式不设定各种电能商品的交易优先顺序，以采购电能、AGC 和备用的总成本最小为目标，以各种系统运行约束为条件，进行统一优化，根据优化结果进行调度，保障了发电企业的权益，使得发电厂商最终的总体预期收益最大化，从而避免了电力市场价格的波动，有利于维护市场稳定。

4）行为与影响测试法。针对于电力市场出现的市场力，与 PJM 电力市场不同，ISO－NE 注意到，市场力的出现是动态的，某些地区的线路条件和负荷条件是市场力出现的先决条件。因此类似于德州电力管理委员会（electric reliability council of texas，ERCOT），ISO－NE 同时关注结构性指标测试和行为与影响测试。ISO－NE 结合多种指标结果综合分析市场竞争水平，其中包括供应商市场份额（supplier market share）、赫尔芬达尔-赫希曼指数（herfindahl-hirschman index，HHI）和关键供应商测试。虽然供应商市场份额和 HHI 指数这两个指标已经被许多学者认定在明确市场力上效果不足，但是这些指标可以提供不同的观察角度，使得运营者对市场的了解更加全面。除了结构性指标测试以外，ISO－NE 同时关注实际运营中出现

的滥用市场力的证据，即经济持留与物理持留。ISO−NE 会仔细研究发电厂商的不正常短期断供来观察物理持留，同时应用产出供应系数检测发电机组的参数来发现经济持留。

（4）德州电力市场。与其他电力市场不同的是，德州电力批发市场有其独特的特点：采用分区电价机制，报价单元可由多个机组和负荷单元组合而成，所以德州采用的是区域性阻塞管理和结算模式。此外，德州还开设了电力零售市场提高电力需求侧响应，采用结构性指标测试、行为与影响测试相结合的方法来应对电力市场中出现的市场力现象。

1）区域型阻塞管理和结算模式。目前，整个系统中有 5 个阻塞区域：南区、北区、休斯顿区、西区和东北区。为了防止阻塞问题的发生，德州电力市场在区与区之间设立了传输界面约束，并且与美国其他电力市场一样利用金融输电权的方法来解决阻塞问题，同时设立 FTR 二级市场，市场参与者可以购买 FTR 来降低阻塞带来的输电费用的增加，有助于平抑电力市场电价的波动。

德州电力市场采用的这种区域型阻塞管理和结算模式，可以在电量计划和投标方面给予市场参与者，尤其是那些拥有大量装机容量的参与者，很大的灵活性。同时，这种模式也非常简单。但区域型模式的缺点在于使系统调度和安全控制非常复杂，容易给电力市场的运行造成很大的风险。

2）德州电力零售市场。在零售侧，美国电力市场改革的重点是允许具有竞争性的电力服务公司参与电力供给，同时赋予电力用户在不同电力服务公司之间自由选择的权利，以消除传统电力公司在销售端的垄断。美国零售市场的监管是在州层面进行的，各州根据自身情况制定电力零售市场的政策法规，因此，大部分州尚未开放零售竞争。有的州开放了电力零售市场的竞争，即允许电力用户在竞争性零售供应商之间进行选择，零售电价会随着电力供需关系变化和不同的服务计划而不同；有的州仍然是传统的垄断电力供应，即消费者不能选择供电公司，只能从所在地区的电力公司购买电力，但零售价格受到政府监管；还有的州部分开放零售电力选择。

德州以及一些位于美国东北部的州开设了电力零售市场，促使用户针对市场价格信号或者激励机制做出响应，并改变正常电力消费模式的市场参与行为。目前，德州电力零售市场已经较为完备，电力用户可以选择更换自己的零售商。尽管各电力市场中的一些州没有开放电力零售市场，他们在市场设计中都有负荷侧响应的程序，使用户可以对市场电价做出反应。但在加州电力市场中，零售电价冻结，用户无法感受批发市场的电价变化，也不能随之调整自己的需求。这也是造成加州电力危机的一个重要原因。

3）行为与影响测试法与两步法。作为美国德州电力市场运营者，ERCOT在对待电力市场中潜在的市场力上，采用的是结构性指标测试和行为与影响测试相结合的方法。在结构性指标测试方法上，ERCOT应用的是居民需求指数（residential demand index，RDI）。RDI指的是在市场内除最大供应商之外，其他供应商都投入运营之后，仍无法被供应的负荷百分比。当RDI指数大于零时，此供应商被标记为"关键供应商"。需要注意的是，结构性指标RDI指数只可以指出市场力客观存在的条件，而无法确定市场力是否被滥用的事实。

限制市场力行为的另一个较为典型的方法是两步法（two-step method）。两步法步骤在每次日前市场关闭后，实时市场开启前运行。具体来说，第一步只考虑竞争性网络约束（即不受个别机组较大影响的网络约束），不考虑非竞争性网络约束（即某些机组对该约束存在较大影响），计算市场出清价格。第一步得到的电价与发电厂商的报价上限进行比较，取两者较大值作为"参考价格"；第二步考虑所有网络约束，重新计算市场出清价格和各个发电厂商的中标量。此次出清中，超过"参考价格"的发电厂商报价将限制为参考价格。

（5）加州电力市场。与上述四个电力市场不同，加州电力市场

对于系统阻塞的管理主要是针对区域间的阻塞（inter-zonal）进行的，即保证所有日前提交的电量计划中的电量传输要求不会造成区域间的传输阻塞。加州 ISO 日前区域间阻塞管理的一个特色是"市场分离"的规定。这个规定的实际内容就是如果 ISO 需要调整任何一个 SC 的电量计划来帮助解决阻塞，这个调整必须不破坏该计划中已有的供需平衡，即 ISO 需同时调用其平衡电量增和平衡电量减投标，使得其最后电量计划中的发电量和用电量仍然相等。调整原则是，平衡电量投标低者先调整，直到阻塞解决为止。最后一个被调整的 SC 的平衡电量投标将确定该输电阻塞的价格。ISO 将收到的阻塞费按一定规则付给拥有金融输电权的计划协调公司或者输电公司。

加州电力危机发生后，其原来的阻塞管理模式出现了问题。原来的阻塞管理方法在设计时忽略了系统中很多地方都会对输电限制产生重要的影响，采用了所谓忽略电网特性的商业网络模型而不是实际的输电网络模型进行阻塞管理。因此，在新的加州电力市场运营模式中，对其阻塞管理方法进行了重新设计。根据最优潮流算法和完整的网络模型来调整发电出力（发电功率）和负荷来消除阻塞。所采用的网络模型包括所有的母线和输电容量约束，以及为了模拟外部环流而采用的一个简化网络来表示除加州以外的部分。这种阻塞管理办法能确保最后的交易计划是可行的，因为计及了所有输电容量限制和发电机运行限制，此外消除了原有的所谓区内阻塞和区外阻塞的差别。

6.1.3.2 英国电力市场

（1）差价合约。英国是较早进行电力市场化改革的国家。第一次改革所采用的模式为强制型电力库（POOL），POOL 是一个日前市场，在英格兰和威尔士，几乎所有的电力市场都是通过 POOL 进行的，为了克服由于批发价格的波动给市场带来的不确定性，POOL 中的电能交易一般都附带一个经济合同，最常见的便是差价合约。

差价合约是合同甲乙双方通过直接谈判所签署的经济合同。一般来说，供电商从发电商手中购买差价合约，在谈判和合同签署过程中没有中间商或代理人介入，非常适用于电力市场的联营体交易模式。合同的结算是基于合同量和每半小时交易时段批发电价和合同电价的差值。差价合约本质上可以通过分配给市场主体一种产权（按某个价格销售或购买一定数量产品的权利，即发电权或用电权）来调整市场的初始资源禀赋，政府可以通过设计合理的差价合约批发电价来实现一些目标，这些电价可以是系统边际电价（system marginal price，SMP）、购电电价（power purchase price，PPP）、卖电电价（power sale price，PSP）、系统容量电价等。差价合约也可以通过设计不同生效方式的市场化差价合约来规避市场主体可能要面临的风险，英国电力金融市场中，差价合约种类繁多，主要分为单向类型和双向类型两种。单向差价合约，一方可以规避价格过高（或过低）的风险，而另一方为承受风险得到固定收益，合约价格主要取决于价格高于（或低于）约定的封顶（或封底）价格的情况；双向差价合约，售方可以规避价格过低的风险，购方可以规避价格过高的风险，合约价格主要取决于签订差价合约时对基准价格的估计。差价合约形式简单、易于理解和操作，因而不仅在英国，在澳大利亚等其他国家的电力市场中也得到了广泛使用。

（2）NETA中的"平衡机制"。英国第二次改革实行了新的电力交易协议（NETA），通过"平衡机制"来解决市场中的不平衡电量问题，实现电力电量的实时平衡，避免市场价格的波动，维护系统安全性和电能质量。

在关闸时间后，系统调度机构主要依靠接受平衡单元提交的报价来保障系统运行满足各类安全约束。除了接受报价之外，调度机构还可以通过平衡调整机制和负荷控制机制等手段来保障系统安全运行。在NETA中，发电商和供电商须向平衡机制提交竞购投标Bid和竞供投标Offer。其中，竞供投标Offer是针对增加发电量或者减

少负荷量的报价信息，相反，竞购投标 Bid 则是针对减少发电量或者增加负荷量的报价信息。系统调度机构为了维护系统和局域的发电与负荷平衡，根据收到的 Bid 和 Offer 信息（和相应的机组或负荷特性信息），按照费用最小原则，接受发电商和供应商的 Bid 和 offer，并指示他们调整其发电或负荷水平。对于上调量和下调量，按照平衡机制单元的 Offer 或 Bid 的价格支付费用（Pay as Bid）。那些提供上调量的竞供方（增加发电或减少负荷）将得到偿付，而那些提供下调量的竞购方（减少发电或增加负荷）则应该向系统调度机构付费。

此外，为鼓励发电商和用户尽量使不平衡电量最小化，NETA还将不平衡电量价格进行了区分，分为"溢出"价格和"注入"价格两种，分别相当于系统卖出价格和系统买入价格。对发电量超过合约的发电商，以及用电量低于合约的用户，实行溢出价格；对发电量低于合约的发电商，以及用电量高于合约的用户实行注入价格。比较有特色的是，英国国家电网为了降低系统运行成本，除了通过平衡机制来解决电能不平衡和网络阻塞之外，还在平衡机制开启前，主动提前购买或出售一些电能。例如，当调度机构预测次日某些时段会出现电力短缺时，可参与电力交易所的日前或日内交易，提前购买部分电能；当调度机构预测某些区域会出现网络阻塞时，可与特定区域的机组签订双边合同（一般为长期合同）进行阻塞管理。

在缓解市场力问题上，与美国电力市场不同，英国电力市场更为强调市场竞争的自由度，倾向于采用事后管控措施来缓解市场力，英国电力市场目前尚无应用价格上限等事前管控措施。发电商行使市场力仅受英国反垄断法的标准框架约束，市场力的缓解只能依赖于事后强制行动。英国电力市场监管机构在发电牌照（the transmission constraint license condition）中对发电商行为进行了约束，即如果监管机构在事后发现发电机组利用输电阻塞在平衡机制中谋取了不正当利益，该发电机组的牌照将会被吊销。

6.1.3.3 澳大利亚电力市场

澳大利亚电力市场仅有实时市场，没有日前市场，为了减少现货市场价格波动的影响，澳大利亚电力市场采取了电力金融合约的风险管理手段，发电商与购电商可以在现货市场以外根据双方协商确定的履约价格签订长期的或者短期的双边金融合约，也可以在政府批准的证券期货交易所，比如悉尼期货交易所进行电力期货交易，电力金融合约不受电力市场规则监管，不影响物理电力的交割，与实时电力市场完全解耦。

随着电力市场的不断改革，澳大利亚电力金融合约已从最初的政府授权差价合约，发展为市场化的多种形式的金融合约，包括双向远期合约、封顶远期合约、封底远期合约和封顶封底远期合约等形式。双向远期合约是发电商与购电商签定的一种金融合约，合同中表明，如果现货市场的价格高于合同价格，则由发电商补贴缺额给购电商；如果现货市场的价格低于合同价格，则由购电商补缺额给发电商。签订封顶远期合约能够使购电商避免现货市场高电价的风险，又能享受到低电价的好处。封顶封底远期合约是封顶远期合约和封底远期合约的组合。它既保护购电商降低高电价的风险，也保护发电商减少低电价的风险，保障了电力市场主体的权益，并使得电力市场的价格维持在一定的水平，有助于维持电力系统的安全和稳定。

6.1.4 国内外电力市场监控措施特点

国内外电力市场都对电力交易机构进行合规风险管控，主要有以下特点：

（1）采取"市场风险市场解决"的思路，有效减少电力交易机构的合规风险。

1）建立信用风险管理机制。美国电力市场针对非实时电力交易过程中的信用风险，电力交易机构一方面建立严格的交易信用保证

机制，为交易合约的履行提供保障；另一方面，通过电力金融产品在金融市场的交易，借助金融市场手段进一步强化风险控制，降低了因实时市场价格波动引起的市场成员信用履约合规风险。

美国 PJM 电力市场发展较为成熟，自由交易模式成为美国其他地区电力市场建设的标准模板。2018 年，市场成员增加至 1018 家，当年交易电量 806 546GWh。由于美国电力零售市场的电价由政府制定，参与电力交易的发电商、负荷服务商都可能因电力批发市场价格波动引发履约合规风险。一方面 PJM 电力市场强化交易信用保证机制，要求发电商和负荷服务商将双边交易合约提交给自己，并在合约约定的结算日进行结算，由发电商在交货节点以市场价买电，负荷服务商在交货节点卖电，交易合约电费则由交易双方自行进行结算。另一方面，由于双边交易是由发电商和负荷服务商双方协商达成，同样会存在信用风险。而且，双边交易电量越大，交割时间越长，其信用履约风险越大。为减少此类风险，PJM 借助美国成熟的金融市场，设计了电力金融产品。借助纽约商业交易所、洲际交易所，购售双方主体均可以交易大量期货保险等电力金融避险产品，有效防范履约合规风险。

2）建立风险对冲机制。PJM 除了建立电力期货、保险外，还建立金融输电权（FTR）合规风险对冲工具。FTR 合同包含了电力交易数量、路径、时段和有效期等信息。持有者可以在有效期内的指定时段得到（或支付）该路径在日前市场的阻塞资金，从而对冲日前市场的电力阻塞风险。例如，美国大陆中部系统独立运营商（midcontinent independent system operator，MISO）为了帮助市场交易者规避阻塞风险，在启动电力市场的同时，也启动了金融输电权拍卖市场。MISO 用于支付金融输电权的资金来自日前市场与实时市场的阻塞资金结余，而金融输电权拍卖市场所得收入则用于支付给拍卖收入权的所有者。MISO 通过拍卖收入权 ARR 分配机制，每年免费给输电线路所有者和电网增容扩建者等长期物理输电权持有者分配 ARR。其目的在于满足电力用户基本要求的同时，增加日前市场的吸引力，鼓励高效率的电网扩容投资，并为所有市场参与者提供阻塞风险规避手段。

除了美国电力市场大量采用金融工具对冲风险之外，日本东京商品交易所也于 2019 年 9 月 17 日正式上线了电力期货，统一管控履约合规风险，标志着日本 1300 亿美元的电力交易市场进入了全新的阶段。截至 2019 年，日本电力交易所交易量已经占到全日本电力需求的 30%，其中现货交易量超过 90%。在价差逐渐缩小、售电公司单一的营利能力正在受到冲击的时候，现货价格的剧烈波动对于购售双方来说形成了巨大的履约合规风险。

因此，全新上线的电力期货作为平衡风险和套期保值工具，成为发电公司和售电公司规避履约合规风险的重要手段。因此，日本电力交易所在完善现货交易规则与系统，建设成熟、可靠的现货交易市场的同时，联合东京商品交易所完善推出电力衍生品交易机制。通过容纳大量的个人投资者，以及大型投资机构，才能让发电企业、售电企业、用户的履约合规风险得到真正的转移。同时这种规模日渐增大的场外交易行为，势必也要接受金融市场监管机构的合规监管。以欧盟为例，2016 年电力衍生品交易量约为 11.8 万亿度电（亿千瓦时），其中 60%～70%交易量是在场外大型机构一对一交易完成的。

（2）建立电力交易机构合规风险内外部监督机制，依靠机制有效防范合规风险。欧洲电力交易所的组织架构由市场监督委员会、市场管理委员会、市场交易委员会和市场监控办公室组成。其中，市场监督委员会由股东们任命，由欧洲能源领域杰出人员组成，职责除了制定公司策略和预算以外，很重要的一项就是控制管理行为，主要措施是由监督委员会选择产生管理委员会主席、首席执行官、首席财务官和首席运营官 4 位主管；市场监控办公室负责市场运营情况的日常监督，及时发现市场风险问题，提出风险应对的建议。

英国电力市场建立了完善的市场监督体系。政府机构、社会团体，以及商业组织从不同的角度监督市场运营情况，共同构成了英国的电力监督体系。电力管理办公室（OFGEM）是官方的电力监管部门，负责监控 Elexon 的管理成本、保证市场充分竞争，以及维护市场供需平衡等。财政金融管制机构按照金融服务行业的管理条例，对电力交易机构的期货市场和短期双边市场进行监管。电力协会是英国电力行业的发言人，负责制定行业标准，保护发、输、配、售电公司的利益。电力用户协会由政府出资成立，代表电力用户的利益，负责处理用户投诉、向用户提供供应商信息、协助用户向供电商争取赔偿，以及向相关部门申请完善的客户服务政策等。英国还有许多商业机构定期发布电力交易价格指数报告，客观评估市场交易运行情况，如 HEREN 和 PLATTS 等。这些商业报告不受 OFGEM 监管，但是为了得到市场认可，会尽量保持客观性和科学性。通过完善监督体系的建立保障交易机构的独立运行，保障市场交易信息的公开，大大减少电力交易机构的合规风险。

（3）推进电力交易风险法规化建设，利用法规手段规避电力交易机构自身合规风险。欧洲电力市场建立了一整套涉及法律法规、道德标准、交易规则、交易合同等多层次的电力市场交易行为规范制度，涵盖了物理和金融衍生品市场。

1）能源批发市场诚信和透明度法规（REMIT）旨在提高欧洲能源市场的透明度和稳定性，打击内幕交易和市场操作行为，要求所有市场参与者向监管机构进行登记、报告交易信息，要求交易机构监控可疑交易行为，及时向监管机构报告。

2）市场交易和市场操纵法规规定了信息披露和报告义务，并扩展到衍生品交易和碳排放交易领域。

3）EFET 能源交易良好行为准则旨在引导行为诚信、尊重他人，要求 EFET 成员履行以下义务：尊重自由公平竞争、不进行任何市场操纵和欺诈行为、执行能源交易风险管控关键流程、反商业等内容。

通过法规建设，为电力交易机构提供合规风险防范的武器和手段。

（4）强调合规风险防范的流程和细节，尽量杜绝电力交易机构合规风险防范的漏洞。电力交易机构合规风险涉及的内容非常广泛、信息量巨大，风险防范责任重，因此国外通过监管系统的建设，明确流程和要求，将合规风险防范的措施具体化、细节化。

1999 年，美国联邦能源监管委员会（FERC）要求 RTO 必须制定程序，对其运营或管理的所有能源市场进行监控，以确定市场设计缺陷、市场力滥用和提高效率的机会，具体包括以下 4 个方面的内容：一是监控市场的传输服务和传输业务的行为并提出相应措施；二是监控辅助服务和 RTO 运行的电力市场；三是定期评估市场行为的影响；四是向监管机构提供滥用市场力和市场设计缺陷的报告。

2002 年，FERC 出台了标准市场设计，要求使用一套核心问题和分析技术来评估市场结构、参与者行为、市场设计和市场力环节措施。同时，美国电力市场建立了独立第三方监控机制，成立了 Monitoring Economics 公司和 Protomac Economics 公司分别进行市场监控。美国、澳大利亚、新西兰等电力市场建立了基于产业组织理论的监控模型，专门研究市场在不完全竞争条件下的企业行为和市场构造，形成了既能深入具体环节和细节，又能形成系统逻辑体系的分析框架。细节决定成败，通过对一些流程和细节采取有针对性的处理，切实提高了电力市场风险防范能力。

6.2 电力市场分析关键技术

6.2.1 面向电力市场供需平衡分析的系统动力学

在省级或区域级电力市场中，电力供给与需求的平衡是保证电网稳定、安全运行，实现社会经济可持续发展和提高全社会用电福

利的关键。因此，必须重视电力市场环境下供求平衡分析。为实现电力市场供求平衡，重要考虑以下几方面的问题：第一，构建电力市场需求预测模型对用电需求进行精确预测；第二，建立市场供给能力评价模型对市场的供给能力进行有效地估测；第三，提出一种电力市场供给与需求平衡分析方法，分析判断电力市场供求平衡状况，并以此作为决策依据，从供给和需求两方面，提出相应对策，实现电力市场供求平衡。对上述问题的研究围绕系统动力学为核心理论展开分析。

6.2.1.1 系统动力学理论简介

一般情况下，数学模型分为静态模型和动态模型。静态模型在处理一些静态问题时能够发挥出它的长处。例如，物理学上的受力分析所画的受力分析图就是一种静态模型。另外，还有一些经济学上的模型也属于静态模型，例如，产品价格或市场价格的模型。动态模型是在静态模型的基础上又考虑了时间这个因素，因此它能解决一些随时间变化而变化的问题，或者一些主要受时间影响的模型。本节所研究的电力需求供应平衡问题就是一个以时间为主要变量的模型问题。要想解决随时间发展而发展的问题，系统动力学是一种比较合适的方法。系统动力学起源于 20 世纪 60 年代 Jay Forrester 及其同事在麻省理工学院斯隆管理学院（MIT Sloan School of Management）的工作，他们在应用反馈控制理论的概念研究工业系统时，形成了系统动力学的最初思想，即通过建模将系统中的主要变量进行整合，而系统中的主要变量利用计算机模型中的变量表示，并将现实系统中的因素关系用计算机模型中各影响因素之间的相互关系来代表。

系统动力学是一门以研究信息反馈系统为内容，分析与解决系统问题、沟通自然科学与社会科学的综合性学科。系统动力学研究处理复杂系统问题的方法要求从系统整体思考角度出发，将定性与定量分析综合、实际与推理综合。系统动力学的应用特性有：① 研究问题注重从因果机制出发。系统表现的各种现象或行为都有一定的因果联系，只有分析各因素之间构成的因果关系，才能从复杂的实际现象中获取其形成的原因。② 强调外因与内因的辩证统一关系。内因是系统存在、变化、发展的根源；外因是系统存在、变化、发展的客观条件。系统的演化方向是由内、外因共同作用的结果。③ 注重观察分析系统组织结构。系统结构是系统运行和发展的内在动力，系统结构的分析有助于了解系统发展和预测系统未来的行为。④ 延迟特性。模型引入了延迟机制，使模型更为接近描述的实际系统。⑤ 非线性行为。系统动力学模型强调体现系统、联系、发展、运动的观点，能够解决复杂的非线性系统问题，因而，模型适用于研究复杂系统。

系统动力学模型研究复杂系统问题的主要优点有：适用于处理长期性问题；适用于对数据不充分的系统问题；适用于处理复杂的社会经济系统问题；能够进行政策仿真。

6.2.1.2 系统动力学分析工具

随着自然科学与计算机技术的不断发展，出现了很多成熟的系统动力学的应用建模软件。常用的 Vensim 软件，是由美国 Ventana Systems，Inc. 研发的可视化建模软件，软件具有功能强大的图形编辑环境，通过使用该软件可以对系统动力学模型进行构思、仿真、分析和优化、检验和政策分析。该软件的具体特点如下：

（1）利用可视化的编程建立模型。Vensim 图形编辑功能强大，在 Vensim 中，"编程"实际上是指建模的概念，用箭头连接变量，并将各变量之间的关系以公式的形式表示出来。此外，工具条为进行变量关系、方程和参数等的查询工作提供了方便。

（2）数据共享性和输出兼容性强。Vensim 能提供丰富的信息输出方式。模型一般的模拟结果既可以即时显示外，又可以进行保存和拷贝。

（3）分析方法丰富。SD 模型主要进行结构分析和数据集分析。

对于结构分析，Vensim 提供了原因树分析、结果树分析和反馈分析等，便于了解变量间的因果关系与回路；数据集分析方面则包括变量随时间变化的数据值和图表分析。

（4）强大的检验功能。Vensim 中的 Debug 功能能标示出错误及其产生原因，从而提高系统建模的效率；真实性检验可以判断模型的合理性与真实性，从而调整结构或参数。

6.2.1.3　电力市场供需平衡影响因素

（1）负荷和装机容量。在电力市场中，负荷是影响市场供求平衡的一个重要因素。在市场装机容量一定的情况下，负荷越大，意味着成本较高的发电机组将被启用，发电成本和输电成本都相应提高。供给企业的成本提高，会减少市场供给，使得市场供小于求，进而影响市场的供需平衡。此外，市场的装机容量也在一定程度上影响市场的供需平衡。若某地市场装机容量不足，市场供给较少，则该地区的电价将一直较高；相反，若增加市场装机容量，市场供给增加，电价将处于较低的水平。

（2）发电侧的电源结构。近年来，国家和社会对环保提出了新的要求，引发电源供给侧电源结构的重大变革，而市场中供给方的电源结构不同，对市场供求均衡的影响也不同。供给方发电机组的运行成本直接影响市场供给。对于火力发电机组而言，主要燃料为煤炭和天然气，市场供给主要受煤炭价格和天然气价格的影响，进而影响市场供给。对于水力发电机组而言，市场供给主要受气候因素影响，若对水力发电机组提供动力的河流上游在一段时间内处于干旱状态，水电机组发电功率不足，影响市场的市场供给。影响核电机组发电成本的因素主要包括基建成本和燃料成本。如果采用新能源为主的电源结构，也就是利用太阳能、风能、地热、生物能、海浪能和燃料电池等新能源发电技术的小型绿色环保发电装置，其发电成本随着技术的进步和批量生产的增多而降低，市场供给增多。因此，市场供给方不同的电源结构将影响市场的供给，进而影响市场的供需均衡。

（3）气候因素。电力市场是一个受气候影响的特殊市场。由于气候的不稳定性，电力市场的电能供需波动幅度较大。特别是近年来极端天气变得愈加频繁，美国德州电力市场因极端天气引发的严重电力供需失衡就是一个典型例子。另外，随着全球气候不断变化，极端高温和极端低温均会给使电力系统的发电量和需求量发生变化，进而影响到电力市场中的供需均衡。

（4）政策因素。电力市场是一种特殊类型的交易市场。目前，我国仍在持续推动市场化改革。电力市场整体均受到政策因素的制约和影响，国家的碳排放政策、新能源发展战略、电价改革政策、需求响应激励等均会影响到市场主体的行为决策，最终影响市场的总体供需平衡状态。

6.2.1.4　电力需求量预测方法

对于市场的供需平衡分析来说，更有意义的分析是模拟预测未来一段时间内的供需平衡状态。对于市场中的购电需求量来说，主要取决于对于终端用户电量消耗量的预测，因此主要采用负荷预测的方法来获取需求侧的电力需求量。

月度电力需求量的预测研究作为一种中期时间尺度负荷预测问题，存在规律性不强、影响因素较多的特点。常用的方法大致分为灰色模型、支持向量机模型、ARIMA 模型、神经网络模型等单预测模型，以及这几种单预测模型的组合模型。

本节介绍采用经典 GM（1，1）模型做月度负荷预测，其中 G 表示灰色（Grey），M 则表示模型（Model），模型中前面的"1"表示一阶方程，后面的"1"表示一个变量。

设历史月度负荷序列为

$$X^{(0)} = \{X^{(0)}(1), X^{(0)}(2), \cdots, X^{(0)}(n)\} \tag{6-1}$$

对于该原始序列，经过转换形成序列，即

$$X^{(1)} = \{X^{(1)}(1), X^{(1)}(2), \cdots, X^{(1)}(n)\} \tag{6-2}$$

其中，$x^{(1)}(k) = \sum_{i=0}^{k} x^{(o)}(i) = x^{(1)}(k-1) + x^{(0)}(k)$ 这一转换过程为一次累加过程，转换而成的序列为一次累加序列。

一次累加生成序列的紧邻均值生成序列为

$$Z^{(1)} = \left\{ z^{(1)}(1), z^{(1)}(2), \cdots, z^{(1)}(n) \right\} \tag{6-3}$$

其中，$z^{(1)}(k) = 0.5x^{(1)}(k) + 0.5x^{(1)}(k-1)$

则 GM（1，1）模型的灰微分方程为

$$x^{(0)}(k) + az^{(1)}(k) = b \tag{6-4}$$

式中：a 为发展系数；b 为灰色作用量。

灰色预测的步骤为：

（1）对原始序列做一次累加生成，得一次累加生成序列。

（2）用一次累加生成序列建立 GM（1，1）模型，得灰微分方程的白化方程为

$$\frac{dx^{(1)}(t)}{dt} + ax^{(1)}(t) = b \tag{6-5}$$

（3）求两个参数 a、b，记为 $\hat{a}, \hat{b}$，设 $\hat{a}$ 为待估参数向量，则对于微分方程，满足

$$\hat{a} = (B^T B)^{-1} B^T Y \tag{6-6}$$

其中，

$$B = \begin{bmatrix} -z^{(1)}(2) & 1 \\ -z^{(1)}(3) & 1 \\ \vdots & \vdots \\ -z^{(1)}(n) & 1 \end{bmatrix}, Y = \begin{bmatrix} x^{(0)}(2) \\ x^{(0)}(3) \\ \vdots \\ x^{(0)}(n) \end{bmatrix}$$

（4）在 $x^{(1)}(1) = x^{(0)}(1)$ 的条件下，得原始数据序列模型

$$\hat{x}^{(0)}(k) = \hat{x}^{(1)}(k) - \hat{x}^{(1)}(k-1), k = 2, 3, \cdots, n \tag{6-7}$$

则 $\hat{x}^{(0)}(1) = x^{(0)}(1)$，

$$\hat{x}^{(0)}(k) = (1 - e^{\hat{a}}) \left(x^{(0)}(1) - \frac{\hat{b}}{\hat{a}} \right) e^{-\hat{a}(k-1)}, k = 2, 3, \cdots, n \tag{6-8}$$

对于式（6-8），当 $k = 2, 3, \cdots, n$ 时，得到的是原始序列的拟合值；

当 $k > n$ 时，得到的就是预测值。对于某一月份用电量的预测采用该月的历史年份负荷值进行拟合预测。

（5）电力市场供需平衡分析系统动力学模型。因为电力市场供需平衡问题的特殊性，考虑短时间内的电量平衡意义不具有太大实际意义，所以本问题是一个至少是以月为时间跨度的模型分析。系统动力学理论特别适用于较长时间范围内的多变量、复杂关系下的仿真分析问题。

采用系统动力学分析电力市场供需平衡问题时，首先需要列出影响电力市场供需平衡的因素，在相应的仿真软件中画出回路图；其次需要确定不同变量之间的数学关系式；然后需要对所有变量进行赋值；最后就可以采用仿真工具进行模拟仿真了。同时，仿真软件一般都提供了功能丰富的结果分析功能，使得仿真可以更加科学、高效。

以 Vensim 仿真软件为例，建立电力市场供需平衡分析模型，如图 6-5 所示。

其中主要变量的计算公式为

发电侧市场申报容量＝发电侧总装机容量×电力市场参与度系数

发电侧备用容量＝发电侧总装机容量×备用率

发电侧总装机容量＝燃煤装机容量＋燃气装机容量＋光伏发电装机容量
＋风力发电装机容量

$$发电侧平均报价＝\frac{期望收入}{发电侧市场申报容量}×市场供需均衡状态指标$$

6.2.2　面向市场电价预测的相关机器学习

反映市场运行状态的指标众多，其中最重要也是大家最关心的还是电价这一核心变量。电价不仅直接关系到市场成员的直接经济利益并且电价作为一种信号，非常真实地反映了市场实际的供需状态。

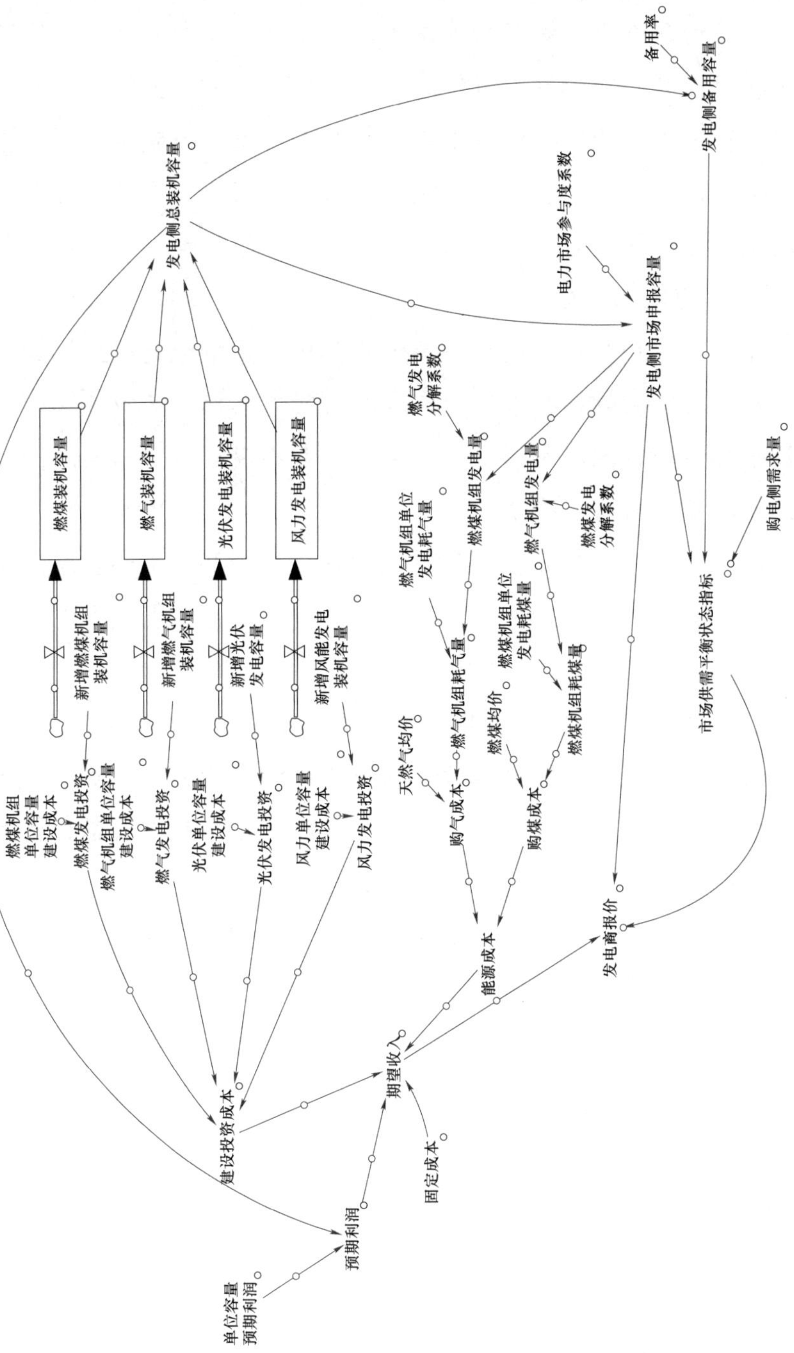

图 6-5 电力市场供需平衡分析模型

249

因为电力市场电价受影响的因素多，所以具有高波动性和不确定性，使得其准确预测变得很困难。对于发电企业而言，电价的准确预测可使其制定合理的竞价策略，实现收益的最大化。对于售电公司而言，提前预知电价可以以尽量低的价格买入电量。用户则可以根据电价预测，调整生产时间，降低生产成本。市场管理者可以通过预知电价的变化，更好地管理和优化电力市场。

6.2.2.1 电价的特征

电价作为电力商品的交易价值成为电力市场流通的指挥棒，电力交易双方都必须根据电价对自身的买卖方案作出适应性调整。在此基础上，作为国民生活支柱的电力产业不仅拥有普通商品价值属性，还具备电力特色属性。

（1）周期性。电价的周期性变化在长期观测中主要表现为随着季节的更替而发生周期性改变，在短期观测中主要表现为电价的起伏与日周期时段有着强关联性。

（2）跳跃波动性。虽然电价特性在一定程度上与负荷特性相似，但是与负荷相比，电价与其最大的不同在于电价的波动幅度剧烈，造成这种跳跃性波动的原因与极端天气、用电高峰时段息息相关，这也为电价预测（尤其是短期电价预测）增添了非常大的难度。

（3）均值回复特性。虽然电价的波动幅度非常大，但是无论是电价大幅度上涨还是下降，它总会以高概率趋势向价值中心靠拢，这种类似布朗运动的电价变化轨迹可以将其称作均值回复特性。这种特性既是电价固有属性，又是电价作为商品交易、符合商品价值规律的表现。

6.2.2.2 电价预测方法简述

要了解不同因素对电价波动的影响是复杂的，关于电价以及电价波动的度量和预测，国内外已有大量的文献报道。总结归纳，发现分析电价预测问题比较常用的方法有时间序列分析法和神经网络等方法。

（1）时间序列类。时间序列法通常应用于金融市场的研究，以找出在电力市场中某些影响因素与价格波动之间的关系，一般选取历史电价序列作为样本数据。通过分析样本内数据之间的特征，建立相应的时间序列回归模型，然后使用样本外数据进行模型验证与预测比较。这类方法包括平稳时间序列模型、自回归模型（AR）、移动平均模型（MA）、自回归移动平均模型（ARMA），以及非平稳时间序列模型、自回归条件异方差模型（ARCH）、多元广义自回归条件异方差模型（GARCH）等。

使用时间序列模型在处理电价时间序列时，有单一变量建模的处理方式，以及多变量建模的处理方式。在过去的很多研究中，通常不考虑电价以外的影响因素，只以历史电价时间序列作为自变量，研究其变化规律和电价时间序列中的内在关联。而在电力市场中，电价影响因素众多，比如用电负荷、发电机组性能、可再生能源发电，以及可再生能源渗透等因素。此外，电价变化不仅有简单的趋势，还有一些不寻常的因素影响，这将影响电价序列的平稳性。而电价序列能否去除非平稳，对于电价和电价波动的预测准确性十分重要。此时，采用多变量回归模型，处理存在异方差效应的回归模型进行电价的预测和电价波动的描述，会更加合适与准确。

（2）神经网络类。神经网络法模拟人类大脑结构，采用非线性建模的方法，可以避免传统方法中复杂的分析过程，也可以避免选择模型时可能遇到的困难。作为人工智能领域的重要基础，神经网络目前还在不断发展当中，不断涌现出新的模型和理论。但总的来说，采用神经网络类方法进行电价预测时，主要有人工神经网络（ANN）方法、多层感知机模型（MLP）、BP神经网络、卷积神经网络、循环神经网络及其衍生算法等。

使用神经网络进行电价预测时，通常选取电价的几个关键影响因素作为输入变量，然后进行反复训练，得到相对准确的权值和阈值，发现电价序列之间的隐藏规律，进而确定相应的预测模型。与传统的时间序列法相比，这种预测方法突出的特点及优点是可以考虑多因素变量对电价序列的影响，采用非线性建模的方式对电价问题进行研究。

6.2.2.3 电力市场月度电价及日前电价预测算法

（1）电力市场月度电价预测算法。电力市场月度竞价预测算法中涉及的数据量较小，且数据跨度时间长，影响因素众多，因此可以认为是完全随机的序列。对于随机序列，采用 ARMA 预测方法进行预测能够得到较好的结果。

自回归滑动平均模型适用于单个数据表现出无规律性，但是整体研究对象存在一定的变化规律，恰好符合电力市场电价变化的特点，这种规律可以通过自回归移动平均过程进行分析。自回归滑动平均模型用于电价预测，其表达式为

$$y_t = c + \alpha_1 y_{t-1} + \alpha_2 y_{t-2} + \cdots + \alpha_p y_{t-p} + \varepsilon_t + \theta_1 \varepsilon_{t-1} + \theta_2 \varepsilon_{t-2} + \cdots + \theta_q \varepsilon_{t-q}$$

$$(6-9)$$

式中：y_t 为待预测时刻的电价数值；ε_t 为随机项，表示真实值和预测值之间的差值；c 为截距项或者称常数项；$\alpha_i (i=1,2,\cdots)$ 和 $\theta_j (j=1,2,\cdots)$ 分别为自回归系数和移动平均系数。

具体建模过程（见图 6-6）如下：

第一步，数据的平稳性检验。

数据的平稳性检验主要包括平稳性检验和白噪声检验两个方面。适用于 ARMA 模型分析预测的时间序列必须是平稳非白噪声序列。非平稳的时间序列则需要进行差分处理，直至检验平稳为止。其中，差分的次数就是模型 ARMA（p，d，q）的阶数。一般来说，差分阶数不超过 2。

第二步，ARMA（p，q）拟合。

首先计算出时间序列样本的自相关系数（AC）和偏自相关系数（PAC），然后由系数估计自相关阶数 p 和移动平均阶数 q 的值，最后通过 AIC 准则和 SC 准则评判拟合模型的相对优劣。

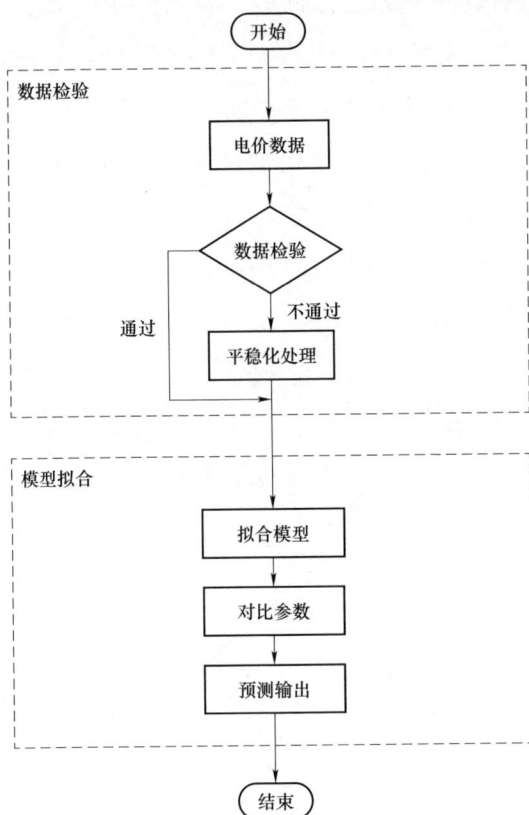

图 6-6 ARMA 算法流程图

第三步，模型检验与预测。

模型的验证主要是验证模型的拟合效果，如果模型完全或者基本解释了系统数据的相关性，那么模型的噪声序列为白噪声序列，反之则需要重新进行白噪声检验，直至结果通过检验为止。

采用 Eviews 等统计分析软件可以拟合出相应的表达式，进而根据表达式计算电价预测数值。

（2）市场日前电价预测算法。对于市场日前电价预测问题，考虑到样本较多，且时间跨度小，电价与其关联因素之间理应存在某种近似关系，因此首先考虑采用深度学习的方法做数据挖掘，发现数值特征。

对于典型的时间序列预测问题，目前应用较多且已经比较成熟的深度学习算法主要是 LSTM 模型，即长短期记忆神经网络模型。虽然近期的研究中出现了各种各样的衍生算法、新型编码和网络结构等创新模型，但 LSTM 网络仍然是目前应用最多且最成熟的一类适用于时间序列预测的算法模型。

LSTM 算法流程图如图 6-7 所示。

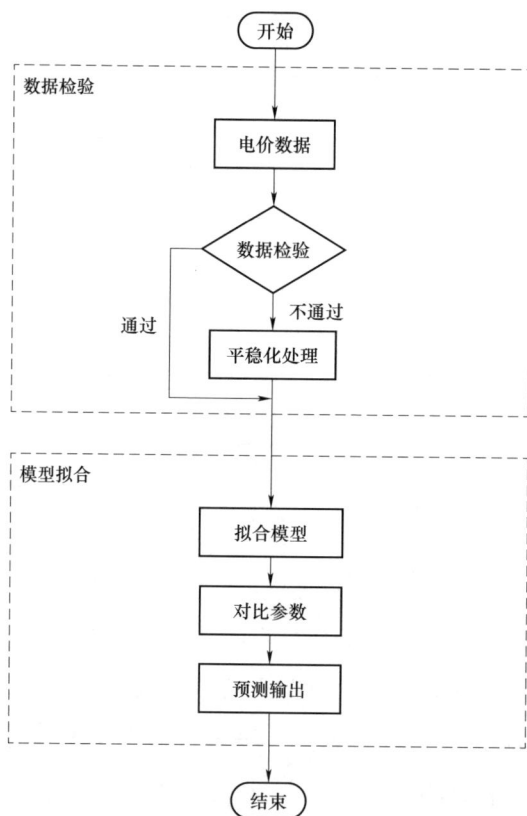

图 6-7 LSTM 处理流程图

为提高模型泛化能力，需对数据进行标准化处理，即将每一列数据的取值范围规范到 [0，1]。对序列的标准化进行处理为

$$y_i' = \frac{y_i - \overline{y}}{s} \tag{6-10}$$

式中：$\bar{y}$ 为该列数据的均值，$\bar{y} = \dfrac{1}{n}\sum\limits_{i=1}^{n} y_i$；$s$ 为特征数据的标准

差，$s = \sqrt{\dfrac{1}{n-1}\sum\limits_{i=1}^{n}\left(y_i - \bar{y}\right)^2}$ 。

为了提高模型的预测精度，需要对其中的超参数进行调整，选用均方根误差（root mean squared error，RMSE）、平均误差（mean absolute percentage error，MAPE）作为参数调整评估的依据。

$$
\begin{aligned}
RMSE &= \sqrt{\frac{1}{N}\sum_{i=1}^{N}\left(y^{(i)} - f(x^{(i)})\right)^2} \\
MAPE &= \frac{1}{N}\sum_{i=1}^{N}\left|\frac{y^{(i)} - f(x^{(i)})}{y^{(i)}}\right| \times 100\%
\end{aligned}
\tag{6-11}
$$

式中：$f(x^{(i)})$ 为预测值；$y^{(i)}$ 为真实值。

由此，模型构建的详细流程如下：

1）数据预处理，历史电价数据采集系统会存在数据缺失或者数据异常的情况。若不加处理输入模型将会导致很大的误差。因此，数据预处理需要对缺失的数据进行填补，并对异常数据进行识别和修正。

2）确定模型的输入、输出变量，将预处理后的数据集划分成为训练集、测试集两个部分。训练集数据用于模型训练，测试集用于测试模型对新数据预测性能的优劣。其中，训练集数据按是否有标签可以分为无标签数据和有标签数据。

3）采用式（6-11）对原始数据做归一化处理。

4）将训练集数据输入 LSTM 网络模型中获得预测值，模型超参数采取梯度下降调整方式，代价函数为平方重构误差，LSTM 实现监督学习。

5）LSTM 网络训练完成后，输入测试集数据，反归一化后输出预测结果。

6）将电价预测值与实际负荷进行对比评价，采用 MAPE 和 RMSE 作为预测结果的评级指标，衡量 LSTM 网络模型的预测准

确性。电力负荷预测中的 MAPE 和 RMSE 越小，则负荷预测效果越好。

6.2.3 面向市场主体异常竞价行为检测的特征识别

随着我国市场体制的逐步完善，且未来将要建设更加全面先进的综合能源市场，因此对于能源监管的要求必然会更加重视。实际上，目前的能源监管就已经较为严格，市场的合规运行是一个重要体现，其中对于市场主体的异常行为识别就是一个重要方面。

现阶段，对于电力交易中心来说，电力交易过程中已经积累了大量的历史数据，储存在交易中心的数据库之中。作为一种重要的数字资产，同时也是用于市场主体异常行为识别的基础数据，这部分历史数据可以更好地发挥作用，服务于交易中心及其监管部门。本节首先介绍基于历史数据的市场主体竞价行为历史特征分析构建技术，结合异常检测算法最终得到一种基于历史行为数据的异常竞价行为识别方案。

6.2.3.1 构建市场主体竞价行为历史特征分析

市场主体竞价行为特征分析，即市场主体竞价行为特征挖掘，其目的在于挖掘不同市场主体的不同竞价行为的特定特征，本质上是一种聚类算法的应用。聚类算法是数据分类和实体归类的探索扩展，基于类内相似性与类间排他性的目标将没有分类标签的数据集分为若干个簇，是一种无监督的分类方法。

分析聚类算法聚出的不同的类之间的数值特征，赋予不同的类一定的含义，即获取了不同的特征。本节主要讨论市场主体竞价行为的特征，对于发电侧的市场成员来说，竞价行为主要包含报价和报量两个方面，因此特征分析主要过程如图6-8所示。

其中，构建的数据对格式为"报量、报价、持留比率、报价/发电成本"，不仅考虑到了报量和报价的数值，还考虑到了发电企业自身的发电容量和成本，使得特征分析更加全面。易见问题转化为四

```
                            ┌─────────┐
                            │  开始   │
                            └────┬────┘
    ┌ ─ ─ ─ ─ ─ ─ ─ ─ ─ ─ ─ ─ ─ ┼ ─ ─ ─ ─ ─ ─ ─ ─ ─ ─ ─ ┐
      构建数据集               │
    │                          ▼                         │
                    ┌────────────────────┐
    │               │   从数据库中       │               │
                    │   抽取所需数据     │
    │               └──────────┬─────────┘               │
                               ▼
    │          ┌──────────────────────────────┐          │
               │  按（报量，报价，持留比率，   │
    │          │  报价/发电成本）格式构建数据对 │          │
               └───────────────┬──────────────┘
    │                          ▼                         │
                    ┌────────────────────┐
    │               │     构建数据集     │               │
                    └──────────┬─────────┘
    └ ─ ─ ─ ─ ─ ─ ─ ─ ─ ─ ─ ─ ─┼─ ─ ─ ─ ─ ─ ─ ─ ─ ─ ─ ─ ┘
    ┌ ─ ─ ─ ─ ─ ─ ─ ─ ─ ─ ─ ─ ─┼─ ─ ─ ─ ─ ─ ─ ─ ─ ─ ─ ─ ┐
      聚类及特征获取           │
    │                          ▼                         │
                    ┌────────────────────┐
    │               │     聚类算法       │               │
                    └──────────┬─────────┘
    │                          ▼                         │
                    ┌────────────────────┐
    │               │   聚出不同的类     │               │
                    └──────────┬─────────┘
    │                          ▼                         │
                    ┌────────────────────┐
    │               │  赋予类特征的含义  │               │
                    └──────────┬─────────┘
    │                          ▼                         │
                    ┌────────────────────┐
    │               │     输出特征       │               │
                    └──────────┬─────────┘
    └ ─ ─ ─ ─ ─ ─ ─ ─ ─ ─ ─ ─ ─┼─ ─ ─ ─ ─ ─ ─ ─ ─ ─ ─ ─ ┘
                               ▼
                            ┌─────────┐
                            │  结束   │
                            └─────────┘
```

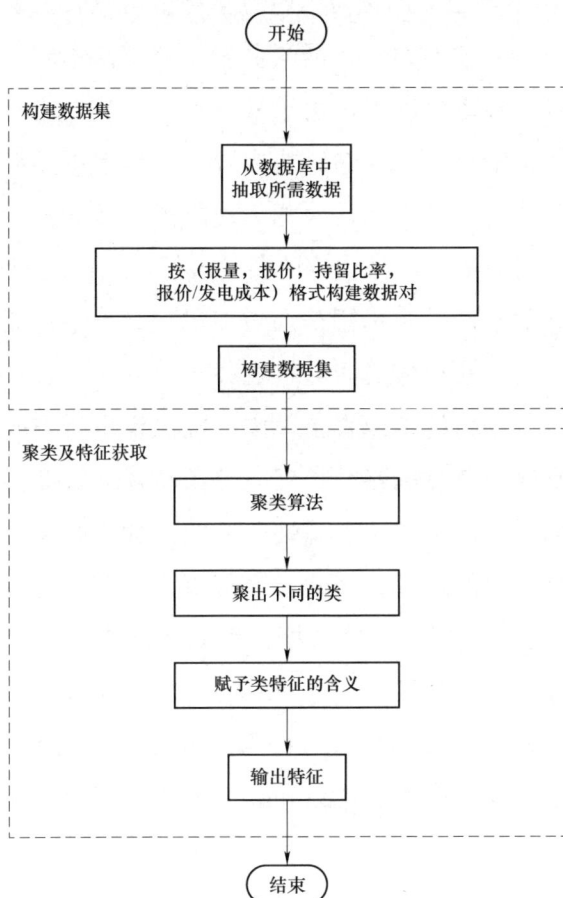

图 6-8　市场主体竞价行为特征分析

维聚类问题，其中的聚类算法主要采用模糊 C 均值聚类算法（fuzzy c-means algorithm，FCMA）。在众多模糊聚类算法中，模糊 C 均值聚类算法（FCMA）算法应用最广泛且较成功，它通过优化目标函数得到每个样本点对所有类中心的隶属度，从而决定样本点的类属以达到自动对样本数据进行分类的目的。没有选择传统的 k-means 聚类、高斯聚类或 mean-shift 等传统算法，更加注重于不确定性，原因在于市场主体的行为也不能盲目地定性，某些情况下的行为可能也是合理的，使得最终的特征或特征分析具有一定的容错性。

6.2.3.2　结合市场主体历史行为特征分析的异常行为识别算法

（1）异常数据检测算法。异常数据检测算法本质上也是无监督学习算法的另一种重要应用，用于异常点的检测，这一部分的理论在机器学习体系中也是重要的一块内容。本节采用异常检测算法中的孤立森林算法用于异常数据检测。现阶段，孤立森林算法在大部分工业异常检测场景中，已经被证实是最好、最高效的算法之一。

孤立森林算法的基本思想是通过随机选择一个特征，然后在所选特征的最大值和最小值之间随机选择一个分割值来"隔离"观测值。递归分区可以用树结构表示，因此隔离样本所需的拆分次数等于从根节点到终止节点的路径长度。这条路径的长度，在这样的随机树的森林上平均，是一个正态性和决策函数的度量。随机分区为异常生成明显较短的路径。因此，当随机树的森林为特定样本集体产生较短的路径长度时，这些数据很可能是异常。

目前，python 编程语言中的 sklearn 库提供了开源的标准函数接口，可以直接调用，相应的模块名称为"Isolation Forest（孤立森林）"，Matlab 对应的孤立森林算法在 Github 上也有公开的、免费的函数可以直接下载后调用。

（2）异常行为识别算法。在现实应用中，通常的现实需要是根据市场主体的历史竞价行为判断该市场主体在未来的市场竞价行为中是否会存在异常。既需要市场主体的历史行为特征分析知道该主体的历史竞价行为偏好，又需要防范超出正常范围的违规竞价，从而更好地规避市场成员异常竞价行为风险，达到电力监管的目的，使得电力市场合理合规健康化运行。主要技术方案如图 6-9 所示。

6.2.4　电力市场运营评估

电力市场评估是电力市场运营分析的基础。电力市场运营必须建立必要的电力市场评估制度，及时准确地给出电力市场运营的整体状况。

```
                        开始

┌ ─ ─ ─ ─ ─ ─ ─ ─ ─ ─ ─ ─ ─ ─ ─ ─ ─ ─ ─ ─ ─ ┐
  历史竞价行为特征建模

        ┌─────────────────────────┐
        │  按（报量，报价，持留比率，  │
        │  报价/发电成本）格式构数据集 │
        └─────────────────────────┘

            ┌──────────┐
            │  聚类算法  │
            └──────────┘

        ┌──────────────────┐
        │  历史竞价行为特征模型  │
        └──────────────────┘
└ ─ ─ ─ ─ ─ ─ ─ ─ ─ ─ ─ ─ ─ ─ ─ ─ ─ ─ ─ ─ ─ ┘

┌ ─ ─ ─ ─ ─ ─ ─ ─ ─ ─ ─ ─ ─ ─ ─ ─ ─ ─ ─ ─ ─ ┐
  异常行为检测

        ┌──────────────────┐
        │  历史竞价行为特征编码  │
        └──────────────────┘

        ┌──────────────────┐
        │  历史竞价行为特征编码  │
        │  数据与历史数据集     │
        │  融合成新的数据集     │
        └──────────────────┘
  ┌──────┐
  │ 待检测 │──→  ┌──────────────┐
  │ 数据  │      │   孤立森林算法   │
  └──────┘      └──────────────┘

        ┌──────────────────┐
        │  输出是否存在异常     │
        └──────────────────┘
└ ─ ─ ─ ─ ─ ─ ─ ─ ─ ─ ─ ─ ─ ─ ─ ─ ─ ─ ─ ─ ─ ┘

                        结束
```

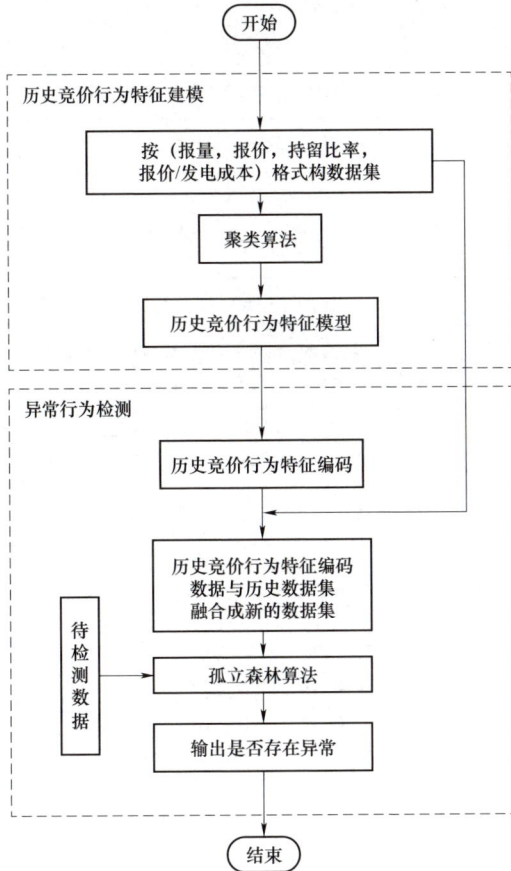

图 6-9 异常行为识别算法流程图

不同的市场对电力市场评估的侧重和步骤不同。一般来讲，电力市场运营评估包括以下步骤。

6.2.4.1 电力市场运营评估指标体系

一般来讲，电力市场运营评估指标体系可以从市场结构、市场行为、市场效率、市场发展、市场信用、系统安全、市场管理 7 个维度选取对应的二级指标。具体指标选择根据电力市场运营的实际情况确定，通常的电力市场运营评价指标体系如表 6-2 所示。

表 6-2   电力市场运营评估指标体系

指标类别		指标含义	应用对象
一级指标	二级指标		
市场结构类指标	市场份额	反映发电企业或售电企业在市场中的地位	发电企业 售电企业
	市场集中度	反映发电侧和售电侧的市场结构	
	关键供应商测试指数	若发电企业 k 的 OPS 小于 1，表示 k 是关键供应商，具有局部市场力；反之，k 不是关键供应商，不具有局部市场力	发电企业
	双寡头测试指数	若发电商 k 的 DPS 小于 1，则表示 k 可与市场份额最大的发电商构成双寡头，具有局部市场力；反之，则表示发电商 k 不能与市场份额最大的发电商构成双寡头，不具有局部市场力	
	三寡头测试指数	若发电商 k 的 TPS 小于 1，则表示发电商 k 可与最大两个发电商构成三寡头，具有局部市场力；反之，则表示发电商 k 不能与市场份额最大两个发电商构成三寡头，不具有局部市场力	
	Top-m 指数	市场中最大的 m 个供应者所占的市场份额	发电企业 售电企业 电力用户
	基尼系数	反映购电量的分配情况	售电企业 电力用户
市场行为类指标	机组平均报价	反映组平均报价水平	发电企业
	边际机组平均报价加成指数	反映边际机组的 LMP 与发电成本的关系	
	机组高报价比率	周期内机组报高报价次数占总报价次数的比例	
	机组高报价量价指数	反映机组申报高价行为的程度	
	机组容量持留比率	机组容量持留占比越大，说明发电商更有可能动用市场力	
	机组经济持留指数	机组最后 20%出力的报价偏离市场平均经济持留指数的程度	
	机组报价序列相关性	反映市场主体间的报价序列关联性	
	机组高报价比率相关性	反映周期内两机组间的高报价比率的关联性	
	价格成本相关性	反映机组报价是否符合实际生产规律	
	价格供需相关性	反映机组报价走势是否符合市场供需状况	

指标类别		指标含义	应用对象
一级指标	二级指标		
市场行为类指标	平均报价	分析售电企业平均报价在市场中的情况	售电企业电力用户
	平均报价加成指数	反映市场平均申报价格占发电成本的比例	
	低报价比率	若低报价比率很高，预示其报价异常	
	低报价量价指数	反映售电企业是否存在"钓鱼"暴利定价行为	
	报价序列相关性	判断不同售电企业之间是否存在串谋行为	
	窃密次数	反映市场主体窃取其他成员保密信息的次数	
	技术干扰次数	反映市场主体采用非法技术手段影响其他成员正常交易的情况	
	月度竞价申报价差	申报价格与年度长协均价的差值	售电企业
市场效率类指标	平均成交价格	反映一定统计周期内市场交易价格的平均水平	发电企业
	机组高价中标率	报高价中标的比例	
	边际机组成交占比	反映机组是否存在操纵市场的行为	
	机组序外容量指数	反映机组的报价水平，判断机组是否存在串谋行为	
	中标容量相关性	判断不同发电商之间是否存在串谋行为	
	成交价格提升率	判断发电商是否动用市场力抬高报价获取利润	
	单位容量收益水平	反映单个机组利用市场获得收入的情况，判断机组是否动用市场力获取超额利润	
	机组类型多元化指数	反映市场发电机组类型多样化程度，评估市场发电侧结构的合理性	
	二氧化硫排放浓度小时均值相对水平	反映发电企业二氧化硫排放浓度小时均值超过所在区域污染物排放标准的相对水平	
	氮氧化物排放浓度小时均值相对水平	反映发电企业氮氧化物排放浓度小时均值超过所在区域污染物排放标准的相对水平	
	烟尘排放浓度小时均值相对水平	反映指发电企业烟尘排放浓度小时均值超过所在区域污染物排放标准的相对水平	
	达标排放率	反映发电企业的环保竞争力	
	平均成交价格	反映周期内用户侧交易价格的平均水平	售电企业电力用户
	低价中标率	低价中标率越低，表明其控制市场价格的能力越强、市场力越大	
	动态市场份额	反映市场结构，判断市场主体市场力大小	
	成交价格下降率	判断售电企业是否通过降低报价获取利润	

续表

指标类别		指标含义	应用对象
一级指标	二级指标		
市场效率类指标	平均价差指标	反映市场中每小时加权平均电价与目录电价的价差	市场
	电量供需比	反映不同交易品种下市场供需求情况	发电企业 售电企业 电力用户 辅助服务 提供商
	营业收入	营业收入	
	净利润	净利润（包括售电业务和非售电业务利润）	
	净资产收益率	净资产收益率=净利润/期末净资产×100%，其中净资产=资产总额－负债总额	
	市场占有率	是指售电企业和电力用户的累计市场结算电量占市场总结算电量的比例	
	月度竞价成交电量占比	反映一类用户或售电企业的竞价策略	电力用户 售电企业
	年度成交电量占比	反映一类用户或售电企业的竞价策略	
	偏差电量发电厂比例	考核火电、核电发电曲线偏差电量情况，反映发电企业的偏差控制能力	发电企业
	偏差电量售电公司比例	反映售电公司的偏差控制能力	售电企业
	偏差电量一类用户比例	反映一类用户的偏差控制能力	电力用户
	考核费用占电费比例	反映一类用户或售电企业的用电量与其偏差控制能力大小的关系	售电企业 电力用户
	电量完成进度	反映售电公司和一类用户的偏差控制能力	
	月度竞价成交价格	月度竞价市场成交价格	市场
	月度竞价成交电量	月度竞价市场成交电量	
	发电侧成交比	月度竞价成交电量与发电企业月度申报电量的比值	发电企业
	售电侧成交比	月度竞价成交电量与售电企业月度申报电量的比值	售电企业
市场发展类指标	新增投资计入固定资产比率	反映新增投资转固定资产占新增固定资产原值比率	电网企业
	单位电量固定资产增长率	反映新增单位电量固定资产的环比增长率	
	资产利用效率	反映主变压器和送出线路年等效平均负载率	
	投资回报率	电网企业年平均利润与投资成本的比值	
	投资电量增长比	售电量增长率与固定资产投资增长率的比值	

续表

指标类别		指标含义	应用对象
一级指标	二级指标		
	市场主体数量增长率	反映市场主体数量变化情况	市场
	发输配电投资比例	分析发输配电投资比率，反映当前电网建设方向	
	增量配电网投资增长率	分析投资变化，评价增量配电网的发展情况及发展趋势	
	市场售电量增长率	反映售电市场售电规模的增长情况	
	社会用电量增长率	反映社会用电量的增长情况	
	跨省跨区交易电量占比	反映跨省跨区交易在电力市场中的重要性	
	跨省跨区交易电量增长率	评价跨省跨区交易在电力市场中的发展情况	
	清洁能源交易电量市场占比	评价电力市场运营对新能源消纳的重要作用	
	分布式能源机组电量增长率	反映参与电力市场分布式能源机组的发电量同比增长情况	
	储能电站电量增长率	反映电力市场储能电站发电量同比增长情况	
	负荷峰谷差降低率	反映电力系统一个调度日内进行调峰后的峰谷差与前一日内进行调峰服务介入后的负荷峰谷差之比	
	弃风弃光电量降低率	反映市场运行对新能源消纳的积极作用	
	售电能力	反映企业上年度销售电量与销售电量上限的比例	售电企业
	客户数	反映售电公司在市场中所占市场份额大小	
	客户吸引率	售电公司今年流失的用户数量与今年全部用户数量的比例	发电企业 售电企业 电力用户 辅助服务 提供商
	客户黏性指数	售电公司今年流失的用户数量与去年全部用户数量比例	
	投诉次数	市场主体被其他市场成员投诉的次数	
	发电企业装机容量增长率	反映发电企业装机容量增长情况	发电企业
市场信用类指标	市场注册失信次数	监测周期内市场主体注册失信次数的累计，反映市场主体参与市场的诚信度	发电企业 售电企业 电力用户 辅助服务 提供商
	市场交易失信次数	监测周期内市场主体交易失信次数的累计，反映市场主体参与市场的诚信度	
	合同履约失信次数	监测周期内市场主体合同履约失信次数的累计，反映市场主体参与市场的诚信度	
	重复招标次数	监测周期内售电企业对同一时段电量采取二次及以上招标次数的累计	

续表

指标类别		指标含义	应用对象
一级指标	二级指标		
市场信用类指标	交易执行偏差率	反映售电企业的偏差控制能力	发电企业 售电企业 电力用户 辅助服务 提供商
	信息报送及时率	反映发电企业的信息及时报送的情况	
	信息报送完整率	反映发电企业的信息完整报送的情况	
	信息报送准确率	反映发电企业的信息准确报送的情况	
	电费欠缴率	售电公司拖欠电费金额总数占应当缴纳电费总额的比例	售电企业 电力用户
	履约保函提交及时率	周期内售电企业及时提交履约保函的次数占总提交次数的比例	售电企业
	注册信息完整性	市场主体关键注册信息完整无缺失的情况	发电企业 售电企业 电力用户 辅助服务 提供商
	注册信息变更及时性	市场主体注册信息变更时申请及时性	
	注册信息准确性	评估市场主体提交的注册信息是否准确无误	
	信息公开规范性	按照信息披露管理办法要求，规范、准确公开信息的情况	
	信息公开及时性	按照信息披露管理办法要求公开信息的及时性	
	虚假信息申报次数	反映市场主体的弄虚作假行为情况	
	虚假信息宣传次数	反映市场主体的弄虚作假行为情况	
	净资产总额	市场主体的注册资产总量	
	资产负债率	评估各类市场主体的负债情况	
	金融信用水平	评估市场主体信誉状况	
	企业法人代表信用水平	评估企业法人代表信用情况	
	用电需求预测的准确性	售电企业和电力用户对用电需求预测与实际用电情况偏差程度	
	偏差考核费用缴纳及时率	偏差考核费用缴纳的及时性	
	合同纠纷次数	出现合同纠纷的次数	
	企业纳税信用等级	由企业提供纳税证明的情况	
	拒绝执行合同	无正当理由，在签订合同后拒绝执行合同的情况	
	市场信用水平	市场主体行政处罚、司法判决、列入黑名单的情况	
系统安全类指标	调度计划执行率	辅助判断发电企业是否存在盲目逐利行为	发电企业
	备用率	备用率过低不利于系统的安全稳定运行，辅助判断发电企业是否存在盲目逐利行为	
	系统发电容量充裕度	反映正常运行时系统发电容量的供需均衡能力	

指标类别		指标含义	应用对象
一级指标	二级指标		
市场管理类指标	阻塞发生次数	220kW 及以上输电线路在监测周期内发生阻塞的次数	市场运营机构
	平均阻塞发生时间	220kW 及以上输电线路发生阻塞的平均时间	
	节点边际电价－再调度影响因子	反映节点价格与系统调度成本的变化关系	
	电网接入合格水平	反映电网是否按国家规定的时限要求为分布式能源提供接网服务或按要求接入其他市场主体	
	系统负荷预测准确率	市场运营机构日发布的系统预测负荷与实际负荷比值的平均值	
	信息披露及时率	市场运营机构及时披露市场交易信息的次数占市场出清次数的比值	
	信息披露完整率	市场运营机构完整披露市场交易信息的次数占市场出清次数的比值	
	信息披露准确率	市场运营机构准确披露市场交易信息的次数占市场出清次数的比值	
	信息泄露次数	反映市场安全性如何	
	舆情响应率	反映运营机构对市场相关舆情的有效响应情况	
	平均舆情响应时间	反映运营机构响应电力市场相关舆情的及时性	
	规则修订平均实现时间	反映技术支持系统对市场规则变化的响应速度	
	系统故障平均修复时间	反映市场技术支持系统故障后的修复速度	
	市场力检测次数	反映运营机构开展电力市场力检测工作情况	
	市场力行为测试效率	反映运营机构市场力行为测试的成效	
	信用额度不足处置次数	反映电力市场运营机构市场信用管理工作成效	市场
	信用风险保障水平	反映市场履约担保覆盖市场信用风险的情况	
	专业人员结构水平	中、高级职称专业管理人员数量情况	发电企业售电企业电力用户辅助服务提供商
	从业人员稳定性	从业人员的流动情况	
	人员资质水平	专业管理人员资质情况	
	参加培训次数	该企业从业人员参加培训情况	

6.2.4.2 电力市场运营评估一般流程

电力市场运营评估流程一般包括数据预处理、指标筛选、确定指标权重、综合评判四个步骤。电力市场运营评价一般流程图如

图 6 – 10 所示。

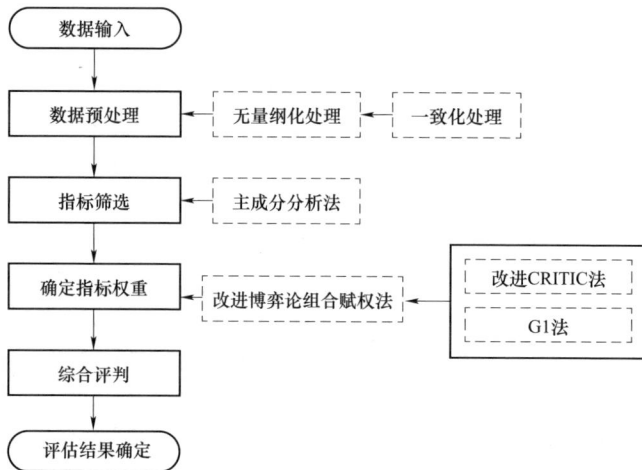

图 6 – 10　电力市场运营评价一般流程图

（1）数据预处理。数据预处理是指通过获取电力市场原始交易数据 $X = [x_{ij}]_{m \times n}$，根据指标库计算相应的指标值，删除缺失数据与错误数据，采用一致化、指标筛选和无量纲方法对数据进行预处理，得到标准化矩阵 $X'' = [x''_{ij}]_{m \times n}$。

1）一致化处理。数据进行一致化处理旨在解决各类指标性质差异问题。将各类不同性质的指标进行一致化处理，转化为数值越小越好的逆指标，得到矩阵 $X' = [x'_{ij}]_{m \times n}$。一致化处理采取正指标转化为逆指标的计算方法、中间型指标转化为逆指标的计算方法、区间型指标转化为逆指标的计算方法三类处理方法。

正指标转化为逆指标的计算方法，即

$$x' = \frac{1}{x} \quad (x > 0) \tag{6-12}$$

中间型指标转化为逆指标的计算方法，即

$$x' = \begin{cases} \dfrac{2(x-m)}{M-m} & m \leqslant x \leqslant \dfrac{1}{2}(M+m) \\[2mm] \dfrac{2(M-x)}{M-m} & \dfrac{1}{2}(M+m) \leqslant x \leqslant M \end{cases} \tag{6-13}$$

区间型指标转化为逆指标的计算方法，即

$$x' = \begin{cases} 1 - \dfrac{a-x}{c} & x < a \\ 1 & a \leqslant x \leqslant b \\ 1 - \dfrac{x-b}{c} & x > b \end{cases} \qquad (6-14)$$

2）无量纲化处理。数据进行无量纲处理的目的在于解决指标数据无法比较的问题。常用的无量纲处理方法可分为标准化处理和归一化处理。可以采用 Z-score 标准化方法，将指标值规定在 $(-1,1)$ 之间，得到标准化矩阵 $X'' = [x''_{ij}]_{m \times n}$。Z-score 归一化方法的优点在于其标准矩阵的欧氏距离与皮尔逊相关系数是等价的，便于指标的相关性计算。

$$\begin{cases} q_j = \sqrt{\dfrac{1}{m-1} \sum\limits_{i=1}^{m} \left(x'_{ij} - \overline{x}'_j \right)^2} \\ x''_{ij} = \dfrac{x'_{ij} - \overline{x}_j}{q_j} \end{cases} \qquad (6-15)$$

式中：q_j 为第 j 项指标的标准差；m 为评估对象的总数。

（2）指标筛选。采用主成分分析法对指标矩阵 $X'' = [x''_{ij}]_{m \times n}$ 进行降维，得到矩阵 $Z = [z_{ij}]_{m \times p}$ $(p \leqslant n)$。主成分分析法以保留原始数据的大部分信息为前提，将多指标转化为少量主成分指标，实现指标的降维处理，提高评估的效率。主成分分析法具体步骤如下：

1）计算矩阵 $X'' = [x''_{ij}]_{m \times n}$ 的皮尔逊相关系数矩阵 $R'' = [r''_{ij}]_{m \times n}$。

$$r_{ij} = \frac{X_i^T \cdot X_j}{m-1} \qquad (6-16)$$

式中：r_{ij} 为第 h 项指标和第 j 项指标的标准化向量之间的相关系数。

2）求相关系数矩阵 $R'' = [r''_{ij}]_{m \times n}$ 特征值和特征向量。

3）取最大的 p 个特征值对应的原标准化矩阵列向量，组成指标筛选后的矩阵 $Z = [z_{ij}]_{m \times p}$。

（3）权重计算。赋权法可分为主观赋权算法、客观赋权算法和组合赋权算法三类。主观赋权算法通过专家意图确定指标权重，具有时效性，但主观性较强。客观赋权算法具有客观优势，但不能随着市场的发展和需要改变指标间的重要程度。可以采用改进 Critic 法和 G1 法相结合的组合赋权法，能够有效融合指标自身的信息与专家的主观意愿，提高评估的合理性与科学性。

1）客观赋权—改进 Critic 法。改进 Critic 法是一种客观赋权法。这种算法考虑到指标自身信息和指标间相关性对指标权重的影响，提出指标辨别度 DDV 和指标冲突系数 CIV 概念。同时，引入差异系数法度量冲突系数的差异程度。具体算法流程如图 6-11 所示。

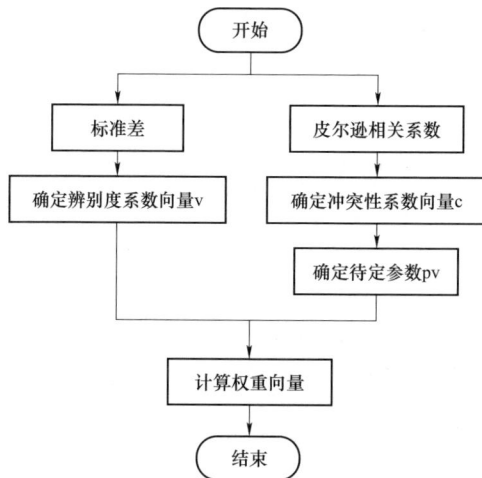

图 6-11　改进 Critic 算法流程

① 辨别度系数 DDV。辨别度系数由标准化数据矩阵的数据信息，计算指标的标准差，得到辨别度系数向量 $v=[v_1,\cdots,v_l]$，l 为指标数。

$$v_j = \frac{q_j}{\sum\limits_{j=1}^{l} q_j} \qquad (6-17)$$

② 冲突性系数 CIV。冲突性系数由标准化系数矩阵中的数据信息，求相关系数矩阵。

$$t_{ij} = 1 - r_{ij} \quad i,j=1,2\cdots,l \qquad (6-18)$$

式中：t_{ij} 为第 i 项指标和第 j 项指标冲突大小。

对指标间冲突性系数进行处理，得到冲突性系数向量 $c = [c_1, \cdots, c_l]$。

$$c_j = \frac{\sum\limits_{h=1}^{l} t_{hj}}{\sum\limits_{j=1}^{l}\sum\limits_{h=1}^{l} t_{hj}} \qquad (6-19)$$

③ 计算待定系数 pv。将冲突性向量 c 中各个分量从小到大进行重新排序，得到有序向量 p，计算向量 p 中各分量的差异系数 g 和待定参数 pv。

$$\begin{cases} g = \dfrac{2}{l}\sum\limits_{j=1}^{l} j \times p_j - \left(1 + \dfrac{1}{l}\right) \\ pv = \dfrac{l}{l-1} \times g \end{cases} \qquad (6-20)$$

④ 计算客观权重向量。通过待定参数将辨别度系数向量和冲突性系数向量加权，得到最终的指标权重向量 $w = [w_1, \cdots, w_l]$。

$$w_j = pv \times c_j + (1 - pv) \times v_j \qquad (6-21)$$

2）主观赋权—G1 法。G1 法是一种主观赋权法。这种方法通过整合不同专家对所有指标重要程度的评分得到最终权重向量，如图 6-12 所示。

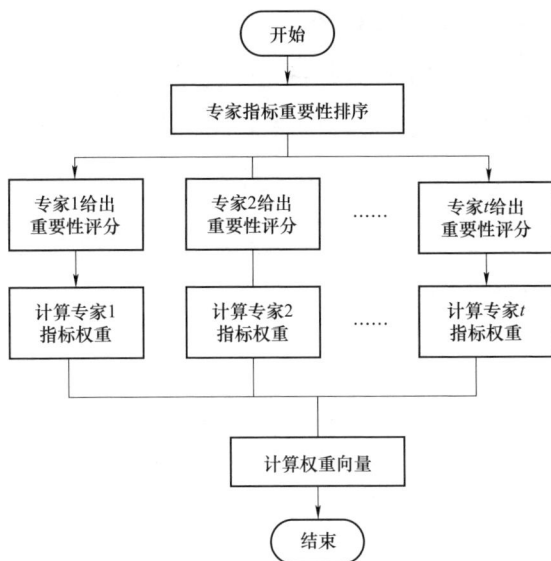

图 6-12 G1 算法流程图

① 指标重要性排序和重要性评分。相关领域专家组先对指标筛选后的指标进行重要性排序，得到矩阵 $T=[T_1,\cdots,T_l]$。其中，T_1 向量对应的指标在矩阵 T 中最重要。专家组的成员再分别对指标间的相对重要性进行量化 $r^k=[r_1^k,\cdots,r_l^k]$。

② 计算每位专家决策下的指标权重，即

$$w_l^k=\left(1+\sum_{s=2}^{l}\prod_{i=s}^{l}r_i^k\right)^{-1} \qquad (6-22)$$

在计算出指标确定指标集中最后一个指标权重后，根据式（6-23）依次求出同指标集合内其他指标权重，即

$$w_{j-1}^k=r_j^k w_j^k \quad j=l,l-1,\cdots,3,2 \qquad (6-23)$$

③ 计算最终权重向量。整合多个专家决策下的指标权重 $w_j=[w_1,w_2,\cdots,w_l]$，假设共有 t 位专家参与决策，第 j 项指标权重为计算式为

$$w_j=\sum_{k=1}^{t}a_k w_j^k \qquad (6-24)$$

式中：a_k 为第 k 位专家在赋权过程中的影响因子。

3）改进博弈论组合赋权法。为能更好地对 Critic 法和 G1 法进行比较，需要将 G1 法中以 $T=[T_1,\cdots,T_l]$ 的权重赋值顺序转换成以 $Z=[Z_1,Z_2,\cdots,Z_l]$ 的权重赋值顺序，得到最终 G1 法指标权重 $w^{sbj}=[w_1^{sbj},w_2^{sbj},\cdots,w_l^{sbj}]$。

假设改进 Critic 法确定的客观权重向量为 w_1，G1 法确定的主观权重向量为 w_2，最优组合权重向量为 w^*。

$$a_j^*=\dfrac{\displaystyle\sum_{i=1}^{2}w_i w_j^T}{\displaystyle\sum_{j=1}^{2}\sum_{i=1}^{2}w_i w_j^T},(j=1,2) \qquad (6-25)$$

将 a_j^* 代入式（6-26），可得最优组合权重向量为

$$w^*=a_1^* w_1^T+a_2^* w_2^T \qquad (6-26)$$

（4）综合评判。采用综合评价法计算各市场主体的综合评估结果，线性加权综合评价计算公式为

$$y_i = \sum_{j=1}^{l} w_j^* z_{ij}, i = 1, 2, \cdots, m \qquad (6-27)$$

6.2.5 基于大数据的电力市场风险识别

在很多情况下，电力市场风险不是简单地由一个指标、一个标准就能判定的，往往是一个"瞎子摸象"的过程，需要综合不同的视角来判别形成最后的判别结果。这里以电力市场力风险为例，说明基于大数据的电力市场风险识别技术。

根据初步分析，选取报价相似性、报价改变同步性、易中标和易高价中标 4 个指标进行多视角综合分析。首先，针对每个视角选取相应的算法计算集合 G_C 中的电力市场力风险发生的可能性，即得到每个视角下机组的异常分值，分别记作 S_{C1}、S_{C2}、S_{C3}、S_{C4}。其次，利用动态加权方法综合 4 个视角的异常分值，得到机组最终的异常分值 S_C。具体流程如图 6-13 所示。

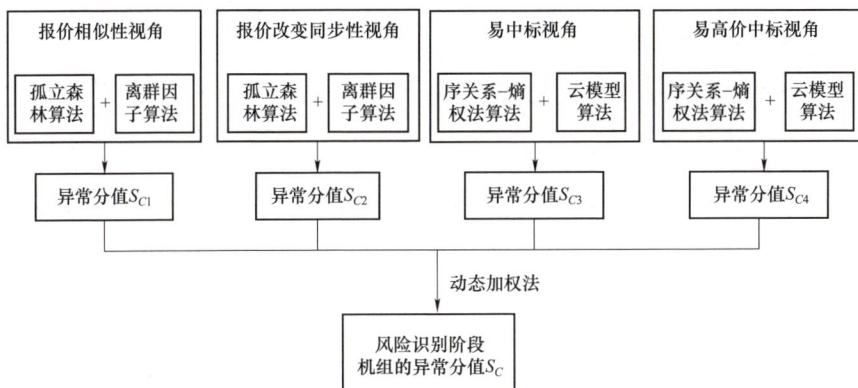

图 6-13 电力市场力风险识别流程

视角 1：报价相似性视角。

基于报价相似性的视角，分别利用孤立森林算法和离群因子算

法分析电力市场力风险的可能性，从而得到异常分值 S_{C1}。取两种算法标准化后的市场力风险可能性的平均数为报价相似性视角下的异常分值 S_{C1}。

视角 2：报价改变同步性视角。

基于报价改变同步性视角，分别利用孤立森林算法和离群因子算法分析市场力风险的可能性，从而得到异常分值 S_{C2}。取两种算法标准化后的电力市场力风险可能性的平均数为机组在报价改变同步性视角下的异常分值 S_{C2}。

视角 3：易中标视角。

基于易中标视角，分别利用序关系—熵权法算法和云模型算法分析电力市场力风险可能性，从而得到异常分值 S_{C3}。两种算法标准化后的电力市场力风险可能性的平均数为机组在易中标视角下的异常分值 S_{C3}。

视角 4：易高价中标。

基于易高价中标视角，分别利用序关系—熵权法算法和云模型算法分析电力市场力风险可能性，从而得到异常分值 S_{C4}。取两种算法标准化后的电力市场力风险可能性的平均数为机组在易高价中标视角下的异常分值 S_{C4}。

最后，计算出机组的异常总分值 S_C，如图 6－13。为了避免在综合考虑多个视角时，可能会因为加权平均而将某个视角下较高异常分值的机组遗漏掉，从而采用动态加权法加大每个视角下机组的较高异常分值的权重。基于动态加权法，机组的异常分值 S_C 的计算式为

$$S_C = w_1(S_{C1})S_{C1} + w_2(S_{C2})S_{C2} + w_3(S_{C3})S_{C3} + w_4(S_{C4})S_{C4} \quad (6-28)$$

$$w_i(S_{Ci}) = 1 - \exp\left(-\left(\frac{S_{Ci}}{\sigma}\right)^2\right) \quad 1 \leqslant i \leqslant 4 \quad (6-29)$$

综合异常分值 S_C 是综合 4 个视角下机组的电力市场力风险可行性的综合值。分值 S_C 越高，意味着机组在越多的视角下存在异常。

6.3 本 章 小 结

　　本章主要讨论了电力市场监控理论与方法及电力市场分析关键技术两大核心问题，基本涵盖了现阶段电力市场监控及分析方面的基本理论与技术，帮助读者进一步了解市场运行、交易相关的政策与方案。在电力市场监控理论部分，首先介绍了英美成熟电力市场的 4 种监控结构，分析对比了不同监控结构的主要架构和特点；其次分别详细介绍了国内外关于电力市场监控的主要措施与具体实施方案；最后总结了国内外电力市场电力交易机构合规风险管控的特点。这些有效的措施对于我国的电力市场建设具有积极的借鉴与参考意义。本章介绍的只是电力市场监控理论、方法及电力市场分析关键技术领域的初级理论，目前这些理论和技术的研究仍然是热点问题。读者若对该领域继续深入学习，可参考最新的研究成果及相关文献。

思考题

　　1. 调研现阶段国内针对能源监管领域的电力监管问题发布的政策文件，说明这些政策文件将对电力监控问题带来哪些影响和挑战。

　　2. 参考江苏省电力交易规则方案，分析电力交易过程中可能产生风险的因素或事件，列举说明哪些措施可以降低电力市场交易风险。

　　3. 除了本文提到的预测算法，还有哪些常用的负荷预测及电价预测算法，对比说明不同算法的应用场景及优缺点。

　　4. 参阅资料，写出美国 PJM 电力市场采用了哪些指标来运营评估市场状态，同时写出这些指标的具体含义和物理意义。

7 新一代统一市场电力交易平台

7.1 电力市场交易发展历程

从 2007 年江苏电力交易中心成立之初的三级电力市场交易运营系统，2015 年统一电力市场交易平台，到 2021 年新一代统一电力市场交易平台的建设，横跨 14 年的时间，江苏电力市场交易平台历经了三次系统建设的过程，实现了电力市场交易业务全流程的线上运营，有效保障了市场主体开展公平、公开、公正的电力市场交易。

7.1.1 三级电力市场交易运营系统

为推进电力市场建设，加强电力交易管理，更好地为各市场主体提供优质服务，更主动地接受各方监督、监管，于 2006 年 7 月成立了三级电力交易中心。按照"统一领导、统一规划、统一标准、统一组织实施"的原则，于同年年底开始启动国家、区域、省级三级电力市场交易运营系统的建设。运营系统按照"立足长远、统筹规划、分步实施"的原则分阶段开展建设。一期目标主要是开展基础平台建设，实现交易、计划、结算、信息发布等基本业务功能，初步开展市场预测、运营分析、市场监控等功能，按照"纵向贯通、横向集成"的要求，初步实现三级电力交易中心之间基本业务流程

的电子化及与相关业务部门数据交换的自动化；二期目标主要是在现有系统基础上扩建、完善，满足统一开放的三级电力市场运营需要，提高市场分析的智能化手段，实现数据挖掘、市场跟踪分析和经济活动的动态监控分析，构建电力市场现代化管理平台。开展发电侧、售电侧开放的电力市场交易运营系统研究，为"放开两头、监管中间"的市场化改革提供技术支持。

江苏电力市场交易运营系统建设了包括实现数据申报、合同管理、交易管理、结算管理、信息发布、市场分析、市场预测、市场监控、综合业务管理和系统管理等10个应用功能模块，实现了业务数据的横向集成、纵向贯通。以深化应用为主线，实现交易组织、合同管理、计划编制、电量结算等功能的单轨制运作，保证了电力市场的正常运作，实现业务流程电子化、数据交换自动化、决策支持前瞻化、客户服务信息化。通过运营系统建设，江苏电力市场经历了从无到有的过程，系统技术方面的研究也取得了一系列具有自主知识产权的创新性成果和突破性进展，为电力市场运营与管理，以及电力交易运营系统建设工作提供了技术支撑。系统的建设不仅规范了新机并网、新机转商运、市场交易、电量结算等业务的流程，也推进了电力交易业务的标准化建设。实现了三级电力市场交易运营系统互联，有效保证了三级电力市场的协调运作，促进了电力交易业务的标准化建设。

7.1.2 统一电力市场交易平台

"十二五"后期，随着国家对电力用户直接交易业务开展的要求，公司按照"统一组织、典型设计、试点先行、分步推广"的工作思路，大力推进两级部署"全国统一电力市场技术支撑平台"的建设工作。通过全国统一电力市场技术支撑平台开展跨区跨省电力交易与电力用户直接交易，实现了大范围的能源资源优化配置，提供了公开、高效的市场服务。国家电网公司颁布的"十二五"信息化发展规划中明确指出"升级交易运营平台，完善电力交易沟通服务技术，提供科学有效的电力市场分析与评估手段；要依据营销组织模式的优化需求，改造应用部署和业务流程，满足统一业务模式、服务标准和工作流程的实施要求；要加快推进可促进智能化、互动化服务能力的应用建设"。

2014 年，全国统一电力市场技术支撑平台在原有的三级电力市场交易系统的发电侧单边市场交易功能基础上，考虑面向电力用户和发电企业开放使用的双边市场运营需求，以及电力交易工作的新形势和交易中心职能定位，建设支撑总（分）部和省级电力交易中心两级部署的全国统一电力市场技术支撑平台工作。其中，2014 年建设完成了 6+1 模块即市场成员注册、交易、合同、计划、结算、信息发布 6 个功能模块的升级开发，以及新增的交易全景展示功能模块开发；1+5 模块即电力电量平衡分析升级，以及新增的数据管控、市场运营分析、市场信息综合统计、服务窗口管理、数据质量管理 5 个功能模块的开发工作。江苏电力交易中心作为省级建设推广单位，在 2015 年完成了平台的推广部署工作。同年研发了市场运营管控、交易资源管控、交易合规管控、市场关键指标评估、移动终端交易应用、市场信息公示网站、火电机组环保供热监测考核管理、跨区跨省电力用户与发电企业直接交易管理 8 个新增功能模块，进行计划管理优化升级、结算管理优化升级以及全景展示优化升级与完善。

"十二五"期间，江苏电力交易中心坚持市场化方向，完善市场建设方案，积极推进了统一电力市场建设，在推进大用户直接交易和电力市场体系的建设等方面都取得了积极成效，为适应市场化改革和业务开展奠定了良好基础，政府有关部门对电力交易中心深入落实十八届三中全会精神、主动推进电力市场建设的做法给予了肯定。与此同时，在统一电力市场运营理论和信息化技术方面的研究也取得了一系列具有自主知识产权的创新性研究成果和突破性进

展，为电力市场运营与管理提供了技术支撑。

7.1.3 新一代统一电力市场交易平台

2018 年，北京电力交易中心召集含江苏在内的多家省级电力交易中心、中国电力科学研究院、南瑞集团、信产集团等单位，联合启动新一代电力交易平台建设工作。目标是建成全业务、云优化、自组态、智慧先进的可配置、可信赖、高可靠的统一电力市场交易平台，新平台立足于《全国统一电力市场深化设计方案》的有关要求及市场发展的迫切形势，充分结合"云大物移智"等信息新技术，市场交易由电量到电力的转变、云架构等 11 项专题研究，并提出了解决方案，保障新平台能够有效支撑现货市场业务、交易规则灵活配置、大规模市场成员接入等重点需求，支撑全国统一市场"全业务在线、全用户服务、全时序交易、全周期结算、全流程管控、全场景融合"。

新平台依据业务逻辑、功能受众、安全等级等方面的差异，并考虑可维护、易管控的原则，按照"大中台，小前台"的思路构建了出清、结算、合同等 6 大能力中心，完成了 42 个微服务、25 个微应用、约 1808 个接口开发工作。通过业务融合、技术应用支撑多种合约模式、不同竞价模式、定价模式下的市场运作；支撑面向电力用户、发电企业、售电公司及零售用户、分布式能源企业等全市场主体的一站式、友好型、专业化市场服务，建立形成"一平台、六系统、三支撑"的技术支撑体系。新平台实现了业务运作实时化、市场出清精益化、交易规则配置化、市场结算高效化、基础服务共享化和数据模型标准化，全面支撑中长期交易、现货交易规范透明、公平开放在线开展。

截至 2021 年 8 月，北京交易中心以及 6 家现货试点省份的新平台完成了上线工作，江苏电力交易中心的新平台于 2021 年 9 月底实现了单轨制上线运行。

7.2 电力市场交易平台建设背景

7.2.1 电力体制改革的需要

近年来，我国的电力体制改革进入快车道和深水区，国家领导人和国家能源主管部门高度重视电力体制改革进程，多次做出重要批示并发布政策文件，要求加快推进电改进程。国家发展改革委和国家能源局 2018 年 7 月 16 日联合发布《关于积极推进电力市场化交易 进一步完善交易机制的通知》（发改运行〔2018〕1027 号），要求提高市场化交易电量规模，推进各类市场成员进入市场，规范市场主体交易行为。

随着电力体制改革的持续加快推进，电力市场主体数量将更多，需求更加多样，对用户与电网之间的互动要求更加突出，对市场配置资源的效率和效益提出了更高的要求。这将给电力市场建设和运营提供了难得的发展机遇，迫切需要建立与之适应的新一代电力交易平台。

7.2.2 电力市场业务发展的需要

截至 2017 年年底，统一电力市场交易平台注册市场主体数量超过 5.5 万家，参与市场主体达 15.5 万家次，达成交易的市场主体近 7 万家次。2017 年全年市场化交易量达 1.2 万亿 kWh，占国网公司经营范围内的售电量 31%，其中，电力直接交易电量 8913 亿 kWh。按照发改运行〔2018〕1027 号文要求，未来随着发、用、售电侧市场的进一步放开，自备电厂、中小型用户，以及分布式电源广泛接入市场，电力市场的主体数量、交易规模、交易品种等将会继续快速增长，新一代电力交易平台必须面向海量用户，支撑业务的快速膨胀与迅猛发展。交易平台作为一个公共服务平台，在服务能力、系

统安全、信息安全等方面要求越来越高。因此，有必要从保障交易数据安全、优化流程功能、提升用户体验等角度，充分利用各类技术手段，提升平台的易用性、安全性，提供更优质、更可靠的服务。

7.2.3 "互联网+电力交易"的需要

在电力体制深化改革的背景下，电力交易业务蓬勃发展，电力市场技术支持系统规模将快速扩展，功能更加庞大，应用场景也更加复杂。平台将面临业务数据激增，业务需求复杂多变，计算资源和网络瓶颈制约等诸多问题。

依托云平台推动电力交易业务创新发展，实现"资源调配更弹性灵活，数据利用更集中智能，服务集成更统一高效，应用开发更快速便捷"的目标，将全面提升交易中心信息化水平。电力市场业务上云运营是构建"互联网+电力交易"新模式的必然趋势，也是全国统一电力市场技术支撑平台由管理型系统向服务型系统转化的关键过程。2018 年，在北京电力交易中心进行了电力直接交易应用上云的试点建设，为电力交易核心应用的云化提供了方向指引和技术基础。

电力市场业务的上云运营，需要开展大量的微服务和微应用设计工作，并结合云平台技术特点，进行细致的业务梳理和高度的抽象建模，对平台设计水平提出更高要求。

7.3 电力市场交易设计原则

新一代交易平台，在建设的初期，充分分析原有平台的技术壁垒，结合现有复杂的业务环节，并且借鉴目前互联网先进技术发展经验，采用"厚平台、薄应用"的架构思路。"厚平台"是指新建以业务中台（business-platform as a service，B-PAAS）和数据中台（data-platform as a service，D-PAAS）为基础的共享服务中心。"薄

应用"是指在用户入口层面，建立 Web 端、手机 App 及大屏等渠道应用，渠道应用与业务分离，着重关注用户体验。在此基础上，提出了五大原则，包括：不受当前现状限制原则、可扩展和易维护原则、可靠性和稳定性原则、先进性和成熟性原则、安全性和保密性原则。

7.3.1 不受限当前现状原则

交易原有平台受到多方外部因素制约，例如，云平台的建设现状、内外网穿透技术、第三方组件集成等，都在不同程度上影响了平台的建设策略。新一代交易平台的技术方案不受限于当前技术现状，同时在建设实施过程中，实时关注和校验外部因数，排除了影响演进进程的因素。

7.3.2 可扩展和易维护原则

新一代交易平台技术方案具备了一定的前瞻性，充分考虑了系统升级、扩展和维护的可行性，并针对平台涉及用户多、业务繁杂的特点，充分考虑了如何大幅度提高两级业务协同及数据的融合共享。

7.3.3 可靠性和稳定性原则

新一代交易平台在设计时，采用了可靠的技术方案，系统每一个环节均具备故障分析与恢复，以及容错能力，并充分考虑了安全体系建设、复杂业务解决方案、系统切换等因素。平台从应用软件、系统组件和硬件等方面实现了服务运维、服务分析、认证鉴权、登录信息审计、资源计算和资源监控，将各种可能风险降至最低。

7.3.4 先进性和成熟性原则

新一代交易平台建设，充分利用先进和成熟的技术方案，满足

建设的需要，将科学的管理理念和先进的技术手段紧密结合起来，提出了先进合理的业务流程规范，确保平台具备较强的生命力和长期的使用价值。

7.3.5 安全性和保密性原则

系统安全性和保密性，既要考虑资源的充分共享，同时也要考虑信息的保护和隔离。新一代交易平台建设在各个层次均对访问都进行了控制，设置了严格的操作权限。充分利用日志管理、数据备份和恢复等策略增强了系统的安全性。

7.4 电力市场交易平台技术架构

新一代交易平台，其技术架立足当下、着眼未来，做到可以灵活地复用业务中台、数据中台，主要分为数据存储层、服务层、服务接入层和界面展示层，如图 7-1 所示。

7.4.1 数据存储层

数据存储层提供结构化数据（Distribution Relation Data Base，DRDB）、非结构化数据、Redis 缓存数据的存储及服务，可以根据业务存储需求进行横向扩展。因为大量市场主体信息、每日的交易申报数据、每日的海量日志文件需要存储，所以新一代交易平台数据存储层采用了分层存储的思路。数据分层存储可以减少重复开发，隔离原始数据，业务数据源主要分为操作数据（Operational Data Store，ODS）层、数据汇集（Enterprise Data Warehouse，EDW）层、数据集市（Data Market，DM）层和数据应用（Application Data Service，ADS）层进行汇集和存储。

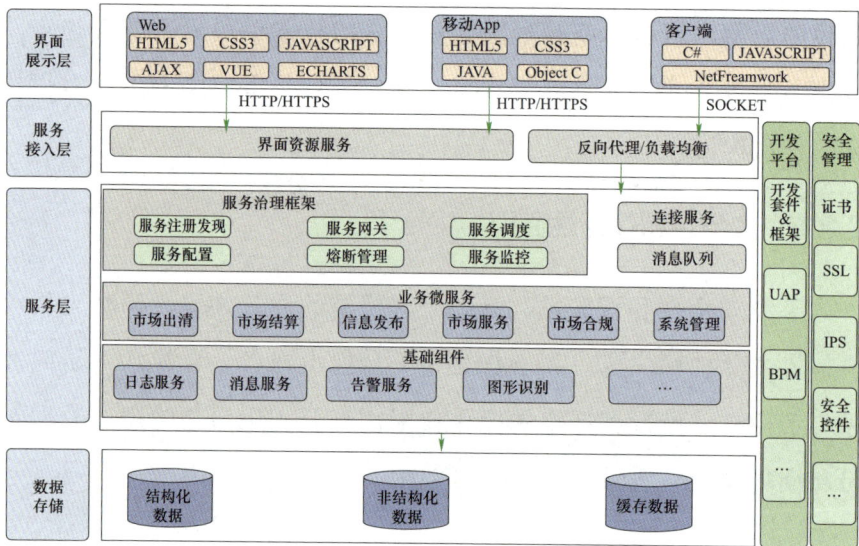

图 7-1　新一代电力交易平台技术架构图❶

7.4.2　服务层

服务层提供了日志服务、告警服务、消息服务等基础公共服务组件，基础平台以及业务应用的各类微服务，另外还提供了服务注册发现、服务网关、服务监控等功能的服务治理框架。新一代交易平台服务层采用了系统中台的设计理念，设计出了业务中台（business-platform as a service，B-PAAS）和数据中台（data-platform as a service，D-PAAS）两部分，基于业务中台汇集的共享业务能力和数据中台提供的智能数据分析能力为用户各类需求提供了全方位的支撑。

（1）业务中台。业务中台以快速响应业务需求、支撑业务创新为核心，通过制定企业级的标准和机制，把企业内可共享的业务规则和环节通过信息化的手段标准化并统一提供服务，实现共性稳态

---

❶ 史连军，邵平，张显，等. 新一代电力市场交易平台架构探讨［J］. 电力系统自动化，2017，41（24）：10.
刘永辉，张显，谢开，等. 能源互联网背景下的新一代电力交易平台设计探讨［J］. 电力系统自动化，2021，45（7）：12.

业务和前端多变业务解耦，面对广大市场成员提供市场运营服务能力、对内部用户提供专业支撑能力。

业务中台采用服务中心规划方法论，结合电力交易平台的实际业务特点，通过大数据分析，可以对服务进行聚类。业务中台的核心价值在于将业务能力 IT 化的模式转变为业务能力资产化模式，从而提高业务敏捷性及响应市场的速度，有效降低企业内各组织主体的沟通成本，提升生产效率，敏捷响应市场的需求和变化，增强企业核心竞争力。

（2）数据中台。数据中台的核心是赋能，通过企业数据能力的汇集和 IT 新技术的引入，实现数据全面融合，加快市场响应效率，有效增强公司运营，支撑电力交易业务创新，助力能源生态构筑。数据中台是电力交易业务市场化转型的推动力，通过对运营数据的深入挖掘，产生全新的能源服务和产品。结合业务中台的协作联动，有效促进公司市场拓展能力和数字运营能力的提升。

新一代交易平台的数据中台开放能力主要体现在数据服务和数据开发两个方面。① 数据服务。基于数据中台构建对社会数据发布的统一出口。② 数据开发。依托于平台提供的数据中台服务功能，快速实现应用主题的数据开发和可视化展现，形成可共享应用的数据分析产品。深入挖掘电力市场数据价值，重点围绕发电集团、电力用户、售电公司等三类电力市场成员，研发电力市场成员标签体系、市场成员信用评分等数据产品，适时开发市场成员生命周期分析与高级营销策略、电力现货市场条件下的用户需求管理优化策略、行业用户电力交易指数等解决方案，通过数据收费、咨询服务、收益分成、技术服务等方式，推进电力市场大数据的商业变现。

7.4.3 服务接入层

服务接入层提供了服务请求的统一接入、协议转换、界面资源、负载均衡等服务。服务接入层的设计屏蔽不同界面展示层的架构差异，为界面展示层与服务层提供了统一的桥梁。

7.4.4　界面展示层

界面展示层提供了客户端、Web 端、移动端等多终端展示方式，满足不同用户的不同使用习惯。

市场主体、电力市场成员、外部政府监管机构等用户均可通过界面展示层的 Web 端、移动 App、客户端、大屏展示等方式，完成市场成员注册、交易申请、信息查询、意见建议、浏览公告等各类业务。电力交易中心的管理人员、业务人员则可以通过移动 App、Web 端统一的工作台等方式完成业务处理、信息采集、辅助决策、统计查询等各项业务。

7.4.5　开发平台

新一代交易平台提供了统一的开发平台，基于统一开发平台集中研发业务处理，保证了开发过程的规范性，提升了开发的效率性。新平台提供了统一应用开发（universal application platform，UAP）3.0 平台、外网移动交互平台、统一权限控制（identity security control，ISC）平台、业务流程管理（business process management，BPM）平台等集成。

7.4.6　安全管理

新一代交易平台引入了证书、安全套接层（security sock layer，SSL）、入侵防御系统（intrusion prevention system，IPS）等技术，依照一定的安全策略，通过软、硬件，对网络、系统的运行状况进行监视，尽可能发现各种攻击企图、攻击行为或者攻击结果，严格遵循国标《信息系统安全等级保护基本要求》，实现电力交易市场服务的安全防护。遵从"可管可控、精准防护、可视可信、智能防御"

的网络安全主动防御策略，切实保障电力交易平台安全、可靠、稳定运行。

7.5　电力市场交易部署架构

7.5.1　平台部署

新一代交易平台总体采用"内外协同，两级部署"的模式。同时根据业务功能以及用户对象的区别，又分为内网系统（企业局域网）和外网系统（互联网）。在内网企业管理云部署市场服务、市场出清、市场结算、信息发布、市场合规、系统管理等应用，在公共服务云部署市场服务应用，省间电力交易平台与江苏等 27 家省电力交易平台通过纵向数据通道传输，保证两级交易平台的数据同步。

江苏电力交易中心的新一代电力交易平台，基于新平台进行本地差异化开发，并通过统一数据交换平台，完成省内与省间的数据交互共享，统一数据交换平台的传输控制中心，提供了传输管理、安全管理、断点管理和传输任务管理等模块，确保了两级系统数据交互的安全性和业务的协作性。平台部署架构如图 7－2 所示。

新一代电力交易平台实施双节点的多实例部署，每个微服务需配 2 台虚拟机提供分布式服务。

北京电力交易中心的省间电力交易平台外网微服务个数约 31个，考虑外网并发数较高，根据每个微服务支撑 500 并发，目前规划外网最高并发 3000，每个微服务需配备 6 台虚拟机提供分布式服务，外网微服务共需 186 个虚拟机，配置为 8 核/8 GB 内存/50 GB存储，内网微服务共需约 130 个虚拟机。

江苏电力交易中心的省内电力交易平台根据业务按照 A 类、B类、C 类进行预估，平均需 400 多个虚拟机（约 15 台物理机）、10台物理机。外网微服务个数约 31 个，外网微应用个数 10 个，考虑

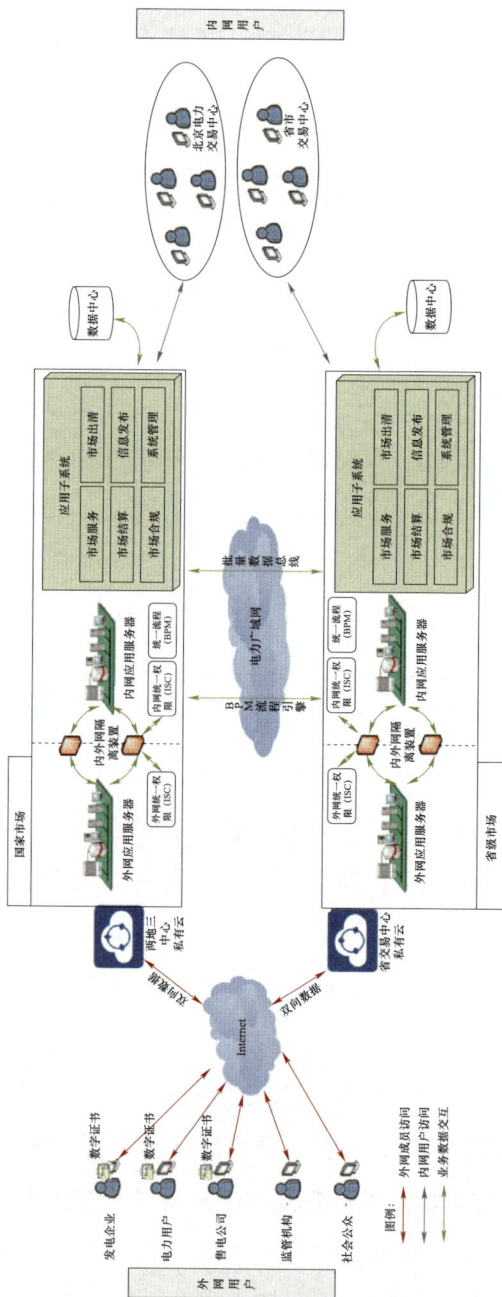

图 7-2 新一代电力交易平台部署架构图 ❶

❶ 史连军，邵平，张显，等. 新一代电力市场交易平台架构探讨 [J]. 电力系统自动化，2017，41（24）：10.

刘永辉，张显，谢开，等. 能源互联网背景下的新一代电力交易平台设计探讨 [J]. 电力系统自动化，2021，45（7）：12.

外网并发数较高，根据每个微服务和微应用支撑 500 并发，目前规划 A 类省份 3000 并发、B 类省份 2000 并发、C 类省份 1000 并发，则 A 类每个微服务需要 6 个虚拟机，B 类每个微服务需要 4 个虚拟机，C 类每个微服务需要 2 个虚拟机。内网微服务共需约 130 个虚拟机。

7.5.2　数据灾备

新一代交易平台业务数据主要包含结构化数据、非结构化数据、数据仓库类数据、日志类数据四大类。为了保证数据的安全性，采用了数据复制的技术实现了数据级别的灾备。在不同地域的灾备中心搭建部署一套与生产环境一致的备用数据库，并且通过数据库的复制功能，实时抓取生产环境中每个数据库节点上的日志，进行数据封装后，传输至灾备中心数据库，进而实现系统的数据备份。新一代电力交易平台数据灾备架构图如图 7-3 所示。

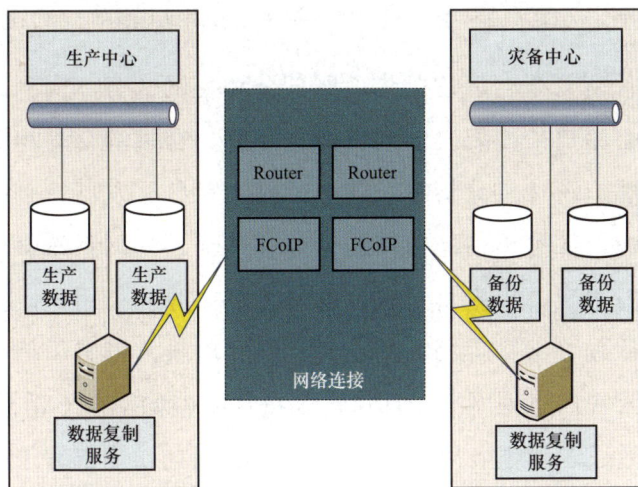

图 7-3　新一代电力交易平台数据灾备架构图❶

❶ 史连军，邵平，张显，等. 新一代电力市场交易平台架构探讨 [J]. 电力系统自动化，2017，41（24）：10.

刘永辉，张显，谢开，等. 能源互联网背景下的新一代电力交易平台设计探讨 [J]. 电力系统自动化，2021，45（7）：12.

7.6　电力市场交易应用架构

新一代交易平台，遵循"一平台、一系统、多场景、微应用"的核心理念，在此基础上，提出了微应用的设计理念，构建了市场服务、市场出清、市场结算、信息发布、市场合规、系统管理六大微应用。具体应用架构如图 7-4 所示。

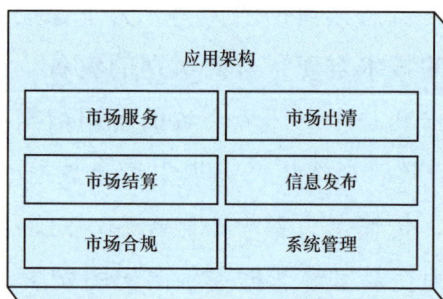

应用架构

市场服务	市场出清
市场结算	信息发布
市场合规	系统管理

图 7-4　新一代电力交易平台应用架构图❶

新一代交易平台应用分为内网部分和外网部分，内网系统服务于交易中心用户，主要功能为出清、结算、合规等交易相关业务的组织、管理、统计、分析等，并与调度、财务、发展策划等系统进行数据集成，部署于信息内网的企业管理云。外网系统服务于发电企业、电力用户、售电公司、政府监管部门等社会用户，主要功能为交易、计划、结算等相关信息的查看和申报，部署于信息外网的公共服务云（信息外网无云环境，则按传统架构部署于信息外网）。外网系统通过逻辑强隔离装置，穿透 SQL 语句访问部署于内网的数据库，实现内外网系统的数据一致和协作。

---

❶ 史连军，邵平，张显，等. 新一代电力市场交易平台架构探讨［J］. 电力系统自动化，2017，41（24）：10.
刘永辉，张显，谢开，等. 能源互联网背景下的新一代电力交易平台设计探讨［J］. 电力系统自动化，2021，45（7）：12.

7.6.1　市场服务

市场服务应用主要分为外网部分和内网部分，平台不仅需要随时满足不断变化的电力交易业务，而且还需要提供更多、更便捷市场主体自主业务支撑，提供更好的用户体验，提升服务水平。此外，需要在外网提供清晰、直观的信用信息发布功能。分角色向各类参评市场主体，展示市场主体信用评价分数及等级等信息，让市场参与者们能够随时随地及时掌握其信用情况。积极向广大的发电企业、电力用户及售电公司提供全方位的更稳定、更公开、更便捷的电力交易综合服务。其中外网部分主要为电力用户、发电企业、售电公司等市场主体提供数据申报、信息查询、综合服务等功能，同时提供了 Web 浏览器、桌面客户端、移动 App 三种访问渠道。界面展示层通过不同的交互方式，统一调用后台服务，既保证了个性化的用户体验，又保证了数据的一致性。内网部分主要提供市场成员管理功能，包括市场注册、市场主体管理、市场资质管理、零售市场管理、市场主体档案管理等功能。

（1）数据申报：提供了注册信息申报、结算数据申报和交易申报，注册申报包括市场成员注册、市场成员变更和市场成员退市等功能，结算数据申报包括表计计量数据申报、发用电量申报、结算争议申报等功能，交易申报提供了中长期市场数据申报、日前市场数据申报、实时市场数据申报、辅助服务市场数据申报等功能。

（2）信息查询：主要包括交易信息、市场运营信息、电网运行信息和市场主体信息。交易信息主要提供交易公告、交易计划、合同信息、现货及辅助服务市场结果、中长期市场结果和结算单的查询。市场运营主要提供年报、季报、月报、基础运营信息，以及实时信息的查询。电网运行主要提供检修计划、安全生产信息、电网概况信息、平衡信息、新设备信息，以及来水信息的查询。市场主体主要提供入/退市信息、信用评级信息，以及自主信息的查询。

（3）综合服务：提供在线咨询、即时信息交互、个性化定制、培训管理、知识搜索等综合服务支撑，为广大的市场参与者们提供全方位的业务支撑及精准化的市场服务体验。

（4）市场成员管理：主要提供市场注册、市场主体管理、市场资质管理、市场主体档案管理、零售市场管理、市场运营分析、可再生能源配额管理等市场管理功能，同时采用了企业/个人/组织信息模型，以及机组、机组群、储能单元的最小单元模型，形成了主数据结构。目前，新一代交易平台采用了"发电企业、售电公司、电力用户、电网企业、虚拟电厂、分布式发电企业及储能企业"7类市场主体类型，将原有的一对多的从属关系改进为多对多的权益关系结构。为后续市场交易和市场结算业务提供了更为便捷的基础数据支撑。此外，该应用还增加了交易规模管理、停复牌管理、履约保函管理、零售市场和管理委员会管理等市场管理功能，进一步为市场化管理业务提供可靠的支撑。

7.6.2　市场出清

市场出清应用部署在内网系统，主要包括交易管理、合同管理和计划管理三类业务。

（1）交易管理：交易电力市场运营的核心业务，主要提供交易开市管理、意向管理、市场信息收集、交易预安排、交易配置管理、交易序列配置、限额管理、交易公告发布、交易申报、交易出清、交易校核、现货交易管理、预挂牌交易等功能。

（2）合同管理：新平台提供了电子化合同管理的支撑，提高了合同管理的效率，同时还保证了业务开展的公开性。合同管理目前提供根据交易结果生成各类所需合同、实现电子合同管理、合同查询、合同统计分析、合同共享交互等功能。

（3）计划管理：提供了包含参数配置管理、电力电量平衡、省内计划管理、电力用户计划管理、电力曲线计划管理等业务项。通过参数配置管理等行为，管理计划业务相关的输入、输出数据、中间结果，以及关联业务间的交互数据，辅助专责完成满足电能交易和电网安全约束的计划编制和分析工作，实现不同场景下的计划管理，为计划管理提供灵活的扩展性和适应性。

三个模块之间进行业务交互，数据共享，市场出清还需要市场服务提供市场成员信息，以及将交易计划、计划电量等信息共享给市场结算模块，过程如图 7－5 所示。

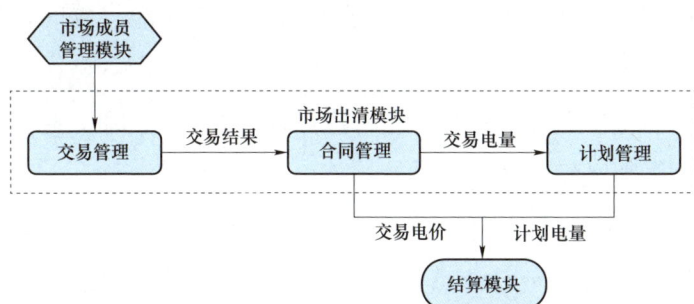

图 7－5　市场出清模块关系图

另外，市场出清还提出了基于可用输电容量（available transmission capacity，ATC）的中长期交易优化算法和中长期电量交易向电力交易转变实施方案。

（1）基于 ATC 的中长期交易优化算法。中长期交易优化，针对购方、售方的申报信息，构建以社会福利最大为目标的优化模型，考虑通道的可用输电能力（ATC）、输电价格、网损，以及电网物理运行等约束，根据购方、售方的申报价格、申报电力进行分时段匹配，形成计及 ATC 的中长期交易结果。

北京交易中心组织省间中长期交易（月度及月内），组织多个买方、多个卖方进行集中竞价交易。目前交易结果考虑了按照峰谷时段划分，进一步细化到时段。买卖双方按照固定时间间隔（每 0.5h 或者 1h）申报电力（平均电力）、电价。买、卖双方可以是省级电网公司，也可以是省内发电企业。模型中暂时没有考虑发电机组参与省间交易带来的启动成本等。基于全国简化的输电通道模型开展省间中长期交易，由调度提供简化输电通道模型上的可用输电能力（ATC）参数。

（2）中长期电量交易向电力交易转变。中长期电量交易向电力交易转变，根据交易区域制定了省间市场和省内市场两套方案。

中长期电力交易周期主要有年度、月度和月内，交易方式主要有双边、集中和挂牌。为了与现货市场（分散式+集中式）全面建设做好衔接，新一代交易平台具备了电力交易的功能。省间市场主要考虑以下几方面：

1）省间中长期交易的功能和特点，按照由粗到细、逐步贴合系统运行的原则组织出清。

2）省间中长期交易组织方式的适用性，按照体现市场主体意愿、体现电力系统运行特点的原则，双边交易的电力曲线由双方协商确定，充分体现市场主体意愿。

3）中长期交易稳定预期、锁定收益、规避风险的作用，可以促进省间市场、省内市场的有效衔接，跨区直流上形成的省间中长期交易总量、总曲线必须物理执行。

4）做好与现货市场的衔接，省间中长期电力交易的交易组织、市场出清、安全校核等均需面向发电机组开展。

江苏电力交易中心的省内中长期电能量市场采用双边协商交易和集中竞价交易相结合、常用曲线合约和自定义曲线合约相结合的交易方式，通过多次组织的年、月、周及多日交易等交易品种，实现中长期合约的灵活签订和调整，交易的电能量合约作为结算依据。省内市场的中长期电量交易向电力交易转变主要考虑以下 4 方面：

1）中长期曲线交易方式划分方式，可以采用交易周期、曲线分解方式和交易组织方式等原则进行划分。

2）年度及以上交易的偏差可通过月度、周及多日为周期的集中竞价或者挂牌交易（含转让）进行调整。

3）双边协商交易，采用自定义曲线。

4）采用典型曲线，一笔交易指定一条典型曲线，典型曲线由交易中心根据交易规则确定；峰、平、谷分别出清，市场主体按 96 点申报电量，按峰、平、谷时段各报一个价；月度及以内交易可按 96 点出清，市场主体按 96 点申报电量和电价等方式进行集中竞价交易曲线交易。

7.6.3 市场结算

市场结算提供的是电力商品买卖活动中量、价、费的结算计算服务。该应用支撑两级市场结算业务，满足多业务场景需求，面向不同市场主体，支撑多交易品种结算。两级市场、多业务场景主要体现在省间交易市场和省内交易市场各自业务的独立性上，同时各自面向不同的市场主体，省间结算主要服务于参与省间交易的市场主体之间的结算，省内结算则主要服务于省内发电企业、直接交易用户、售电公司，以及零售用户的结算。在支撑多交易品种方面，除了对传统的中长期交易品种包括外送交易、发电权交易、直接交易、基本电等类型的结算外，加入了现货市场的结算，主要包含日前电能市场结算、日内电能市场结算和实时电能市场结算，以及辅助服务市场结算等。在结算周期方面，则主要是以"日清分、月结算"的结算方式。

新一代交易平台相较于原有平台，支撑了月度以下更短周期的结算，并且能够贯穿省间和省内数据。主要功能包括：

（1）省内日清分计算。日清分计算在运行日结束之后，依据结算规则，完成该日的每个价格周期（15min 或 1h 等）数据，按照市场化中长期合约、日前、实时顺序进行电量电费计算。包括市场化中长期合约电费、日前电费，以及实时电费之和。其中结算模式主要考虑两种模式：

1）优先级模式。日前、实时出力（发电功率）调增时段，基数合约和市场化中长期合约电费按照合约价和量结算，日前出清调增电量按照申报的日前市场出清电价或边际出清价格结算，实时出清调增电量按照申报的实时市场出清电价或边际出清价格结算；日前、实时出力（发电功率）调减时段，需建立分项结算优先级定义，并按照优先级顺序进行结算，日前市场出清调减电量按照申报的补偿价格或边际补偿价格结算，实时市场出清调减电量按照申报的补偿价格或边际补偿价格结算；自身原因偏差按照一定的规则进行结算和考核；无意偏差、计量偏差电量按照一定规则进行结算。

2）差量模式。市场化中长期合约电费按照合约价和量结算，日前电费按照日前出清电量扣减基数和市场化中长期电量的差值与日前出清电价来结算，实时电费按照实际计量电量扣减日前出清电量的差值与实时出清电价来结算。

（2）省间一体化结算。新一代电力交易平台从交易环节将省间、省内两级业务和数据进行一体化贯通，依赖于两级流程流转、纵向数据贯通等方案，通过一体化结算北京电力交易中心完成与各省电力交易中心、各分部，以及直购发电企业的省间现货及中长期交易成分电量结算，各省电力交易中心以省间结算结果为边界条件再与中标发电企业结算。主要业务包括：

1）省间联络线结算。北京交易中心将日清分、正式结算中跨区直流联络线结算结果发送至分部或省级电力交易中心，分部以此为基础，考虑区内省间交流联络线计划与实际值约束，对各省断面净送出（受入）电量进行结算计算，并将省断面结算结果发送至各省交易中心。江苏电力交易中心依据省间交易结算结果及合同情况，对参与省间交易的发电企业进行结算。

2）省间结算结果下发。北京电力交易中心将省间交易结算结果依据合同关系下发给江苏电力交易中心。

3）省内结算结果上传。江苏电力交易中心将子合同与北京电力交易中心下发的父合同关联上后，需要填报子合同的结算结果，支

持从结算结果表抽取功能，支持对抽取数据的修改。界面提示父合同总电量，提供已填报合同电量之和与父合同之间的偏差电量。

4）一体化结果展示。对结算数据进行统计展示，可以依据通道、交易方式、组织范围、市场类型、交易周期、交易品种、交易时间、电量类型灵活展示结算结果。

7.6.4 信息发布

信息发布应用主要提供的是交易中心年度信息发布、季度信息发布、月度信息发布、日信息发布、实时信息发布、临时信息发布、信息配置管理等功能。新一代交易平台相较于原有平台将原有"交易中心年、季、月度信息发布"扩展至"交易中心及市场主体年、季、月、日、实时、临时信息发布"，提出了年度信息、季度信息、月度信息、日信息、实时信息、临时信息等覆盖多维时间周期的信息发布机制，在原有交易中心内网发布、市场主体外网查询基础上，增加市场主体外网发布、交易中心内网形式审查。

除此之外，信息发布同时新增报表参数配置、日实时信息配置、模板配置、范本管理、敏感词库维护等信息配置管理功能，在大规模市场主体信息发布、现货信息发布等复杂应用场景下，为交易中心业务人员提供全面、新型的信息发布业务支撑。

7.6.5 市场合规

市场合规应用主要分为"市场分析评估""统一市场管控""市场运行监视""主体信用评价"4个主要模块。

（1）市场分析评估通过量化计算、分析展示市场运行的关键性指标，分析市场交易、市场运行、市场供需、输电能力、市场建设等方式，反映发售用电多方、上下游经济关联掌握市场运行情况，发现存在的风险和预测市场走向。

（2）统一市场管控基于原有平台合规管控模块，从风险管控、资源管控、业务管控、数据管控多个方面，通过业务管控、数据管控功能实现市场风险识别、进行风险预警和管理，全方位管控市场交易内部核心业务运行状况、数据质量、秩序风险和电力交易资源情况。

（3）市场运行监视通过结算业务监视、交易业务监视、注册业务监视等功能模块，实时监视核心业务运行状况，展示市场环境变化、电网运行状态，为业务人员提供掌握市场动态的可靠依据。

（4）主体信用评价主要是构建市场主体信用评价模型体系，对市场主体在市场交易过程中的交易过程、履行合约的能力和行为给出科学、准确的评价，并将评价结果进行记录，对于评价较低的市场主体成员，将进行黑名单管理、红名单管理、重点关注名单管理。建立市场主体预警模型，通过云模型算法，量化市场主体的行为特征，对串谋、暴力定价等违规行为进行判定。

7.6.6 系统管理

系统管理主要提供系统配置管理、用户管理、权限管理、流程管理、日志管理、接口管理、系统监控等功能，该应用是平台为各业务应用提供的公共性的功能支撑，确保了各业务应用稳定运行。

（1）系统配置管理：通过配置中心实现系统全局配置。配置中心提供配置功能，方便配置出用户使用环境、用户使用资源、系统使用资源、系统使用环境、系统参数及目标等，实现用户对于系统能控、可控、再控的整体要求。

（2）用户管理：主要是对市场成员的账号进行管理，通过与统一权限平台（ISC）的集成，实现了账号信息、状态同步，密码重置，联系方式绑定等接口的交互，实现了用户在新、旧电力交易平台间的无感过渡。

（3）权限管理：主要是对新一代交易平台所有用户进行统一的鉴权管理。通过与统一权限平台（ISC）的集成，实现了权限资源数

据的维护、角色数据的维护、角色组数据的维护、资源授权、用户授权等功能。

（4）流程管理：主要是为各业务应用提供统一的工作流模型。基于 BPM 实现了流程配置、流程发起、流程查看、代办查询、流程审批、流程退回等功能。

（5）日志管理：主要是针对用户操作痕迹进行记录，记录主体身份标识（主体唯一标识）、账号、IP、时间、事件内容、事件结果、事件类别、日志类别等信息，形成审计日志归档，并可以以报表的形式进行统计展示分析。

（6）接口管理：主要是通过市场化售电应用接口管理、规划计划系统接口管理、调度技术支持系统接口管理、财务管控接口管理、全业务中心接口管理，这 5 类接口管理模块实现了新一代交易平台与市场化售电应用、规划计划系统、调度技术支持系统、财务管控系统、全业务数据中心的数据集成。

（7）系统监控：主要实现系统内的各类资源（硬件设备、软件、应用、服务）运行工况信息，以及微服务运行状态的采集。并对当前系统运行状态做出分析评估，当系统出现故障时，能够快速定位故障发生的位置，缩短问题的处理时间，提高问题处理效率。

7.7　本章小结

2021 年开始，江苏电力交易中心升级换代技术支持系统，全面启用新一代统一市场电力交易平台。新一代统一市场电力交易平台在"三级电力市场交易运营系统""统一市场电力交易平台"的基础上，充分借鉴了互联网技术，采用全新的微服务架构体系，使用"内外协同，两级部署"的部署模式，遵循了"一平台、一系统、多场景、微应用"的理念，将业务拆分为"市场服务""市场出清""市场结算""信息发布""市场合规"和"系统管理"六大微应用，并且提供了面向服务、数据及时共享和业务互动的数据交互平台，为各业务应用提供了统一的数据访问服务，实现了横纵向数据的集成，最终建成了全业务、云优化、自组态、智慧先进的可配置、可信赖、高可靠的交易新平台。

思考题

1. 新一代电力交易平台设计的原则有哪些？

2. 新一代电力交易平台主要由哪几大应用构成？

3. 中长期电量交易向电力交易转变实施方案中，省间市场主要考虑哪些因素，省内市场主要考虑哪些因素？

4. 市场出清需要市场服务提供哪些数据？市场出清又可以为市场结算提供什么？

参 考 文 献

[1] 中共中央国务院. 关于进一步深化电力体制改革的若干意见（中发〔2015〕9号）[Z]. 2015.

[2] 国家能源局. 关于加强电力中长期交易监管的意见（国能发监管〔2019〕70号）[Z]. 2019.

[3] 国家能源局江苏监管办公室,江苏省发展和改革委员会. 江苏省电力中长期交易规则（苏监能市场〔2021〕8号）[Z]. 2021.

[4] 谢开. 美国电力市场运行与监管实例分析[M]. 北京：中国电力出版社,2017.

[5] 江苏电力交易中心有限公司,江苏电力市场管理委员会. 江苏电力市场交易培训教材（初级）[M]. 北京：中国电力出版社,2020.